亂世袁世凱

〔英〕帕特南·威爾（Putnam Weale） 著

秦傳安 譯

商務印書館

亂世袁世凱

〔英〕帕特南·威爾（Putnam Weale） 著

秦傳安　譯

責任編輯：徐昕宇
裝幀設計：涂　慧
排　　版：周　榮
印　　務：龍寶祺

亂世袁世凱

作　　者：帕特南·威爾 (Putnam Weale)

譯　　者：秦傳安

出　　版：商務印書館 (香港) 有限公司

　　　　　香港筲箕灣耀興道 3 號東匯廣場 8 樓

　　　　　http://www.commercialpress.com.hk

發　　行：香港聯合書刊物流有限公司

　　　　　香港新界荃灣德士古道 220－248 號荃灣工業中心 16 樓

印　　刷：美雅印刷製本有限公司

　　　　　九龍觀塘榮業街 6 號海濱工業大廈 4 樓 A 室

版　　次：2024 年 4 月第 2 版第 2 次印刷

　　　　　© 2024 商務印書館 (香港) 有限公司

　　　　　ISBN 978 962 07 5683 2

　　　　　Printed in Hong Kong

目　錄

第一章
門終於打開了

　　1911 年 10 月 10 日爆發的那場革命，最終以 1912 年 2 月 12 日滿清王朝的退位而收場，人們為革命的大功告成而歡呼喝彩，然而其真實面目卻大為不同。隨着中華民國宣告成立，在人們的想像裏，專制統治的陰影似乎真的已經風流雲散。然而，傳統卻依然活着，它足以讓實質上的帝制機器，把那些名義上的勝利者打得落花流水。

　　自從 1644 年滿洲人從奄奄一息的大明王朝手中攫取了皇帝寶座以來，排滿運動就由來已久。各種企圖終結滿清統治的密謀，從來就沒有停止過，然而歷史學家們在談到這個話題的時候，總是裝聾作啞。他們的沉默，一方面要歸因於缺乏真實可靠的檔案材料；另一方面，在一個謠言盛行的國度，要想鑿實最簡單的真相，亦非易事。不過，毋庸置疑的是，大名鼎鼎的"哥老會"（一個總部設在偏遠省份四川的秘密組織），其起源便可以追溯到明代的遺民。這些人，從被趕出北京城的那天起，就一直在開展拼死一搏的遊擊戰爭。到最後，收復河山的希望徹底破滅，絕望中，他們開始使出下三濫的手段：暗殺，破壞，唯恐天下不亂。至少，我們明確地知道一件事情：19世紀初葉，一個秘密組織曾密謀在北京城的大街上刺殺嘉慶皇帝。這一事件，導致這位皇帝突然放棄了微服私訪的習慣。這一習慣的始作俑者，乃是康熙和乾隆兩位皇帝，他們一直樂此不疲，這在很大程度上強化了人們對外族主子的個人忠誠。

從那以後，一個多世紀以來，就再也沒有哪位皇上膽敢從紫禁城那兇險的高牆後面走出來了，除了每年像冬至祭天那樣的簡短儀式，以及兩次"逃跑"：第一次是 1860 年英法聯軍佔領北京的時候，朝廷驚慌失措地跑到熱河行宮避難；第二次是在 1900 年，隨着義和團泡沫的破滅，八國聯軍的不請自來，皇上一大家子被迫沿着崎嶇不平的山路遠走西安。

這樣的囚禁，其後果很快就顯露出來了。滿洲人的統治，曾經以刀馬弓箭蜚聲四海，如今迅速地變得如此衰弱，以至於皇上們都成了純粹的"甩手掌櫃"，任由大臣擺佈。因此，19世紀的歷史，在邏輯上完全可以稱為"遞衰"的歷史。不但洋鬼子明目張膽地擂響帝國的大門，強行要求進入，國內的謀反叛亂也是層出不窮，遍地開花。撇開那些小打小鬧不說，這一時期有兩場大規模的穆斯林叛亂，還有翻天覆地的太平天國運動，據估算，其間慘遭塗炭的生靈達 1 億之眾。泱泱帝國，被兩敗俱傷的內戰弄得支離破碎，乖乖向洋人拱手交出了許多基本特權，等到接受了所謂的"治外法權"，那條通向最終垮台的道路，也就終於鋪平了。

在這樣的局面之，如何能讓專制主義苟延殘喘呢？答案是如此奇特，我們不得不在此坦率而詳盡地直言以告。

簡單的事實是：除了在緊接着每次外族征服之後的那段時期之外（比如 13 世紀的蒙古和 17 世紀的滿洲），中國不但從未有過任何堪稱專制主義的東西，而且，在城市及其周邊地區，除了最輕微低效的稅收和聊勝於無的治安維持，除了民間自發或他們要求官方提供的所謂"互保"，根本就不存在任何管治。任何人如果對這些陳述有所懷疑，那他肯定對某些事實一無所知。這些事實，乃是中國族群體系的構成基礎和最高形態，必須透過這個國家的鄉村生活對之進行富有耐心的研究，方能給予恰當的評價。坦率地說，專制主義是一個從忽必烈時代流傳下來神話，那時候，他是那麼驕傲地建造了他的"汗八里"（也就是馬可·波羅筆下的 Cambaluc，北京城的前身），並在裏面塞滿自己的軍隊（他們像冬天的積雪一樣消失得那麼迅速）。從那時直到現在，一套精心設計的繁文縟節，一套精心設計的虛偽策略，給"聖旨"賦予了一種他們從未真正擁有過的最高權威。君權在 19 世紀的消解，使得那位依然生活在皇城之內的"聖上"成為一個傳說。傳說中，對他而言沒有甚麼奇跡是不可能的，百姓和官員都對他誠惶誠恐、俯首帖耳。

實際上，皇帝這個職位，從來就只是一個政治宗教概念，為了群體的利益而轉化為社會經濟法令。這些法令，以一種被稱為"上諭"的定期說教的形式頒佈天下，它們是政府的例行儀式。其效用，與其說是強制命令，不如說是指導教育。根據設計，它們宣揚並承續了這樣一種國家理論：皇帝，乃是國家的最高領袖，他恪守"盛世"的道德原則，這個盛世，乃是自孔孟以降，所有聖哲先賢都曾反覆念叨過的 2500 年前的那個繁榮時期，那時候，人民安樂，國家強盛。

因此，皇帝的職位，乃是天上的，而非人間的，是勸誠，而非武力，是用諸日常生活中的最為有力的論據。令人驚奇（確切地說，是令洋人驚奇）的回答，是由偉大的康熙皇帝在 18 世紀耶穌會傳教士和多明我會傳教士之間展開的那場大論戰中所作出的。這個回答，使得中國成為天主教國家的希望徹底化為泡影，同時也遭到了羅馬教皇的拒絕。皇帝的回答是：祖先崇拜的傳統習慣，是政治的，而非宗教的，它絕對正確。君權之下的中國，政治，只是一種通過反覆灌輸“對祖先的服從”而得以行使的國家控制系統。

16 世紀末葉，滿洲人還只是偏居中國東北的小小方國，正在為登上帝王寶座而拚命攻打中國的長城。從那時開始，他們就作出了巨大的努力，既接納達賴喇嘛，也接納西藏和蒙古那些地位更低的宗教頭領。這種努力最後證明了：擁有尊貴，不同於純粹的擁有皇位，它需要給那種以尚武精神開創的統治以穩固性。除非以某種方式賦予這種統治以“道德”名目，否則，就像蒙古人的統治一樣，只需一次宮廷政變，就足以土崩瓦解。

即使是在進入北京城之後，滿洲人也並不像歷史學家所描述的那樣，完全是靠軍事上的征服。縱然加上他們的蒙古和漢人助手，滿洲也是一個太小的少數民族，除了打敗明朝的軍隊，他們無法做到更多，也不可能讓中國的主要城市俯首帖耳。對於研究他們的管理方法的學者來說，有一個眾所周知的事實就是：當他們統治中國的時候，他們只能和漢人一起管理。這種有效的制度，一直是一種雙重控制，它始於中央的軍機處和六部，繼而延伸到各省首府，然而在巨大的鄉鎮序列中卻戛然而止，在那些地方，有史以來的自治狀態依然故我，實際上並沒有被觸及。精心設計的科舉制度，連同保留給成功士子的官方殊榮，也被滿清王朝所採用。如此一來，不僅安撫了漢人社會，也供養了一大批這樣的人：他們的利益與維護新主子的統治休戚相關。因此，一直以來就作為晉身之階的文學，不僅成了一種統治工具，而且實際上也成了外族統治的辯護士。考慮到他們的人身和財產安全，再加上有一套精心設計的協議條款以保護他們的女眷不會被侵略者的後宮所徵用，那麼，在經歷了明代末年那種使國家支離破碎的可怕混亂之後，大批的漢人都歡迎一個更穩固的政權，也就無足為怪了。

　　隨着 1860 年北京城的陷落和《天津條約》的批准，洋人紛紛湧入中國，正是他們，對滿清專制主義的錯誤觀念在世界各地的風行居功闕偉，在這項工作中，那些滿腦子歐洲專制主義傳統的西方外交官，扮演了頗為重要的角色。他們賦予皇帝某種權威，而這種權威，事實上皇帝從未真正擁有過，除非是為了某些儀式方面的目的。或許主要是因為朝廷遠離人們的視線，加之它在對外交往中的極端傲慢，才將一種“至高無上”的概念傳佈四方，引起人們充滿敬畏的聯想。漢族的官員們很快就發現，要想在無法抵抗的高壓之下保護自己，最簡便易行的手段，就是躲在君主那冠冕堂皇的名頭後面尋求庇護。他們

盡力扮演好自己的角色，而且做得如此成功，以至於在 1900
年之前，歐洲人普遍相信：在中國，沒有別的統治形式比君主
專制更能深入人心。等到他們發現，所謂“聖旨”，只是在表
面上享有專制君主的最高權威的時候，西方人已經做好了充分
的準備，要把某些他們完全沒能從中國文化消極方面予以分析
的東西，解釋得最符合自己的冒險精神。說來也巧，雖然自從
“皇權神聖、絕對正確”的理論被治外法權摧毀殆盡的那一刻
起，中國政府就完全成了“無政府”，然而，由於遙不可及的
距離所提供的偽裝，使得那種將國家懷疑主義轉化為統治的積
極因素的神奇力量，勉強支撐着政府繼續運行。

　　要想充分解釋中國的“距離哲學”，以及它在歷史上的深
長意味，恐怕需要整本的專著來進行討論。但就我們的目的而
言，只需指出它的幾個基本要點也就足夠了。古老的中國人
民在他們遼闊廣袤的土地上虎踞龍盤，不屑於那種在他們看
來完全超乎自然的力量遊戲（亦即蒸汽機、電報、裝甲戰船以
及諸如此類），他們的日常生活，不可能受到侵擾。他們我行
我素，按自己的方式行事，在他們看來，穿越遼闊無際、無路
可通的空間發動襲擊，純粹是勞命傷財，而等到他們成為別人
瞄準的目標時，在軍事力量上，他們也就成了純粹的笑柄。而
且，也正是由於他們如此不堪一擊，從而為現實的妥協鋪平了
道路。他們擅長現代外科醫生所採用的那種技藝——盡可能
地讓傷口自我癒合。他們相信，時間和自然的力量，最終能解
決政治上的紛爭。對於這樣的紛爭，西方國家總是遵照截然不
同的原則大膽出擊。站在他們的立場上看，這些觀點並不錯。

從北京城到長江流域（這是中國的心臟地帶），有 800 英里，遠遠超過從巴黎到柏林的距離。從北京到廣州是 1400 英里，道路崎嶇難行。由長江溯流而上，到雲南是 2000 英里，這段距離，比拿破崙曾經進行過的最遠的行軍還要遠。當人們說到"邊疆領土"（蒙古、西藏、新疆）的時候，英里數就不再是數以百計，而必須換成數以千計了，再加上地勢險要，怕是連羅馬那些心高氣傲的將軍們，也要為之氣餒。

如今的中國人也接受了這樣的觀點：距離是最重要的事情，它是政府的出發點，也是政府的目的地。發端於明代的總督制，被滿洲人當作一種穩固可靠、妙不可言的統治法則繼承了下來，且逐漸臻於完善。在這一制度中，我們看到的是那種消除了巨大障礙的制度安排。每一種權力都由皇上委派，以完全而廣泛的方式統治地方，無遠弗屆。每幾個行省統一在一位總督的治下，每件事情（除了名稱）都像聯邦各州一樣獨立，對它們的要求也只是徵稅，而在其他方面則全然不管。因此，那根將各省同中央政府綁在一起的鏈條，歸根到底還是財政，而且只是財政。這一制度在 1911 年的崩潰，其原因，正是由於財政改革（他們低估了以蒸汽機為象徵的新生力量）像軍事改革一樣，都實施得太遲了，而且方式也是錯誤的，因此，非但沒有鞏固反而極大削弱了君主的權威。

依據改革計劃（在拳亂底定、兩宮回鑾之後，這一計劃頗受歡迎），總督確立了一項最要命的特權，就是控制所轄行省的錢包，他們大量從各省徵稅，然後轉交給直接對北京戶部負責的"財政專員"，這個部門一直在努力用歐洲那種直接徵收每個便士（這將顯示在"年度預算"中）的稅收系統，來取代鬆散隨意的"納捐"系統。毫無疑問，假如時間允許，假如能得到歐洲的大力幫助，這項變革最終會大功告成。然而恰恰是因為時間不夠，使得滿清王朝付出了沉重的代價，這樣的代價，總是因為那些辦事拖沓之輩而不斷地付出。古老的理論已經被公然拋棄，如今需要的只是這樣的希望：國會將徹底摧毀"天子"的尊貴，讓總督們在造反者的手裏成為純粹的人質。1911 年叛亂發生後，短短的幾週時間，就足以導致各省回到幾百年前的狀態，那時候，他們被徹底解放，各自為政。而且，他們一旦品嚐到了這次新的獨立所帶來的喜悅，指望他們重新"北面稱臣"，幾無可能。

在這裏，要想清楚地揭示中國地方主義的確切意義，則需要另費一番口舌。

每一行省最初創立的是各地區的主要城市，這樣的城市，必須用城牆圍起來，以作為儲藏所有增量的倉庫。對領土的貪婪增加了他們的財富，也招來了對他們的權力的嫉妒。古往今來，這些行省的首府，沒有一塊石頭不是在致力於從每一個可能的方向擴張它們的勢力，將盡可能多的領土置於它們的經濟控制之下。這一事實，被全國各地五花八門的度量衡系統所證實，這樣的系統，正是為阻礙經濟交流而故意設置的。河流、山脈、氣候和土壤，無疑在治理上助長了這種擴張，不過，商業和財政上的貪得無厭，才是主要的推動力。這當中，我們有一個頗為有趣而又無可置疑的生動例證，那就是東北三省（奉天、吉林和黑龍江）之間，至今仍在為攫取內蒙古東部那些處女地的主要份額而爭得不可開交，那裏有綿延起伏的大草原作為它的"遼闊邊疆"。奉天省因為擁有最強大的省會瀋陽，因而能極大地蠶食蒙古草原，以至於到今天它的管轄區域已經把吉林的整個西翼給圍起來了，就像一隻吞火怪獸，從而有效地阻止了後者控制那些在地理上屬於它的領土。以同樣的方式，山西的大片領土也被首善之區直隸所蠶食。雖然各省的邊界在過去就曾經做過粗略的調整，但從總體上講，我們上面所提出的這些，一直是決定各行政區域面積的主導因素。

如今，在許多殖民活動由來已久的行省中，那種由於距離遙遠和通訊落後所帶來的地方主義，因種族融合而變本加厲。廣東省，其大部分居民是一些漢人冒險家，他們從長江流域出發，沿海岸航行至此，然後與安南人及更古老的土著種族通婚，他們有着獨特的地方性格，與北方人的性格特點水火不容。福建省不但一樣的族群龐雜，而且所說的方言實際上是一種外語。在長江以北和西部地區，也演繹着同樣的故事，具有最高政治意義的氣質差異，顯然無處不在，並導致了無休止的爭吵和嫉妒。這種地方主義在政治上所導致的結果就是：在多數行省的眼裏，中央政府簡直差不多就是一個外國政府。單一貨幣成了聯合的紐帶，除非牽扯到稅收問題，在日常生活中，北京就像火星一樣遙遠。

正如我們如今能夠清楚地看到的那樣，50 年前（正是太平軍叛亂爆發的時候），作為軍事中心的國家首都，其古老的權威和魔力已經化為烏有。雖然在古代，裝備着弓箭和長矛的英雄能夠像龍捲風一樣橫掃大地，蕩平一切（除了築有高牆的城市）。但是在 19 世紀，這樣的手段已經毫無用武之地。蒙古和滿洲，也已經不再是取之不盡、用之不竭的勇士儲備庫；更近一些的周邊地區也已經商業化了，而外圍地區則淪為人煙稀少的遊牧之地。在太平天國垮台之後，政府也已經被消耗得油盡燈枯，只能在省與省、人與人之間的對抗中尋找平衡，希望藉助某些手段，以便能夠恢復它從前的威望和部分財富。北京的官僚們取出包含各省捐納清單的總賬簿，徹底修訂了每一頁賬單，重新分配了每一份稅負，以確保能用這樣的方式不斷榨取稅捐。新的稅種“厘金”（有點像英國的所得稅），最初純粹是“戰爭稅”，它死死扼住省際貿易的咽喉，並利用壁壘粗暴地控制它。人們突然發現，這也是讓滿洲人感覺到主權受到威脅的一種新的、極好的方法。雖然這套系統明顯是把雙刃劍，但它首要的刀口是皇帝控制的那一刃，這就是為甚麼太平天國之後的幾十年間中國能保持相對平靜的主要原因。

時間也帶來了另一項重要的發展（其重要意義後來被證明是決定性的）。對於北京來說，有一點是完全不可能的（除非有傑出的天才人物出現），那就是：它不僅要預見到如今政府的根基完全成了經濟控制；而且要預見到，正是在這種控制失效的那一刻，中央政府就徹頭徹尾地不再是甚麼政府了。現代商業主義，以通商口岸為媒介，開始不斷侵襲中國，這是一股最終無法抗拒的力量。

星移斗轉，悄然流失的每一年，都在不斷強化這樣一個事實：現代的社會環境，已經使得北京與真正的權力中心漸行漸遠——除天津以外的所有經濟中心，全都位於 800 至 1500 英里之外。正是在這些經濟中心，逐步發展出了革命思想，這種思想，與古老的中國社會慢慢建立起來的，像蒙古和滿洲這樣的外族王朝從未觸動過的社會經濟原則背道而馳。後太平天國時期的清政府，依然幻想着通過加重人民的負擔，通過收緊稅收控制（而不是通過真正創造性的勞動），而能夠自我復興。

要想以無可辯駁的方式確立這樣一個論題（這是部分政治學者長期以來所調查質詢的一個題目），那將要花費很大的篇幅，也會使讀者的寬容之心感到疲倦。中國社會，本質上是一個在信用合作的體系之上所組織起來的社會，它調整得如此精密，以至於除了微不足道的日常購買之外，金錢（無論是貨幣還是信用）並不被人們所渴求。任何一個為解決貿易平衡而大膽抓住金融組織以確保省際間銀流通的系統，都必定是有效的，只要這些金融組織能保持穩定。

最著名的一些金融組織（這是一個被統稱為"晉商"的龐大團體），算得上是政府銀行家，他們不僅擔保着所有匯往北京的公積金，而且還通過一種複雜的票據系統控制着大清帝國幾乎每一位公職人員的津貼。一位處於這套已臻成熟的系統之下的政府官員，剛一走馬上任，立刻就會成為這些慷慨商號的一名秘密職員，他們以僱主的名義預付該職位所需的全額報酬，然後，隨着稅收的流入，預付款得以一點一點地償還，平衡得以重新建立。因此，在地方的金錢利益和官僚階級之間，存在着一種非常隱秘而又影響深遠的聯繫。管理中國的實際工作，也就是平衡稅收賬簿和地方銀行家的賬目。就連"鑄幣廠"（在這裏，銀錠按照各省的習慣被鑄造），也是官員和商人的共同事業。交易無所不在。只有當饑荒和叛亂造成這一機器嚴重損毀的時候，才會動用不同於金錢的其他力量介入。

這些慣例絕無例外，就其效用而言，古老的中華帝國也不過是在步羅馬帝國的後塵而已。公元前，羅馬人通過在地中海盆地及北歐野蠻部落的軍事與商業擴張而建立起來的那個龐大政權，在極大程度上要依賴於意大利那些金融家和稅收員的天才。因此，中國的現象決不是甚麼新鮮事物。貨幣的缺乏和地方標準的種類繁多，使得這些方法的使用具有了經濟上的必要性。這一系統，就其本身而言並不壞，它的致命性，就在於它的僵硬，在於它的缺乏適應性，在於它面對從不了解的外部競爭時所不斷顯露出來的弱點。這樣的外部競爭，對手注定要獲得壓倒性的勝利，並最終讓那種遠古遺風撞向崩潰。

與日本之間的戰爭，吹響了第一聲毀滅的號角，這一點，應該已經被人們注意到了。1894 年，因為需要弄到一大筆戰爭經費，而國內的銀行家們則趕忙捂緊口袋，宣稱自己完全無能為力，情急之下，一筆巨額外國借款合同簽訂了。很少有人關注中國歷史的轉折點到底在哪兒。絲毫也不用懷疑，正是在 1894 年，滿洲人寫下了那篇 1912 年才正式宣佈的退位詔書的第一個句子。他們開始給自己套上財政的枷鎖，在這樣的枷鎖之下，中國至今困頓潦倒。為了結束損失慘重的對日戰爭，在短短 40 個月之內，外債總額累計高達近 5500 萬英鎊。這筆債務，總數幾乎相當於這個國家 3 年"看得見的"財政收入（換句話說，也就是北京實際到手的收入），這在中國歷史上絕無僅有。這是一筆黃金債務，沒有哪個中國人完全懂得它那些五花八門的操作。它有着特殊的政治意義，也帶來了特殊的政治後果，因為這筆貸款實際上是拿"權力"作擔保的。這是一場曠日持久的、自然的"政變"，所有外國人都心知肚明，因為它鍛造了外部的鏈條。

其"內部的"意義甚至比外部的更大。這筆貸款，是以北京最重要的"直接"收入 —— 關稅 —— 作擔保的，它牽涉到正在萌發的新經濟生命最為生死攸關的職能 —— 蒸汽船所承載的沿海、沿江貿易，以及單純對外貿易。這一生死攸關的職能，因此打上了越來越鮮明的外國標記。在任何直接的意義上，它也就不再依賴於北京的保護。這種將財政收入抵押給外國人的，為期數十年的擔保契約，是對國家支配權的一種明顯約束，實際上相當於對國家主權的部分取消。

這一點，當時的民眾認識得並不是很透徹，如今已經確鑿無疑了。正如公元前在意大利爆發的那些大規模無產者起義是羅馬政治腐敗所帶來的貧困和道德失範的必然結果一樣，1900年的義和團運動，也只不過是一場社會經濟災難，以一種意想不到的形式表現出來而已。奄奄一息的滿清王朝，終於在公開的絕望之中，將反抗的怒火瘋狂地引向了外國人，更確切地說，是引向了那些掌握了他們的真正主權命脈的人。這一行動非但沒有挽救其存亡，相反，大清王朝以此在它的死亡通知書上寫下了又一個判句。許多年來，滿洲人在經濟上幾乎破產，庚子賠款是最後的致命一擊。由於超過雙倍的外債負擔，由於把賠款結算按月直接交到外國銀行家手裏（在上海支付），北京政府早在 15 年前就已經淪為一個只有 30 天期限的政府，任何能夠將債務拖延幾個月的事件都會讓它俯首帖耳、任由擺佈。誰也無法否認這一顯而易見的事實，它或許是亞洲歷史上金錢限制力的最為生動的說明。

然而，現象是複雜的，我們必須小心翼翼地了解它的運作方式。對於一種沒有任何公式可以完全套用的局面而言，商業上的好奇心只會有助於加重它的困境。要找到與此類似的情形，我們不得不回到歐洲的中世紀，當時，像"漢薩同盟"那樣一些"自由市"，星羅棋佈地散落在廣闊的江河流域和海岸線上。治外法權，通過在中國創設所謂的"通商口岸"，從而成了破壞本地經濟的最有力的武器，但是與此同時，它也是創造強有力的、新的反利益平衡的媒介。儘管日益龐大的洋人群體（他們受本國法律的保護），在國際貿易的特殊保護之下，逐步建立起了一座新的宏偉大廈，並使得茅舍似的中國經濟也顯得光彩奪目，但新興的中國商人階級，一直在手腳麻利地利用這些掙錢機器，他們不僅在這座新大廈中為自己找到了庇護之所，而且還身手矯健、心甘情願地為它添磚加瓦。簡言之，從事商業活動的中國人，以及他們的主要利益，都已經與"通商口岸"融為一體。他們不斷把自己的財富轉移到了那邊，在他們絕對信賴的外國旗子的保護下，從事巨額的地產投資。這個國家的利益集團本能地認識到，本國的制度體系已經在劫難逃，隨着厄運的到來，這裏將發生翻天覆地的變化。這些利益集團，以一種普遍的方式將錢存入世界各地，以確保自己能夠逃過此劫。

這一切，其政治上的威力，最終在 1911 年變得一目了然。我們在一開始的命題中所講到的問題，如今將會一清二楚。中國革命，是反對北京制度（因為它是一個糟糕、低效而倒退的制度）的一次情緒爆發，其程度絲毫不亞於反對滿洲人，儘管他們已經完全採用了漢人的手段，而且也已經不再是外國人了，就像英國的蘇格蘭人和愛爾蘭人一樣。1911 年的革命，其意義和價值（其所獲得的授權也一樣）並非來自於它所宣稱的那些東西，而是來自它所支持的那些東西。歷史地看，1911 年是 1900 年的直系後裔，後者也是經濟崩潰的產物，這次崩潰以巨額的對日戰爭外債而著稱，當時，由於太平天國運動暴露出了北京主權（亦即過去的軍事力量）惟一存在的理由也已經消失殆盡，從而使得借款成為必然。因此，這個故事一清二楚、脈絡分明，在結果上如此合乎邏輯，以至於它的終局使人聯想到那不可避免的厄運正在逐漸展開。

革命期間，一個決定性的因素很快就顯露出來了，這就是錢，而且僅僅只是錢。最初一個月的月末，政府就感覺到了捉襟見肘的困窘。各省的匯款終止了，庚子賠款的月度定額尚未支付，外國禁運又阻塞了關稅的收入。由袁世凱（當時的直隸總督）所招募、訓練的軍隊，一直以來都以無可辯駁的事實證明了南方軍壓根就不是自己的對手，這倒是真的，但這樣的客觀形勢並沒有甚麼意義。事實證明，那些軍隊正在為之戰鬥的東西（也就是北京的制度，以及大清王朝），已經決定了它注定失敗的命運。戰鬥，越來越演變成了“金錢戰”。正是外國的鈔票，導致了第一次休戰，也導致了所謂的“共和政府”從南京遷到了北京。嚴格說來，每一階段的和解，都是通過現金達成的。

　　假如存在這樣的手段：能夠迅速補充中國的財政而無需動用歐洲證券市場的資源（當涉及遙遠地區的時候，這一市場行為受半官方控制），共和國也許能活得更好一些。但是，通過外國人的耳提面命，它幾乎立刻就被置於警察控制之下。這種警察控制，雖然名義上源自西方的觀念，但它的設計，主要還是用來恢復已經喪失殆盡的權威。所謂的"共和"，僅僅是一個依稀殘存的夢想。而整個世界都在教導人們相信，在制度設計接近於北京長期形成的專制主義之前，那裏不可能有真正的穩定。他們很有耐心地等待人們猛然的醒悟，伴隨 1913 年 11 月 4 日袁世凱的政變一起到來。由此，我們得出了這樣一個雙重弔詭：一方面，中國人民都在按照中國人的方式和弱點笨拙地努力西化；另一方面，西方的官員和政府卻又都在努力用中國人的方式看待問題，從而使混亂變得益發不可收拾。在這樣的情形下，不可避免的是，過去 6 年的歷史，將是一齣情節緩慢的悲劇的歷史，幾乎每一頁都寫滿了那個被推舉為權力執行者的名字，此人，便是袁世凱。

第二章
袁世凱之謎

　　袁世凱的事業生涯，可以清楚地分為兩個部分，幾乎就像是為傳記作者刻意安排的一樣。前一部分是在朝鮮的見習時期，後一部分則是在華北的實踐階段。第一階段的重要性，僅僅在於它對此人性格的成型施加了早期的影響。不過，這一階段倒是從另外的角度引起了我們饒有興味的關注，因為，它讓我們得以瞥見影響這位領袖人物想像力的某些東西，而這種想像力，貫穿着他的一生，並最終把他帶向了無可挽回的覆滅。第二階段則充滿了行動，每一個章節裏，你都能看到那些使人疑竇叢生的不祥之兆。這種疑問，最終在他悲劇性的、政治和身體的雙重崩潰中得到了解答。

　　袁世凱的家庭出身，倒是沒甚麼含糊不清的地方，不過顯然並不怎樣顯赫。他出生在一個河南人的家庭，在他們那個地方，沒有比擁有一定數量的田產更光耀門庭的事情了，當然，要是擁有天下的話，想必也不會嫌多。這孩子，在他那個年齡，當那些高官或儒士的孩子早已因苦讀而變得蒼白萎靡的時候，他沒準正在田間地頭撒野呢。他強健的體格，他非凡的食慾，他慣常的粗魯，無疑也要歸功於這樣的原因。據中國的傳記作者說，年輕時的袁世凱因為在騎馬練拳、舞刀弄劍上耗費的時間實在太多，所以在考"秀才"（文官最低學位）的時候名落孫山。一位當官的叔父早年一直照拂他，叔父死的時候，這個年輕人頗盡孝道，他在祖墳地裏一直陪侍着叔父的遺體，以另類的方式表明自己的悲痛。幾個當官的親戚為他在滿洲人治下的公共部門謀得了一個職位（或許可以稱為"軍事監查員"），他也正是通過這個文職部門開始飛黃騰達。確切地說，袁世凱從來就不是一個武將，他只是文職部門的軍事官員。

1882 年，袁世凱首次出現在公眾的視野裏。當時，作為朝鮮開放的後續行動（這種開放是通過外國列強迫使這個當時的"隱士王國"簽訂通商條約而實現的），中國正着手向漢城派兵。袁世凱和另外兩名官員一起，率領總共約 3000 人的兵力，自山東抵達朝鮮。在山東的時候，他曾追隨吳長慶將軍，如今來到朝鮮的首都安營紮寨。冠冕堂皇的說法是維護秩序，而實際上，是強行要求得到宗主國的權利。16 世紀，大明王朝保護了朝鮮，使它避免了落入豐臣秀吉及其日本侵略軍的魔掌，從那時起，北京政府就一直將朝鮮視為自己的附庸國，從來也沒有放棄過宗主國的地位。吳長慶親自把袁世凱推薦給大名鼎鼎的李鴻章，認為他是一個富有才幹、精力充沛的年輕人。作為直隸總督兼北洋大臣，李鴻章負責在朝鮮的行動。而袁世凱，這個未來中國的獨裁者，當時只有 24 歲。

正是這次與實際政治的第一次親密接觸，給了他觀察政治問題的獨特方式。中國軍隊在漢城的出現，標誌着中國和日本之間劇烈對抗的開始，這一對抗，最終以 1874—1875 年間那場雖然短暫卻損失慘重的戰爭而告終。中國，為了對抗日本在朝鮮日漸增長的勢力，同時保住自己的影響力，日日夜夜躲在漢城的皇宮裏密謀策劃，與那位聲名狼藉、後來被殺的朝鮮皇后（按：指朝鮮高宗的王妃閔氏，也即明成皇后）所領導的保皇黨結成同盟。中國的密探們，則幫助並慫恿朝鮮的保守團體，不斷煽動他們去攻擊日本人，把他們趕出朝鮮。

接連不斷的暴行帶來了嚴重的後果。那 10 年間（這是亞洲歷史上最令人眼花繚亂的篇章），日本大使館不止一次遭到朝鮮暴民的攻擊、摧毀。袁世凱，此時還只是中國駐外機構的一名下級將官，人微言輕，無足輕重。但此人的不簡單之處就在於，一旦機會出現，他就會迅速走入聚光燈下，成為引人注目的焦點。

1884 年 12 月 6 日，袁世凱率領 2000 名中國士兵，加上 3000 名朝鮮兵的呼應配合，攻打昌德宮。當時，由於漢城情勢危急，日本公使和他的全班人馬都在此尋求庇護，兩隊日本步兵負責保護他們。很顯然，這次行動並沒有甚麼周密的計劃，只不過是一幫軍人組成的烏合之眾，倉促草率地捲入了一場政治爭吵，再加上他們的指揮官出於某些在今天看來十分荒謬的理由而給予了支持。然而，其結局卻非比尋常。日本人竭盡全力把守着皇宮的大門，情急之下不顧一切地引爆了炸藥，朝鮮和中國的士兵死傷不少，雙方陷入混戰。最後，日本人奪路而逃，出了城，來到最近的港口仁川。

　　接下來 9 年的歷史中，大事沒有，小事不斷，不過都沒甚麼歷史價值。作為李鴻章的忠實下屬，袁世凱的特別任務就是遏制日本人的勢力，阻止可能來臨的威脅。當然，他沒能完成這個任務，蓋因他所參與的，乃是一場毫無獲勝希望的比賽。不過，在某些他確實希望獲得成功的方面，他還是成功了。通過自己的效忠敬業，他建立了他所希望贏得的名聲。儘管並沒有做成甚麼大事，但他還是一直留在這個職位上，直到那次導致甲午戰爭的行動的發生。他是否在實際上促成了那場戰爭，至今仍是個莫衷一是的問題。當時，運載着中國援軍從大沽錨地出發，前往牙山灣增援的英國蒸汽船“高升號”被日本艦隊擊沉，這一事件意味着：比賽結束了。袁世凱灰頭土臉、默不作聲地離開了朝鮮的首都，沿陸路取道華北。這趟迅速而悄無聲息的回家之旅，結束了他的見習期。

　　在接下來的那段時期，他經歷了歷史的狂風暴雨：中國因為與日本兵戎相見而徹底崩潰。尤其引人注目的是，他擅自撤離漢城，卻並沒有受到懲處。技術上，他所犯下的罪錯應該被處死——古老的中國法典在處理這樣的事情上一直是最嚴厲的。而到了 1896 年，他重又受到了寵信，賴恩公李鴻章之力，他被任命為天津附近的小站兵營的指揮官。在那裏，他被委以重任，負責重整一支老式步兵隊伍，目的是要讓他們像日本軍人一樣富有效率。他已經贏得了廣泛的名聲，因為他嚴厲，因為他勇於承擔責任，因為他任人唯親，也因為他將災難轉化為優勢的罕見才能——所有這些品質，直到最後一刻，都一直使他立於不敗之地。

在小站兵營，他人生中最重要的篇章翻開了，之所以說最重要，乃是因為它和今日的政治格局也有着莫大的關聯。這支軍隊的主體部分，就是所謂的"淮軍"，士兵們名義上都來自安徽，那正是李鴻章的南方老家。這幫安徽佬（加上一些山東新兵），由於在鎮壓太平天國時所扮演的角色，而深得滿洲人的青睞，也在歷史上為自己掙得了一席之地。他們與曾國藩所領導的湘軍，都是所謂的"忠勇之師"，類似於印度兵變期間的"錫克兵"。人們期望他們真的能夠血戰到最後一人，他們也的確證明了自己非同尋常的忠誠。

然而，20年戎馬倥傯，袁世凱和他的忠實下屬們一直也沒有應付過甚麼大的麻煩。除了訓練還是訓練。在天津附近的兵營裏，這位未來的中華民國總統，成功地改造了他的軍隊，而且幹得那麼漂亮，以至於在極短的時間內，小站軍就成了眾所周知的"精銳之師"。軍紀是如此嚴明，以至於據說在他那裏，擺在下級軍官面前的只有兩條路：要麼提拔，要麼砍頭。袁世凱專心致志地投入自己的工作，信誓旦旦地擔保，他們可以應付更大的麻煩。

他的熱情很快引起了滿清朝廷的關注。當時，北京的政治氣候頗不尋常。中日戰爭之後，慈禧太后已經完全放鬆了對光緒皇帝的控制，年輕的皇帝雖說依然對老太后俯首帖耳，但名義上卻在管理着大清帝國。他是一個好心卻軟弱的人，身邊圍繞着一幫文人學士，領頭的便是大名鼎鼎的康有為。這些人每天陪着他用功學習，向他灌輸新的學說，讓他相信，只要他盡力發揮自己的力量，就可以挽救國家，一洗前恥，從而青史留名，千古不朽。

結局是必然的。1898 年，整個東方世界都被那篇所謂的
"維新詔書"給驚得目瞪口呆。軍隊開始調動，人員開始頻繁
更換，這在某種程度上預示着更大的動作。這下子，皇帝驚慌
失措起來，在追隨者們的懇求之下，他派出了兩名維新黨人，
攜帶了所謂的親筆密詔去找袁世凱，命令他火速帶兵進京，包
圍皇宮，保護皇上的人身安全，然後，再永遠罷黜太后的權
力。接下來發生的事情眾所周知。袁世凱在嚴加盤查、仔細核
實之後，便把這些情況原原本本地報告給了直隸總督榮祿。榮
祿與太后之間的親密關係，自從她年輕的時候就開始了，這一
點早已載入史冊。榮祿一刻也沒耽擱，迅速地採取了行動。他
處斬了兩位報信者，親自將整個密謀向早已得到警告的慈禧太
后做了報告。其結果就是 1898 年 9 月的所謂"政變"，當時，
所有沒來得及逃走的維新黨人都被立即處死，而光緒皇帝本
人，則被囚禁於紫禁城內的瀛台，那裏是著名的"西苑三海"
的一部分，陪伴他的只有兩位他所寵幸的妃子：珍妃和瑾妃。
直到 1900 年拳亂爆發，他才得以離開那裏，被帶到了西安。

袁世凱在 1898 年的所作所為，其頗可商榷之處被各派人
士熱火朝天地爭論了許多年，對此我們無從置喙。在旁觀者看
來，其結論在很大程度上仍然是個懸而未決的問題。誠然，這
個問題，除了中國法庭所出示的全部證據之外，不可能憑任何
其他東西作出判斷。那些見證了光緒被囚的日子，頗為重要，
因為它們打開了"歷史傳奇"的寬闊入口。所有當時身在北京
的人決不會忘記那場反擊，不會忘記董福祥那支遊牧部落所組

成的穆斯林騎兵的到來，他們奉太后之命，不辭勞苦地騎馬穿越亞洲內陸那片令人生畏的不毛之地，揚起漫天塵土進入首都。正是在 1898 年，"使館衛隊" 重現北京（像 1860 年一樣每個使館都有幾隊士兵），而且，也正是在這個時候，那些明察秋毫的先知先覺者已經看到了清王朝末日的開始。

袁世凱在這場反撲中立下了汗馬功勞，所得到的獎賞就是山東巡撫的頂戴花翎。1899 年 12 月，他領着自己的全部人馬去山東赴任。全副武裝的他，已經為下一場戰鬥做好了準備：1900 年夏天，中國冷不丁地冒出了一夥 "拳民"。這些人其實早已在山東的鄉村地帶活動，帶着他們的咒語，還有所謂的魔法。有證據表明，他們的傳道活動，在人們尚未耳聞之前，就已經進行了好幾個月了（即使不是好幾年的話）。袁世凱擁有近距離研究他們的天賜良機，他很快就打定主意要幹點甚麼。當動亂突然爆發的時候，他假裝只看見了狂熱的迷信者，其實這些人日漸認識到了國家的困境，早已經採納了 "掃清滅洋" 的戰鬥口號。袁世凱狠狠地打壓他們，驅使這幫粗蠻的散兵遊勇奮不顧身地湧向首善之區 —— 直隸。在那裏，由於滿洲人的引誘，他們突然改變了旗子上標語，惟一的敵人變成了洋人和洋貨。他們很快就受到了官方的保護。他們到處尋找白色面孔的人，殺死他們。他們拆毀鐵路，焚燒教堂，所導致的無政府狀態只能帶來一個結果 —— 歐洲的干涉。

此時的袁世凱，正端坐在中國歷史的風口浪尖上，但他並不打算投身眼前的滾滾洪流，因為他還沒有強大到足以確保自己不會再一次判斷失誤。在朝鮮的那番經歷幫了他，他準確地領會到了，不可避免的結局必然會是甚麼。當義和團和清軍對使館的圍攻被一支國際聯軍解除的時候，隨着北京政府的轟然瓦解，人們發現：袁世凱早就有所警惕和預感——他準備好了建議，準備擔當新的職責，準備把所有事情都搪塞過去。1901 年，和平協議（按：《辛丑條約》）簽署，袁世凱因為獲得了直隸總督的職位而顯得特別惹眼。此前，李鴻章已經被朝廷復職，但他發現繁雜的職責實在太累人了，於是袁世凱順利地接了他的班。對於一個 40 歲出頭的男人來說，這是一個了不起的成功。1902 年，當逃亡朝廷終於從西安回鑾的時候，榮譽紛至沓來，人們認為他是一個值得尊敬的人，因為他為失魂落魄的朝廷保全了面子，維護了權威。彷彿是為了回應這些榮譽，他以一連串的奏摺把朝廷給淹沒了。這些奏摺請求：為了恢復大清王朝的力量，必須建立一支完整的現代化軍隊，數量盡可能多，但最重要的還是效率。

他的建議被採納了。從 1902 年到 1907 年，作為練兵處會辦大臣（這是他在擔任直隸總督的同時所把持的一個特殊職位），袁世凱竭盡全力，要建立一支富有效率的現代化軍隊。這 5 年裏，儘管有種種財政上的困難，北洋軍還是建立了 6 支裝備精良的野戰部隊（共 75000 人），他們全都惟袁世凱的馬首是瞻。在各省推行的軍事重組中，袁世凱所表現出來的能量是如此之大，以至於朝廷在那幫嫉妒他權力增長的大臣的警告下，突然把他提拔到了一個無權無勢的職位上。他被調到北京，擔任軍機大臣兼外務部尚書，同時命令他將所有的軍務移

交給他有名的死對頭、滿洲人鐵良。該是給他套上籠口的時候
了。作為一個馬前卒，袁世凱終於走到了最後一步。

幾位外國使節拜訪了外務部，想要討論一些問題，這些問
題拖了差不多一年了。這一回，他們指望這個看上去儀表堂
堂、堅定果敢的男人，作為外務部的新任尚書，能拿出和先前
一樣的活力，關注一下國防軍改組所帶來的領事爭端。而他，
為了保住這個即便不怎麼樣的位置，每天也要忙於激烈的暗中
較量。嫉妒，在北京城就像"見血封喉樹"一樣茂盛，總是打
亂他的圖謀，阻礙他的計劃。他人在北京，身不由己，而且還
經常遭到公開的指責。即便是他那位全權在握的保護人慈禧太
后（她欠袁世凱的情着實不少），也一直承受着那種可怕的預
感：大限正在迅速逼近，王朝即將隨她而亡。

1908 年的秋天，太后病倒了。最陰暗的恐懼迅速蔓延。很
快就有報告傳來：光緒皇帝也一病不起，這真是一個不祥的巧
合。一切都太突然了，兩位顯赫的角色幾乎同時病倒，繼而一
命嗚呼（太后比皇帝要稍後一點）。毫無疑問，皇帝是被毒死
的。民間謠傳，皇帝在斷氣的時候，不但給了皇后一道密詔，
要她處死袁世凱，而且還用他顫抖的手，在空中一個接一個畫
圓圈，直到身邊的親信明白了他的意思。在中文裏，"圓"和
"袁"同音。這個手勢表明：彌留之際的光緒皇帝，最後的遺
願就是要報復那個 10 年前壞了他大事的傢伙。

在這場與過去之間的大斷裂之後，緊接着的是一種不祥的
寧靜。人們都聽說了，就太后已經親自作出決定的繼承問題，
朝廷分裂成兩個激烈對立的派系。由於沖齡皇帝宣統的繼位，

又一次長時間的攝政期變得不可避免。這一事實，引起了外國觀察者的深切憂慮，同時，人們大膽預言：袁世凱的末日到了。

這一打擊在 1909 年 1 月 2 日突然降臨。在慈禧太后去世與袁世凱失寵之間的這段時期，他居然蒙皇上聖恩，晉升到了最高品銜，即"太子太保"，並負責操持光緒皇帝的大喪（這是一份很有油水的差事）。這期間，據說新的攝政王（光緒皇帝的弟弟，宣統皇帝的父親）載灃曾與最信任的諸王大臣商議，如何處理光緒皇帝那篇要求殺掉袁世凱的密詔。所有人都警告他要小心從事，不可冒險採取可能會招致國人與列強責難的行動。因此，在隨後的一篇上諭裏，僅僅只是將袁世凱解職，打發他回老家了事。

每一個當時身在北京的人，都不會忘記那個日子，其時謠言四起，都説袁世凱死到臨頭了。來自各方面的警告都提醒他要小心提防。袁世凱剛一聽完免職詔書，就匆匆出了皇宮，直接驅車去了火車站，登上了開往天津的火車，衣着打扮完全是平民百姓的樣子。已經有人在一家歐洲人開的旅館裏為他訂好了房間，英國公使館開始考慮為他提供庇護。正在此時，他的大公子乘另一列火車趕到了，同時帶來了直接來自軍機處的信息：絕對保證他的生命安全。就這樣，他如期返回了河南老家。

在革命爆發之前的這兩年時間裏，他孜孜不倦地致力於擴張他的巨額私人財產，那是他混跡官場多年所收穫的豐碩成果。生活得就像一個古老家族的族長，妻兒繞膝，其樂融融。

他常常對外宣稱，自己已經完全退出了中國的政治生活，只希望安度餘生。然而，我們有理由相信，他的心腹黨羽不斷向他報告真實的局勢，囑咐他等待時機。可以肯定的是，長江邊上的第一聲槍響，使他頓時警覺了起來，並向自己的下屬們發出了密令。東山再起的時機，已經水到渠成。事實上，在起義爆發的消息最早傳到北京的時候，短短的 100 個小時之內，朝廷就顧不得甚麼體統，急急忙忙地派人請他出山。

從 1911 年 10 月 14 日開始（此時他已經被任命為湖廣總督，奉旨立即着手鎮壓這場起義），到 11 月 1 日為止（此時他事實上已經取代慶親王成為軍機處的首領，從而被授予了最高權力），要充分討論這期間的曲折迷離、波譎雲詭，恐怕需要整卷的篇幅。不過，就本書的目的而言，這樣的問題可以暫時擱置一旁。總之，袁世凱滿心歡喜地迎接了這一終於到來的天賜良機，並下定決心，要一勞永逸地果斷解決掉那些與自己利害攸關的問題。於是，袁世凱故意採取退縮不前的策略，盡可能地拖延每件事情，直到革命黨和滿洲人都束手無策，徒喚奈何。到那時，作為一個行動天才和外交高手，人們必將把他視為惟一的調停人和國家的救星，而對他歡呼喝彩。

此次革命的詳細經過，以及袁世凱的奇怪方式（默許事態的發展，而不是像人們所希望的那樣力挽狂瀾），常常被人們討論，在此我們無需多費口舌。人們通常承認，儘管那些毛手毛腳的革命小將們勇氣可嘉，但他們的能力，與袁世凱一直牢牢抓在手裏的王牌（6 支全副武裝的野戰軍），完全不可同日而語。1911 年，正是這支野戰軍的一部，在武漢三鎮佔領並摧毀了革命的主要根據地，而正當他們打算橫渡長江，掃平革命軍殘餘勢力，給革命黨致命一擊的時候，卻突然偃旗息鼓、鳴金收兵。因此，我們完全有理由斷言：假如袁世凱真的希望撲滅這場大火，他完全有能力在 1911 年底之前把這場革命碾得粉碎。但他實在太狡猾了，完全看得出來，他所要解答的難題，不僅僅是軍事上的，同時也是道德上的。中華民族受的委屈實在太多了，外國人的侵略如入無人之境，本國政府卻又無力應付積重難返的成堆錯誤（那是油盡燈枯的封建制度所帶來的），他們的文明幾乎就要徹底破產。袁世凱當然也知道，義和團最初印在旗子上的“掃清滅洋”的口號，在理論上是正確的。無論是“清”還是“洋”，二者都侵蝕了古老文明的根基。但他們所提出的計劃卻是空想主義的，完全不切實際。二者之中，有一種因素或許可以清除，而另一種，卻不得不硬着頭皮繼續忍受。如果義和團明智的話，他們就應該改變計劃，給外國人更多保護，同時去攻擊那個壓迫他們的大清王朝。然而，正如我們前面講過的，滿清朝廷卻誘使他們按照完全相反的判斷來採取行動。

袁世凱既不是義和團拳民，也不是空想主義的愚蠢信徒。他知道得很清楚，在 20 世紀的中國，成功統治的精髓就是要附和洋人的觀點（至少是在表面上），因為這些洋鬼子的手裏，有取之不盡的鈔票，而且所謂的“科學”，據說也站在他們那一邊。他知道，只要不以毫不留情的中傷去公開侮弄外國的輿論，他就會由於 1900 年所贏得的國際聲望而獲得支持。由上述前提可知（他的本能也告訴他）：必須始終小心翼翼地維持一個合法的外表，在名義上滿足國家民族的熱望。正是由於這一原因，袁世凱處理事情的方式看上去總像是"命運的工具"。也正是由於這一原因，雖然他在長江中游把革命黨打得落花流水，而為了扯平，卻又在長江下游利用帝國主義的勢力秘密地安排了南京政府的撤退，因此他就可以有一個切實可見的論據來說服滿清朝廷：標本兼治的改革是必要的。這樣的改革，原則上被最高當局所接受，他們同意了那份所謂的《憲法重大信條十九條》[1]，這份文獻得到了全體北洋將領的認可，他們堅持要求：在他們開赴南方平定叛亂之前，這份文獻應該成為政府的基礎。有理由相信，倘若袁世凱被推到實際攝政的位置上，他將會支持終結滿清的君主政體。但是，革命黨人的手腳之麻利，着實令人驚訝。1912 年 1 月 1 日，中華民國便在南京宣告成立，而外國輿論對這種冒險行動也給予了支持。這一切，把袁世凱給弄糊塗了。

　　1911 年 11 月中旬，他已經同意與南方革命黨舉行和談，而一旦被拖入這些他並未打定主意的談判當中，戰場上的停火範圍也就將不斷擴大，因為他認識到了：西方列強（特別是英國）並不喜歡進一步的內戰。在將唐紹儀派往上海充當自己的全權代表之後，他立刻發現，自己所遵循的行動路線與他最初

1　《憲法重大信條十九條》（簡稱《十九信條》），堪稱中國第一部成文憲法。宣統三年九月十三日（1911 年 11 月 3 日）由清政府公佈。它是清政府為了挽救因為辛亥革命造成的時局動亂，在 3 天之內倉促制定的，形式上被迫縮小了皇帝的權力，相對擴大了議會和總理的權力，但仍強調皇權至上，且對人民權利隻字未提。

所預期的大相徑庭。中南各省的態度非常堅決，他們能夠接受的解決方案只有一個，那就是永久而徹底地取消滿洲人的王朝。他自己則搖擺不定，最後的爭論，必然落到這樣一個秘密許諾上：他將成為統一後的中華民國的首任總統。在這樣的形勢下（假如他真的忠心耿耿的話），他的職責就只能是：要麼繼續戰鬥，要麼辭去總理大臣之職，掛冠而去。

但他並沒有這麼幹。在含含糊糊地提議召開一次國民大會以解決爭端之後，他以一種十分典型的方式，試圖找到中間道路。通過似是而非的誤傳詐說，袁世凱誘使光緒皇帝的遺孀隆裕皇太后（她繼醇親王之後成為新的攝政）相信：如果要避免國家分裂，擺在滿清王朝面前的惟一一條道路，就是皇帝正式退位。有理由相信：1912 年 1 月 28 日，全體北洋將領通電北京、建議宣統皇帝退位，便是出自袁世凱的授意。無論如何，有一點可以肯定，正是袁世凱草擬了那份所謂的《優待皇室條件》，並把它們電告南方，然後作為革命黨人準備接受的最大讓步，再回電給他。

說來也巧，就在他把這些條款跪呈皇太后並確保太后有條件地接受這些條款的同一天，宮闕門外竟然發生了一次針對他的行刺。遲至 1 月 25 日，滿清朝廷才可憐兮兮地試圖冊封袁世凱為侯爵（這是授予漢人的最高頭銜），經過四次努力，袁世凱都沒有領情，這是一個垂死王朝最後的絕望姿態。正是在這幾天之內，滿清朝廷就以三篇非常奇特的詔書宣佈退位。這幾篇詔書，確鑿無疑地表明，滿清皇室確實相信：他們放棄的，僅僅是政治權力，同時卻保留了所有古老的儀式權利和頭衛。很顯然，"共和國"或者"民國"這樣的概念，對滿清朝廷來説，完全是對牛彈琴。

　　如今，袁世凱得到了他想要的一切。他利用"皇帝授權"的保護，組建起了民國，並使得衝突各方重新聯合起來，置於他一手掌控之下。他準備將某種自己一無所知的政府形態投入試驗。我們饒有興味地注意到：直到生命的終點，他始終堅持認為自己的權力來自那幾篇最後的詔書，而決不是來自他和南京政府之間的協定，正是後者制定了所謂的《臨時約法》。不過，他一直小心翼翼地不敢明目張膽地放棄《約法》，直到幾個月之後，他的獨裁統治似乎無法撼動的時候。然而幾乎是從滿清退位的那天起，他就一直盤算着自己是否有足夠的膽量，敢冒天下之大不韙，登上皇帝寶座。正是這一點，給後來那些令人目瞪口呆的故事賦予了戲劇性的趣味。

第三章
共和夢

　　1912 年 1 月 1 日，中華民國在南京宣告成立，到場的只有少數幾個省的代表，孫逸仙博士被推選為臨時大總統。到了 1913 年 11 月 4 日，剛剛在幾週前被選舉為正式大總統的袁世凱，大膽地解散了國會，使自己成為中國實際上的獨裁者。對於這期間所發生的一連串交易，要想做一個簡潔而清晰的記述，殊非易事。

　　在中國歷史的這一重要時期，自始至終，你都會留有這樣的印象：一切彷彿像做夢一樣，轉瞬即逝的情緒衝動，取代了某些更堅實可靠的東西。密謀和反密謀此起彼伏，而且是如此迅速，以至於它們的精確記錄就像 "編年史" 本身一樣，令人昏昏欲睡。眼花繚亂的金融陰謀，交織在一起是如此複雜，同時與政治鬥爭之間又是如此對立，以至於這兩個故事似乎是背道而馳，雖然它們是如此緊密地聯結在一起，就像兩個刺客，信誓旦旦地要攜手將他們恐怖的冒險事業進行到底。數量龐大的人民估計有 4 億之眾，他們被置於群龍無首的境地，並被告知：由《臨時約法》產生並得到《退位詔書》認可的、新的統治制度，是一種人人都像鄰居一樣友善的制度。他們毫無意義地來回搖擺，枉費心機地試圖恢復已經徹底失去的平衡。聚訟不休的勁頭變得如此普遍，以至於一切權威都遭到公然的嘲弄。形形色色的犯罪變得如此稀鬆平常，以至於清高之士不得不退避三舍，遠離公共事務，而讓一幫無恥的暴徒大權在握。

由於努力支付外債和賠款而陷入長期的困窘，中國事實上已經一貧如洗。如果沒有外國政府的公開支持，要想從國外市場上籌措到巨額借款，幾無可能。這就需要一套規模不大、作為應急措施的制度安排，在此制度下，各省的管理部門得以抵押手頭上每件容易變賣的資產，以便供養數量龐大、紀律渙散、騷擾鄉里的軍人。於是，毫無擔保的紙幣得以大量發行，數目很快就達到了嚇人的程度，以至於市場完全被這些它無法接受的、一錢不值的流通貨幣給淹沒了。各省首腦對此束手無策，只好大呼小叫，說這是中央政府的事，作為全民的代表，它應該去尋找解決辦法。只要能保住自己的烏紗帽，他們就會以各自不同的方式對身邊的混亂置若罔聞。

那麼，這個中央政府又是甚麼呢？為了順利理解這一史無前例的局面，我們必須對它的特點作一番說明。

從辛亥革命爆發起，袁世凱就一直狡猾地玩弄他的慣用伎倆，這些伎倆使得他在革命正式結束的時候名聲大振，如日中天。這不僅讓他從退位的王朝那裏獲得了"皇帝授權"，根據全民族意願組建一個平民政府，而且也把南京革命黨人的代表給帶到了北京，從代表們的手裏，他接受了"總統職位"的正式提議。

當然，這些安排早在停戰和退位之前就已經在私下裏被全部接受，在整個精心設計的舞台佈景中，它們是不可或缺的組成部分。那份《優待皇室條件》，是袁世凱在徵詢南方革命黨的意見後，親自草擬的，正是通過這份文件，上述安排才成為可能。優待條款規定得一清二楚：滿清皇室每年將收到400萬元皇室專款，並保留所有頭銜，以此作為他們交出政治權力的一種交換。不堪之事，被精心打扮成這樣一副模樣，以至於隱藏了其真實的意味：它只是一個嚴重的政治錯誤。

然而，儘管有了這樣的協議，南北之間依然彼此猜疑、互不信任。對於1月17日發生在北京街頭的那次行刺（這顯然是出自南京的授意），袁世凱一直耿耿於懷，而當時，他實際上正在為這些退位條款而緊鑼密鼓地進行談判。與此同時，民間的新聞媒體每天都在提醒南方的首領們：在過去，那個掌握了權力天平的人總是扮演叛國者的角色，而在不遠的將來，情況肯定也是這樣。

1912年2月，代表們抵達北京。但是到目前為止，還有一件最重要的事情依然懸而未決，那就是宣誓就職的問題，到時候將通過這樣的儀式，要求袁世凱保證自己忠於共和。代表們已經得到了特別指示，讓他們代表已經獨立的各省，要求袁世凱跟他們一起去南京宣誓就職。這一行動策略，幾乎就等於讓袁世凱向那些在戰場上打不過他的人舉手投降。人們想必不會忘記，從一開始，關於新政府權力來源的方式，雙方就存在一種尖銳對立而又暗藏殺機的觀點分歧。中南各省主張（而且是義正詞嚴地主張），《臨時約法》應該是共和政府所賴以立足的法律文件；袁世凱則宣稱，是"退位詔書"而不是《臨時約法》締造了共和國，因此，按照自己認為最合適的方式組建新政府，乃是他權限之內的事。

1912年2月29日，群情激昂的討論戛然而止。這天夜裏，在沒有任何先兆的情況下，北洋軍第三鎮突然發動了一次離奇的兵變，他們在京城的部分地區焚燒、劫掠了48個小時，期間沒有任何人出面干涉。如今我們已經用不着懷疑，這一花招又是袁世凱親手策劃的，作為一種脅迫的手段。雖然這場暴亂火候把握得恰到好處，剛好避免了外國的干涉，但結果卻把南京的代表們給嚇壞了，使得他們很樂意把迫使袁世凱去南京這檔子事忘得一乾二淨。1912年3月10日，作為風雲人物的袁世凱總算如願以償，得以在北京舉行他的就職典禮，從而確保了在接下來的幾年裏有充分的行動自由。

中央政府，就是在這樣一個令人驚駭的基礎之上（藉助有組織的兵變）得以重組。接下來的每一條法案，都打上了它卑污出身的標記。袁世凱欣然同意南方聯盟（眼下已正式解散）所推薦的候選人在他的內閣中擔任那些無足輕重的職務，而把那些關係到軍隊和警察控制的所有職位都小心翼翼地留給了自己人，當然也包括至關重要的財政部。政府構架樹立起來以後，他的注意力幾乎全部集中到了找錢的難題上。這是一個令人眼花繚亂的問題，如果要細數它的每個細節，恐怕就連最結實的讀者也要疲累不堪，但作為普遍難題中不可或缺的組成部分，我們又不能不提到它。

某些基本面貌很快就能得以顯露。對於那些侵蝕中國社會根基的力量，我們已經解釋過其經濟特性。首先，中國人的黃金債務，賦予了他們所需要的力量以全新的觀念，其災難性，正在於他們把自己的意志強加給國家。而且，正因為黃金債務問題變得如此沉重，對國家的消耗是如此之大，所以，早在革命爆發的數月之前，政府就已經與 4 個國家的銀行家簽訂了一筆 1000 萬英鎊的借款協議，希望藉此為重建國內信用而進行一場有組織的努力。但事實上，這項借款計劃並未付諸實施，因為其中的安全條款允許它有 6 個月的延期，而正是在這個節骨眼上，革命爆發了。這樣一來，就必須重新開始談判。這場革命，反倒給這個國家做了極好的廣告：在中國眼下這場賭博中，可以贏得豐厚的獎賞。這吸引了歐洲銀行界的普遍關注，於是，一大疊貸款協議如今就擺放在北京政府面前，任由選擇。

就這樣，一段討價還價的離奇章節就此掀開。袁世凱和組成當時政府的五花八門的政黨，都警覺地認識到：一大筆國際債務佣金正是西方各國官方財政瞄準的目標。雖說這些派別林立的政黨在幾乎所有問題上都針鋒相對，但這一回，他們都同意：這個危險是他們必須對付的共同敵人。雖然四國財團聲稱，在所有的中國貸款項目中他們擁有優先權，可是早在清室遜位的危機時期，"法比財團"就已經支付了總額將近 200 萬英鎊的預付款。眼看到手的好處付諸東流，四國財團怒不可遏，於是便阻撓所有的競爭投標，關閉每一扇可能的大門，從而製造了一場更大的混亂。此前尚未參加這一官方財團的俄國和日本，如今也認識到：分贓，已經成為一種政治上的必要，於是便要求分得與本國地位差堪相稱的那一杯羹。就這樣，著名的六國集團由此誕生。

正是圍繞這個集團以及為重組中國財政而計劃發放的6000萬英鎊貸款，一場重要戰鬥打響了。六國集團之強大，足以把歐洲的證券交易所都組織起來，由於他們的聯合抵制，法比財團最終黯然出局。如今，留給中國人的問題是：看看他們能否找到某些大膽的團體或者個人，其膽子大到足以不理睬各協約國政府。

這樣的尋找倒是沒有白費力氣。1912年9月，一位名叫伯奇·克里斯普的倫敦證券經紀人，決定要冒一把大險，於是單刀赴會，通過談判拿下了一筆1000萬英鎊的貸款。全世界一覺醒來，忽然聽說某個藉藉無名的傢伙，竟然以一人之力，成功對抗了六國政府，不免大驚失色。這一大膽嘗試在整個金融界所激起的軒然大波，許多人至今記憶猶新。國際金融界將每一種能派上用場的武器都帶進了這場比賽，以保證金融獨立的魯莽行為能夠被嚴格制止。在一次激烈競爭之後，另外5000萬英鎊總算保住了，雖然如此，但有一點很快就清楚了：一個被人拋棄的政府，其巨大需求決不會滿足於這一堂吉訶德式的勝利。不過，中國由此而實現了兩個重要目標：首先，1912年間，由於倫敦證券交易所一位孤膽英雄的獨立自主，中國得以擺脫了捉襟見肘的財政困難；其次，利用這次出乎意料的行動為槓桿，北京政府保住了優惠條件，比以其他方式所能從官方財團那裏得到的更加優惠。

這期間，國內的普遍局勢依然很糟糕。有些省份，紙幣正以令人吃驚的速度逐月貶值，人們對此束手無策。與此同時，各派領袖之間的對抗非但沒有降溫，反而愈演愈烈。各省督撫我行我素，公然嘲弄北京的權威，他們千方百計擴充自己的軍事力量以鞏固自己的位置。北京城裏，前清的舊朝廷躲在紫禁城的深宮大院之內，太平無事，繼續每日出版他們的《邸報》，給遺老遺少們封官賜爵，保持着所有古老的禮節。在西北各省以及滿洲[1]和蒙古，所謂的“宗社黨”，不斷密謀東山再起，以圖恢復已經土崩瓦解的王朝舊族。雖然這些密謀從未達到足以危及國家的程度，但是，日本人的特務機關，卻一直在秘密支持他們，這一事實，也是一個持續不斷的憂慮之源。外蒙古的問題也讓中央政府頭痛不已。庫倫（外蒙首府）活佛呼圖克圖，利用革命這個天賜良機，擺脫了對北京的俯首稱臣，這一大片遼闊的區域因此陷入全面的混亂，而當俄國在 1912 年 10 月 21 日正式承認外蒙獨立的時候，這種混亂便益發不可收拾。誰都知道，作為一個情況與外蒙類似的地區，英國也正打算要求讓西藏自治，這一新的進展，極大傷害了中國人的自尊。

1912 年 8 月 15 日，北京發生的一次離奇行動，正是這種糟糕形勢的絕妙縮影。當時，武昌首義的“元勳”之一張振武

1　滿洲本是指滿洲族，也即滿族，不是一個地理概念。原著者因舊日習慣，在書中有時以之代稱中國東北。

被人誘至北京，在一次招待宴會結束之後，突然被逮了起來，在未經審判的情況下，於這天子夜被槍殺。

在那個以法律的名義蓄謀殺人十分普遍的時期，這一事件本身算不了甚麼，它只不過刺激了人們短暫的興趣，這一混亂局面並沒有喚起普遍的民族情緒。事實上，在袁世凱擔任臨時大總統時期的普遍亂政中，它只不過充當了一個引人注目的焦點。"我犯了甚麼罪？"當這位不幸的革命家被槍擊中，而後被刺刀捅死的時候，人們聽到的是這樣一聲淒厲的叫喊。這一質問很容易回答。他的罪行就是他不夠強大，還沒有強大到足以和更殘暴的人相抗衡，因此，他之所以銷聲匿跡，所遵循的乃是大自然的普遍法則。袁世凱決心利用一切手段，將所有人置於他的掌控之下，任何膽敢藐視他的人，都與這位老兄一樣，必死無疑。

然而，這一罪行所引發的騷動卻並不那麼容易平息。參議院（為首屆國會的召開而在北京設立的臨時機構）公開抨擊臨時大總統，而且炮火是如此猛烈，以至於袁世凱為了顯示這些責難純屬居心叵測，不得不邀請孫中山來京，並待之以前所未有的敬意，請求他擔當對立派別之間的調停人。然而，所有這些策略，都是被一個目標所激發出來的，那就是要證明：除了這位北京的老闆之外，沒有人能夠控制這個國家的事情。

此時，國會尚未召開。雖然《臨時約法》規定了 10 個月之內（即 1912 年 11 月 1 日之前）必須召開國會，但選舉被故意拖延了。中央政府的注意力完全集中到了消滅競爭對手的難題上，所有的事情都必須服從於這場人身攻擊戰。越來越不受控制的流氓無賴，為所欲為，對富人窮人都一樣，他們的所作所為，使共和主義名聲掃地，不斷摧毀公眾的信心——這倒是正對袁世凱的胃口。戲劇性的離奇事件不斷刺激着公眾的神經，在那些不同尋常的日子裏，甚麼稀奇古怪的事情，都不會讓人太覺意外。

每個人都在大呼小叫，說是外國的干涉正在變得不可避免，上述難題的解決也就非常緩慢。隨着 1913 年的到來，事情不可能再拖了，袁世凱同意在各省舉行選舉。選舉中，他一敗塗地，看來這回他真的要被選下去了，不管他的軍事力量多麼強大，他將被新成立的國民大會一舉挫敗，其權威將被削弱。為了阻止這種情況發生，一場新的暗殺已經安排就緒。

最有才幹的南方領袖宋教仁，當他領着一大幫上海議員正要登上火車前往北京的時候，在熙熙攘攘的火車站上，被一名亡命之徒沉着自若地開槍打死。此人後來在審訊中承認，是地方上的最高當權者花 200 塊大洋買他殺人的，在當庭出示的證據中，還包括幾封發自北京的電報，這使得關於誰是幕後主使的問題，變得毫無懸念。

這一卑劣行徑所激起的軒然大波，使得在北京召開國會似乎毫無可能。但人們越來越普遍地感覺到：形勢如此令人絕望，看來不得不採取行動了。不僅僅是因為他們的名聲將岌岌可危，而且，國民黨如今也認識到了：他們將不得不與這隻座山之虎正面相對。更出人意料的是，1913 年 4 月 7 日，國會還真的在北京開幕了，大半是南方人，所有激進分子都額手相慶。當最終的解決辦法似乎就近在眼前的時候，希望，伴隨着滔滔雄詞疾速上升。然而，最初的過場剛剛走完，台上的演說者被選進了議會兩院，緊接着，袁世凱僅僅使出戲劇性的一招，便讓所有這些努力瞬間化為泡影。他的這一招，戳中了平民政府整個理論和實踐的關鍵要害。

他所使用的手段，再簡單不過了。再者說，直來直去、玩世不恭尤其是袁世凱的特點。雖然南京政府的《臨時約法》（特別是第十九條）已有規定：所有影響到國家財政的措施，都必須得到國會的批准。而袁世凱藉口“參議會”（這個機構頭一年幫過他的大忙，最近剛剛被解散）已經批准了一筆外國貸款，於是不容分說地下令簽署了高達 2500 萬英鎊的“善後大借款”。這筆貸款，已經私下裏與六國集團的金融代理人秘密商議了整整一個冬天，雖然上一年 6 月的談判破裂（它預示了這筆貸款的脆弱），使得公眾完全忽視了財政因素的至關重要。國會眼看着一個仿照土耳其和埃及模式的“外債委員會”就要成立，而自己卻被排斥在外，這對國會的存在，無疑是一個直接挑戰。於是，國會怒不可遏，盡一切可能拖延這個提案。但袁大總統卻橫下了一條心，他把自己關在總統官邸裏，拒不接見任何國會代表。面對各界日益高漲的憤怒，財政總長本人也躊躇不前，居然溜之乎也，逃出了北京城，不過很快就被專列帶了回來，硬着頭皮去完成這一協議。

4 月 25 日早上 4 點鐘的時候，最後幾份文件在外國銀行的大樓裏簽署完畢，財政總長乘着馬車疾馳而去（為避免可能出現的炸彈），向他的主子報告：一筆巨款終於到手，儘管名義上要由洋人控制它的支出。

　　"先下手為強"的古訓，到底是不錯的。袁世凱如今有了本錢，於是就可以嘲弄國會通過的所謂決議了，該決議聲稱：這筆交易非法，借款協議無效。在外國列強代理人的公開支持下，他很快就收到了預付的巨額現款，這使得他能夠在方方面面壯大自己的力量。這樣一來，進一步與他打口水仗，似乎也就毫無價值了。在此有必要記錄的是：國會領袖們幾乎要給北京的外國公使們下跪，徒勞無功地努力說服他們：把這一生死攸關的協議的簽署拖延（這是他們的拿手好戲)48個小時，以便它最終能夠被國民大會通過，從而保全國家主權最致命的那一部分，使之免遭獨夫的踐踏。但北京的外交，是一件悖理而乖戾的事情，那陣子的外國公使，被派駐的是這樣一個政府：其時，列強（除美國外）尚未正式承認它是一個共和政府，不過想必很快就會承認。雖說如此，他們還是決定採取保守的觀望態度，並在心底裏很高興看到事情正常地退回到專制主義的軌道。

　　高額的貸款，最終從中國得到了它所需要的一切，而且似乎並不打算放鬆對食鹽經營的壟斷（這是貸款合同所授予的權利）。還有一個不該忽略的事實，那就是：這借來的 2500 萬英鎊賬面金額當中，至少有一半不會離開歐洲，要償還給外國銀行。根據協議所附加的清單，附件 A 包括庚子賠款和銀行預付款，計 4317778 英鎊；附件 B，即所謂的各省借款，總額在 287 萬英鎊以上；附件 C，是短期債務，計 3592263 英鎊；附件 D，用於遣散軍隊，計 300 萬英鎊；附件 E 包含流動的行政開支，計 550 萬英鎊，同時還包括鹽政改組費用，至少 200 萬英鎊。銀行單從這筆貸款中就能獲得 125 萬英鎊利潤。而袁世凱，則通過每週的支付系統得到總數約 1000 萬英鎊，這筆錢足夠讓他隨心所欲地對付自己的同胞了。

事態的最新發展，將人們激怒到了絕望的程度。在打了兩個月徒勞無功的口水仗之後，中央政府和南方諸省終於開始兵戎相見。7 月 10 日，長江南岸的江西省，李烈鈞所統轄的駐軍遭到了來自漢口要塞的炮擊，"二次革命"就此爆發。

這場戰鬥為時甚短，而且最後灰頭土臉地收場。裝備糟糕、彈匱糧乏的南方軍幾乎一貧如洗，與他們正面相對的那幾支訓練有素的北洋陸軍，僅僅在 18 個月之前，就曾經通過一場惡戰證明了他們的實力。不過，對於中央政府來說，那幫缺乏聯合作戰經驗的叛軍，在戰場上從來就不曾構成多大的威脅。李烈鈞所率領的江西部隊，總數頂多兩萬人，雖然短時間內打得十分頑強（這倒是真的），但不可能贏得甚麼像樣的勝利，而且很快就被趕得遠離了長江，鑽進了江西南部的崇山峻嶺之中，在那裏，他的人馬迅速消失得無影無蹤。

令人敬畏的革命黨人黃興，早年的確是一位很能派上用場的鼓動家和炸彈投擲手，但在正兒八經的重大戰鬥中，卻毫無用武之地。其時，他擔任已經全部起義的南京駐軍的總指揮，正試圖沿浦口鐵路進軍天津。但他很快發現，由於軍隊的缺乏組織，自己的努力眨眼間就化為泡影，於是便一溜煙逃到日本去了。南京的軍隊，儘管被他們的領袖所拋棄，卻仍然竭盡全力抵抗北軍，保護南方首都不致落入敵手。但南京最終還是被老反動分子張勳將軍聯手領精兵銜命而來的馮國璋將軍給拿下了。

上海的兵工廠，在“大借款”事件之後的那幾個月裏，一直由一小股南方駐軍平靜無事地把守着，對它的進攻雖然遭到了頑強的抵抗，但最後，同樣由於缺少大炮和合適的領軍人物而終告陷落。

完全站在南方軍一邊的海軍，被指望是阻斷長江流域的利器，卻在最後關頭被人家用大把的鈔票所收買，宣佈保持中立。這筆錢當然也是來自外國銀行，據說，是列在“行政開支”的項目之下。

動盪不寧的廣州城，雖然也已經揭竿而起，反對北京當局，但袁世凱對此早已做好了準備。一位名叫龍濟光的邊疆將領，率領兩萬名半野蠻的廣西軍隊，早已調到廣州附近。他們立刻向廣州城發動進攻，一舉制服了它。作為回報，袁世凱任命龍濟光為廣東督軍。此人是個聲名狼藉的畜牲，他以殘暴野蠻的方式統治廣東達 3 年之久，直到 1916 年大起義爆發，才終於將他趕走。在方方面面都徹底失望的南方革命黨，如今一蹶不振。因為，有錢階級到最後也停止了對他們的支持，而在中國，沒有錢就甚麼事也辦不成。

1913 年的暴動，在僅僅持續兩個月之後，隨着各位領袖腦袋的價碼被公告周知，他們每個人也都逃之夭夭，所謂的“二次革命”，就這樣灰頭土臉地偃旗息鼓了。通往袁世凱念念不忘的最後一級台階的大路，終於敞開，這一步，就是要推倒國會本身。雖然國會並沒有以任何直接的方式參與這次起義，但暗地裏與叛軍將領勾勾搭搭卻是毋庸置疑的。

國會還犯下了更大罪錯，那就是弄出了一個所謂"特別憲法起草委員會"，整天躲在天壇閉門開會。而且，在此次"永久憲法"的起草期間，袁世凱的代表被拒之門外。袁世凱派他們到那裏去，就是要敦促委員會修改有關分權制衡的內容，而這正是《臨時約法》的主要特色。從透露出來的材料看，國會絕對控制財權的原則是這部"永久憲法"的主旋律，不僅如此，它甚至還包含了一項令人吃驚的制度創新，以確保能夠讓事實上的獨裁統治幾無可能。簡言之，新憲法建議：在國會閉會期間，應該在北京留下一個特別議會委員會，負責監督、制約執政者，阻止任何權力的僭越。

對袁世凱來說，這就足夠了。他感覺到，自己不僅成了一個被普遍猜疑的對象，而且，還被輕蔑地對待。他決定，讓國會見它的鬼去。不過，眼下他還只是個臨時總統，耍點滑頭還是必要的。他再一次以自己特有的方式開始行動了。通過大把的鈔票，國會在利誘之下，提前通過了憲法中涉及總統選舉和任期的相關章節的主要條款。這件事情辦妥以後，參眾兩院仿照法國議會的模式成立了選舉團，部分通過金錢賄賂，部分通過武力恫嚇，在這樣的威逼利誘之下，袁世凱總算被選舉為正式大總統。

10月10日，在宏偉壯觀的紫禁城大殿裏，袁世凱面對文武百官和全體外交使團，舉行了他的總統就職典禮，任期5年。他的憲法地位如今穩如泰山，除了最後一擊，再也沒有甚麼遺留問題了。11月4日，袁世凱在全體內閣反對簽署的情況下，頒佈了一篇強硬專橫的訓令，下令解除那些被認為與 7 月起義秘密串通的國民黨議員和激進派議員的席位，並含糊其辭地提到由此產生的空缺席位將通過選舉填補。首都的警察部隊嚴格地執行這一訓令，雖然並沒有表現出野蠻行為，但有一點卻很清楚：任何受到指控的人，如果繼續留在北京，他們的腦袋將岌岌可危。這樣一來，就使得國會沒辦法湊足開會的法定人數，袁世凱因此能夠繼續隨心所欲地進行他的改組工作了。這一新奇的景象，在遠東創造了一種不折不扣的墨西哥局勢，而且得到了西方列強的默認。意味深長的是，就在一一・四事變發生的次日，中俄兩國簽署了協議，同意外蒙古自治，中國只保留了向庫倫派駐外交代表的權利。

　　儘管袁世凱擁有了無可爭辯的權力，然而局勢並沒有甚麼改觀。如今注入了新鮮活力的警察控制（再加上小心謹慎的暗殺），成了行政管理手段，為了給它騰出了空位，滿清王朝被趕走了。暗流洶湧，民怨沸騰。人民已經徹底失望了。西方列強對這個政權的支持，使人們充分認識到：除了等待，別無可為。有把握的是，這樣的局面不可能長久。

第四章
獨裁者

　　國會被徹底整垮了，犯上作亂的長江流域在武力鎮壓下也悶悶不樂地低下了頭，袁世凱的任務因此變得非常單純，就是要抓住正在到來的大好時機，着手處理最後的難題：使自己成為絕對的最高權威，既是法理上的，也是事實上的。

　　1914 年到了，隨着諸多絆腳石被搬走，袁世凱變得愈發專橫獨斷。2 月，光緒皇帝的遺孀、兩年前以宣統皇帝監護人的身份被騙同意退位的隆裕皇太后，出乎意料地死了。她的死，引發了人們深切的同情，因為和過去的最後聯繫突然中斷了。這一幸運的事件，使袁世凱的位置更加鞏固，也讓他不由得心中竊喜。他下令，將已故皇太后的靈柩在紫禁城的大殿裏停厝三天，舉國志哀，萬民同弔。現在，在這位獨裁者和他的最高野心之間，只有一個 9 歲的孩子了。兩個最後的難題依然留在那裏等待處理：第一，給純粹的獨裁統治披上合法的外衣；第二，找更多的錢以統治國家。對於一個毫不猶豫地把自己的整個政體建構在馬基雅維利學說[1]基礎之上的人來説，第二個問題比第一個問題更重要。合法性，僅僅被看作是裝點門面的遮羞布，只不過是為了平息外國輿論以防止干涉罷了。而要是沒有錢，就連政府徵用權的幌子都沒法維持。一切事情，的確都取決於找錢的問題。

中國已經沒有錢了，至少對於政府來說是沒有。儘管有2500 英鎊巨額"善後大借款"，但財政混亂依然普遍存在。這筆借款早有安排，更多的是用來清償國際債務、平衡外國銀行的賬簿，而不是用來建立一個現代化的政府。這個國家的每一枚可用的硬幣，早在那些多事之秋，就已經被各地的商業行會從中國的各個角落神不知鬼不覺地匯往了上海的那些大商行，為的是得到安全的保管，總數不會少於 1 億盎司黃金。這些錢把外國銀行的金庫塞得滿滿的，它們在那裏很安全，不會被政府徵用。各省稅捐的徵收體系，已經長時間地陷入混亂無序的狀態，袁世凱儘管有軍事上的獨裁權威，但要想徹底恢復各省的匯款，幾無可能。尋找新的貸款於是變得越來越迫切。藉助強行在國內發行一定數額的現鈔，也許能弄到一些錢，但老百姓也只能勉強糊口，每個人都非常不幸。雪上加霜的是，這年 3 月，中原地區爆發了可怕的白朗起義，這就需要動員一支新軍，再欠上一筆軍債。這支軍隊為圍捕叛軍而白白忙活了差不

1　尼可羅·馬基雅維利(1469－1527)，意大利政治思想家和歷史學家，是近代政治思想的主要奠基人之一。他主張國家至上，將國家權力作為法的基礎。代表作《君主論》主要論述為君之道、君主應具備哪些條件和本領、應該如何奪取和鞏固政權等。

多半年時間，無功而返。長期的放縱使得軍隊的士氣變得如此消沉，以至於稍有鬆懈這場遊擊戰爭就會重燃戰火，直到一個偶然的機會，匪首重傷身亡，他數量龐大的追隨者紛紛作鳥獸散。在這六個月的時間裏，這幫烏合之眾掃蕩了三個行省，威脅到了古都西安，庚子那年，滿清朝廷就是逃到這裏避難的。

其間，各省都以千篇一律的方式大規模地執行死刑，所有努力都是為了殘酷鎮壓起義。在北京，臭名昭著的"軍政執法處"連續不斷地忙於處決那些被懷疑密謀反對總統的嫌疑人。就連印刷文字也被視為煽動，在漢口，一位不幸的編輯被鞭打致死，原因只不過是說出了關於長江地區局勢的真相。這些暴行，使得越來越多的人決心一有機會就討還血債。

袁世凱雖然手頭越來越緊，但到了 1914 年 4 月底，他已經完全掌控了局勢，並完成了他的驚人之舉 —— 一部嶄新的憲法，冠以《中華民國約法》的漂亮名頭，正式頒佈了。

這份珍貴的文獻，作為一份管理契約，並不比一封私人信函更具有合法性，有興趣的讀者可以參看原文，在這裏，我們只要這樣說就足夠了：在中國，以前還從來沒有縱容過這樣的欺騙。這份文獻的起草人是美國籍的法律顧問古德諾[2]博士（此人後來因為充當帝制陰謀的背書人，而得到了國際惡名），它創立了一種他們樂意稱為"總統制"的東西。更確切地說，它

2　弗蘭克・約翰遜・古德諾（Frank Johnson Goodnow，1859－1939），美國政治學家和教育家。曾任教於哥倫比亞大學，1913 年來華任中國政府的法律顧問。1914 年－1929 年，任約翰・霍普金斯大學校長。1915 年發表《共和與君主論》，認為共和制度不適於中國，為袁世凱復辟帝制製造輿論。

把所有的權力直接交到了總統的手上，仿照美國的模式設國務卿一人，而將內閣部長削弱到純粹的"部門長官"，他們接受來自國務院的指令，在實際的政府運作中並沒有發言權。行省制度同樣也是為地方管理而發明的，革命時期的都督，按照滿清的模式改成了"將軍"，各省的控制權完全集中在將軍們的手裏，同時，前朝所建立的省議會被一概廢除。天壇祭拜儀式也被重新建立，還恢復了官方祭孔——這兩種儀式都是按照帝制標準施行。與此同時，還創立了一種嶄新的儀式，就是祭拜兩位武神，以勸導武德。根據規定，在祭天儀式中，總統將身着周代的爵袍，這真是一場新奇有趣的共和試驗。我們不妨摘錄兩篇訓令，從中可以看出當時的情形。第一篇聲稱：

共和國以人民為主體，人民大多數之公意，在安居樂業。改革以後，人民受種種刺激，言之慘然。余日望人民恢復元氣，不敢行一擾民之政，而無術以預防暴民，致良民不免受其荼毒，是余引為憾事者也。余願極力設法使人民真享共和幸福，以達於樂利主義之目的。

在第二篇訓令中，袁世凱以一種奇特的方式為祭孔大典的重新制定辯護，並且捎帶着指出：對他而言，代議制政府的觀念是絕對不能接受的。

立國之本在於政治，而政治新舊之遞嬗，恆視學說為轉移。我國之尊孔子始於漢武帝，擯黜百氏，表章六經，自是學說遂統於一尊。顧孔學博大，與世推移，以正君臣為小康，以天下為公為大同。其後歷代人主專取其小康學派，鞏固君權，傳疏諸家，變本加厲，而專制之威，能使舉世學者不敢出其範圍。近自國體改革，締造共和，或謂孔子言制大一統而辨等威，疑其說與今之平等自由不合，淺妄者流至悍然倡為廢祀之說。此不獨無以識孔學之精微，即於平等自由之真相，亦未有當也。孔子生貴族專制時代，憫大道之不行，哀斯民之昏墊，乃退而祖述堯舜，刪修六經、春秋，據亂之後為升平、太平之世。禮於小康之上，進以大同、共和之義，此其導源。遠如顏、曾、思、孟，近如顧、黃、王諸儒，多能發明宗旨，擇精語詳，大義微言，久而益著，醞釀鬱積，遂有今日民主之局。天生孔子為萬世師表，既結皇煌帝諦之終，亦開選賢與能之始，所謂反之人心而安，放之四海而準者。本大總統證以數千年之歷史、中外學者之論說，蓋灼然有以知日月之無傷，江河之不廢也。惟民國以人民為主體，非任其自由信仰，不足以證心理之同前。經國務院通電各省，徵集多數國民祀孔意見，現在尚未復齊。茲據尹昌衡電稱：請令全國學校仍行釋奠之禮等語。所見極為正大，應俟各省一律議復到京，即查照民國體制，根據古義祀孔典禮，折衷至當，詳細規定，以表尊崇而垂久遠。值此詖邪充塞，法守蕩然，以不服從為平等，以無忌憚為自由。民德如斯，國何以立。本大總統維持人道，夙夜兢兢，每於古今治亂之源，政學會通之故，反覆研求，務得真理，以為國家強弱、存食所繫，惟此禮義廉恥之防。欲遏橫流，在循正軌。

總期宗仰時聖，道不虛行，以正人心，以立民極，於以祈國命於無疆，鞏共和於不敝，凡我國民，同有責焉。

隨着《中華民國約法》的正式頒佈，局勢變得極其詭異。雖說就連黃口小兒也知道，修訂憲法的權力只授予給了國會，而如今正在進行的權力再分配卻完全不合法，因為袁世凱作為權力的執行者能夠為所欲為。而此時此刻，"自由歐洲"正處於戰爭的前夜，這場戰爭，是人類歷史上一次為捍衛權利而反對那種罪惡權力、反動勢力和普魯士主義的最為慘酷的戰爭，在中國卻沒有引起人們的注意。

在《中華民國約法》漏洞百出的幾個章節中，不但國家的統治被重新安排得完全適合於純粹的"口含天憲"，而且現行國會也被永久取消，取而代之的是"立法院"。所謂的立法院，從它的組成來看，只不過是一個吵吵嚷嚷的社交集會，不會比德國一個二流州府的地方議會更有價值。這期間，甚至直到最後的時刻，都沒有讓立法院開會的打算，參議院只是作為一個民意機構召集的，被挑選出來的參議員們還要起草另一份憲法，它將成為最終的憲法。這年（1914）的晚些時候，袁世凱採取了幾項不同尋常的措施，為的是確保獨裁職位的繼承將留在自己的手裏。12 月 29 日，一套精心設計的儀式出爐了，並冠以《總統選舉法》的名頭正式發佈。依據這套儀式，總統繼任人由現任總統推薦 3 人，姓名預先書寫於嘉禾金簡，鈐蓋國璽，藏之金匱石室，這個金匣子只有當現任總統任期屆滿或不能視事的時候才能打開。關於任期的條款，被公然改為 10 年一屆，通過傀儡參議院發明的這一寶貝工具，使得總統職位的無限期連任成為可能。萬一要冷不防地舉行一次選舉，將從立法院挑出 50 人，再從參議院挑出 50 人，組成所謂的"選舉團"，而總統候選人將包括現任總統（如果他想繼續幹的話）和 3 位姓名被封存於金匱石室的寶匣之內的候選人。我們並不十分清楚這套把戲出自哪位高人之手，但有一點是知道的：至少，不是那位美國顧問的傑作。

然而，他的責任卻並不小。據古德諾博士講，整套方案的基調，乃是"集權"。這個鸚鵡學舌式的術語，比以往傳到中國的那些五花八門的概念更能迷惑人，它除了在戰爭時期作為一種必要的手段之外，在現代政治學中毫無立足之地。不過這玩意兒正對袁世凱的胃口。雖然作為總統，在職務上他是海、陸軍總司令，但他如今把這個職位變成了一個設在紫禁城內，由自己直接控制的特殊機構。這個新獨裁政權的旗子一直飄揚在總統官邸的上空，與此同時，許多政府部門都被置於他手下各位武將的直接控制之下。其間，為了安撫地方將領，還在北京設立了所謂的"將軍府"，所有被弄到將軍府的人，都是那些他希望削弱其大權的人。他們在這裏領着豐厚的薪水，無所事事地打發漫長的時光，討論那些他們從未親歷過的戰鬥，暗地裏彼此算計對方。地方徵募的兵員被逐步遣散，雖然他們當中有許多流氓惡棍，但據説卻擁有種種"武德"。對於一個"好政府"來説，把武器留在這些人的手裏實在是公開的威脅，這一點，甚至成了贊同實施嚴厲的警察統治的有力論據。這位獨裁者的性格中潛藏的虛偽和軟弱，在下面的事實中暴露無遺：

他從不敢觸動惡棍將軍張勳的部隊，此公已經搗亂多年，二次革命期間佔領南京的時候，他的部隊在大街上殘殺了一些日本平民，險些把中國拖入與日本的戰爭。張勳的人馬非但沒有被遣散，反而以長江巡閱使的職位（袁世凱給他這頂帽子，是對他拒絕上南方叛軍賊船的獎賞）需要更大的兵力為藉口，將自己的軍隊擴充了 3 萬人。而袁世凱，雖說多少有些怕張勳，但他發現，作為對各省將軍的一種制衡力量，此人在各個不同的時期還頗能派上用場。無論如何，他還不是那種不惜冒一切風險也要加以制服的人。張勳和他的人馬被安置到了浦口鐵路沿線的戰略位置，這樣一來，一旦長江流域有風吹草動，就可以在片刻之間把他派到那裏去。

如今，袁世凱將他的大網撒向了每一個地方。他甚至在美國各地僱用有身份的新聞代言人，為的是讓美國的輿論站在他這一邊，希望在必要的時候能夠調動他們，協助自己反對不共戴天的死對頭日本。

問題以一種無計可施、猶疑不決的方式緩慢地向前發展。看不出中國已經發生巨變，也看不出流氓統治有甚麼不可能，北京的外國使館都採取一種漠不關心的態度，任由袁世凱對自己的百姓為所欲為。一大幫外國顧問，也只不過被當作一塊裝點門面的招牌，雖說他們無所事事，但作用還是有的，讓他們在使館和總統府之間的來回奔走，讓列強都認為他們的影響正越來越重要。有一點很清楚，在袁世凱看來，各國使館在國際政治中所扮演的角色，與各省首府在國內政治中所扮演的，多半是一樣的：只要你讓他們恪守中立，主要的問題（專制權力的鞏固），就會按照自己的希望不斷推進。

然而，鈔票依然嚴重匱乏。一筆新的 2500 萬英鎊借款，不可避免地提上了議事日程。僅僅是 1914 年的累計虧絀，就高達 3800 萬英鎊。然而，儘管這種財政匱乏令人懊惱，但中國的資源足以讓它一天天地勉強維持下去。進步，多少還是有一些，修建鐵路的特許權被慷慨地授予了外國的公司。這一政策，一直得到孫逸仙博士的大力推動，他曾大聲疾呼必須建立更好的交通系統。當時，他在上海主政國家鐵路署，不過時間很短，當 1913 年北京發現他在秘密訂購快速火炮的時候，就將他解職了。某些問題的確令人煩惱，而且無法解決，比如西藏問題，對此英國的態度非常堅決；還有內蒙古連續不斷的叛亂，這一地區如此靠近北京，因此有必要在這裏集結軍隊。但是總的來說，隨着時間的推移，無論是西方列強，還是中國人自己，面對已經不可收拾的嚴峻局勢，都越來越麻木不仁。

然而有一個例外，特別值得注意，那就是日本。這個國家從未放鬆過對複雜問題的關注，在別人漠不關心、懶於過問的地方，它一直保持着警惕，保持着活躍。日本一直在靜待時機，等到有可能大膽出手的時候。此時，它知道：時機差不多到了。早在第一次世界大戰爆發的很久之前，日本就在中國廣泛地開展秘密活動，歐戰的爆發，給了它渴望已久的天賜良機。面對這隻看來差不多已經成熟的梨子，它不能眼睜睜地看着它最後在樹上爛掉。

第五章
日本的因素

　　第一次世界大戰的晴天霹靂，震碎了中國並不穩定的平靜。這倒並不是因為中國人知道這場艱苦卓絕的戰爭會打出怎樣重大的結果，而是因為，德國在中國膠州灣殖民地的存在，以及德國巡洋艦在黃海海域的活躍，已經把戰火燒到了中國的大門口。

　　袁世凱也隱約意識到，這場戰爭可能會給他野心勃勃的計劃帶來滅頂之災。事實上，日本在與英國盟友迅速協商之後，已經向德國發出了最後通牒，不容分說地要求德國移交其在山東的所有權益（這都是德國在 1898 年強行獲得的）。當這個消息傳到北京的時候，袁世凱正在和德國使館協商歸還膠州灣領土的事情。

　　袁世凱立刻認識到，那個終其一生都如影隨形的復仇女神，又一次逼近了自己的身後。在日本人進攻膠州灣的時候，他就預見到了那張就連他無與倫比的外交手段也無法解開的複雜大網。因為，他從自己痛苦的經歷中清楚地認識到，無論日本人踏足何處，它都會賴在那裏不走。因此，圍繞日本的因素，接下來兩年的歷史，將週期性地重演。在中國人的畫布上，袁世凱一直是個無可爭議的中心人物，這一回卻突然淪為在日本干涉的恐怖之下提心吊膽的次要角色，這種干涉，就像一塊烏雲一樣，始終懸浮在他的頭頂之上，支配着他的一舉一動，從 1914 年 8 月 15 日開始，直到 1916 年 6 月 6 日他戲劇性地命歸黃泉為止。事情何以會這樣呢？我們將努力記錄下對這個問題的正確解答。

　　要想以一種令人信服的方式，為一位傲慢的西方聽眾的利益來討論日本問題，是相當困難的，因為，日本人的政策包含着兩個截然不同的方面，看上去南轅北轍。不過，如果把外交上的目標暫時擱置一旁，其中的奧妙大部分還是可以理解的。東京的政治家們，有一種非凡才能，他們可以同時抱持兩種對立觀點。他們很久以前就認識到了，有必要採取兩種互不相干的政策 —— 東方政策應對東亞，西方政策應對西方國家。因為，東方和西方本質上完全相反，不能（至少到目前為止不能）以同樣的方式對待。西方的政策是坦率而果斷的，而且專門由那些有才華、有魅力的人所掌控，這些人大多在歐美的學校接受教育，完全有能力按照外交慣例處理所有事情；東方政策則是那幫蒙昧主義者的工作，他們的想像力被那些大而無當的計劃所佔據，那幫軍國主義者相信，這些計劃能夠在中國實現。因此，日本人的態度中，始終存在着一種持續不變的矛盾，任何讓這種矛盾協調一致的努力都是徒然的。正是因為這個原因，外部世界對日本的看法，分為兩種思想流派，一派盲目地相信日本是誠實的，另一派則普遍把日本罵得狗血淋頭，他們斷言：日本人在遊戲公平、手段正當方面的觀念，是所有民族當中最糟糕的。這兩種觀點都很牽強。有一點，在日本，與在世界上其他各國政府中都一樣真實，那就是，支配其行動的，既非利他主義，亦非背信棄義，而只不過是許多容易犯錯的智囊人物的過失所帶來的結果。就日本的政府運作而言，其自身的地理位置也很特殊。在這個世界的盡頭，非但沒有受到任何形式的外部威脅，相反，其"君權神授"的原則，依然完好無損地屹立不倒，依然以它全部的質樸榮耀展示自己。這一原則在歐洲遭到了抨擊和肢解，他們認為，這幾乎就是來自洪荒時代的蠻風遺存。一個高度貴族化的朝廷，擁有世界上最錯綜複雜、最猜忌防範的等級制度，一位君主統轄着這個朝廷，他聲稱是 2500 年前神武天皇的直系後裔，完全和從前一樣受命於天。精心設計的儀式，控制着每一次行動、每一個決定和每一款協議。考慮到在這一珍奇的政治古董中，有些東西如此引人入勝，有些東西如此遠離眼下正隆隆滾向其結局的世界大勢，那麼，讀者或許會原諒我在這裏暫時離題，談談某些重要的因素，這些因素深刻影響着中國的未來，因此也就不能不引起公眾的關注。

日本人，將他們的全部神權觀念歸功於中國人，就像他們把自己的文字和學術也歸功於中國人一樣，他們依然在名義上將他們的統治者視為天國和塵世之間的聯結紐帶，這一重要事實，支配着他們關於宇宙起源的觀念。雖然如今的日本城市裏，有為數眾多受過良好教育的人，他們也充分認識到，這種信仰，在如今這個將其視為迷信的時代，有多麼古怪；但他們依然沒有做任何努力來試圖改變它。因為（這一點很重要），日本人的社會結構是這樣一種形態：它沒有經歷過那種足以把其軍閥體制推倒在地的劇烈動亂，要徹底摧毀人神理論、提倡人類平等，是根本不可能的。只要這兩個特徵依然存在，換句話說，只要一個特權軍人階級支持並努力創造全能的人神理論，日本就是一個國際火藥桶，因為那裏缺乏一種民主政體的約束機制。此次世界大戰已經表明，這種約束機制，對於在各民族間取得一種和平諒解，是絕對必需的。正是因為這個原因，如果不進行一場極端激進的憲政改革，日本將不可能獲得與其人民的藝術天賦和勤奮刻苦相稱的國際地位，而且，它將一直落在世界前進步伐的後面，蹣跚而行。這種由遠古遺風所帶來的無能，是如此嚴重，以至於它對中國的影響與對日本的影響一樣有害，對此，我們應當有普遍的認識。

如果我們將其表面假象剝除的話，日本的歷史有一種確實不同尋常的品質，它似乎一直浸泡在英雄的血裏。尚武主義（這在歐洲表現在其粗野的形態中），在日本一直是一套英雄行為的理論體系。對於普遍人性來說，它是如此迷人，以至於直到近代，其世界意義依然沒有被充分認識。作為 1500 年前日本諸島武力征服的產物而形成的日本社會的封建組織，阻止了集權措施的執行，因為君主除了某些準祭司特性之外，完全是軟弱無力的，他所依賴的，是神聖祖先的美德，而不是任何表述清晰的政治理論。"征夷大將軍"這個軍事頭銜，最早在 800 年前授予給一個大氏族的首領，這是自然的、充分發展的結果。要是我們沒有忘記的話，當時，土著種族尚未被攆出日本本島，他們依然在與日本文化的進步潮流作鬥爭，這種文化，其本身由幾種互相競爭的源流所組成，它們來自亞洲大陸和馬來群島。這樣的武力殖民活動，充斥着日本的歷史，也是無休止的地方戰爭和對武士精神的崇尚所賴以形成的主要原因。這種崇拜得勝將軍的觀念（豐臣秀吉在 16 世紀試圖把這種觀念帶到朝鮮，但沒有成功），直接導致了幕府統治在 17 世紀初葉的正式確立。那種軍事獨裁，是朝鮮冒險逆流的後果，也是給日本社會帶來動盪不寧的最有力的證據。這一世襲的軍事獨裁體制，持續了 250 年以上，它生動說明了這樣一個事實：中國和日本一樣，除了遠古時期以外，神權政治的觀念是行不通的。文明，需要的是組織，而不是訓誡，它拒絕向不能說話的國王俯首稱臣。

雖然 1868 的“王政復古”，名義上把所有在 1603 年被迫拱手交給別人的東西都歸還給了天皇，但權力的轉移，是想像中的，而非真實的。繼承將軍政府的新軍事組織，是“王政復古”中生死攸關的部分。換句話說，是日本新軍的領袖，繼承了實際的權力。這一事實，通過新軍粉碎“薩摩叛亂”的事件而變得更加清楚，新軍憑藉着他們的組織化，把驕傲而勇敢的武士們打得落花流水，順便也宣告了現代火器的勝利。

還是回到眼下吧，重要的是，我們應該注意到，早在 1874 年（明治天皇“王政復古”6 年之後），這些事實就在日本社會中引起過廣泛的關注，人們為憲法而興奮不已，平民議會也得以如火如荼地推行。在著名的貴族政治家板垣退助的領導下，日本自由黨早在 25 年前就加入了同徹頭徹尾的帝國主義的鬥爭中，雖然那個時期，恢復關稅、司法自治以及修訂外交條約的問題更為迫切，但在憲政改革的強烈興奮中，外交問題常常被推到一旁。

然而，直到 1889 年，憲法才獲得批准，這是來自天皇的恩賜，而且也只不過是有條件地授權給少數人，使他們成了政府運作的目擊者，而決不是它的操控者。1890 年召開的首屆議會，為此提供了充分的證據。一次衝突立即引發了財政問題，結果導致了內閣的辭職。從那段時期起直到現在，也就是說 27 年以來，日本的連續幾屆國會都一直在絕望地為權力而戰，除非是通過革命，這樣的權力是絕不會落入他們之手的。很自然，社會主義已經被統治階級視為無政府主義，同時，自 1905 年的東京和平騷亂以來，暴民，也一直是個嚴重的威脅。

這一長期爭論，一直被日本的主流媒體故意掩蓋，這也正是所有日本人的典型特徵：對天皇抱有一種儀式上的尊敬。一個忠誠而順從的民族，對一大堆的君主都抱有這樣的尊敬，這些君主的出身已經迷失在遠古的薄霧裏，但這種傳統感情卻導致了這樣的結果，他們把一場實際上的反對君權神授原則的鬥爭，演變成了一場黨派領袖之爭，每當他們打算維護無可爭辯的憲法原則的時候，就會指責對方“違反憲法”。於是，就有了我們今天看到的荒謬情形，雖然從本質上講，日本自由黨必定是革命的，亦即“先破後立”，但它卻假裝胡涂，滿心希望通過說服而非武力，議會政治的原則能夠莫明其妙地嫁接到被排斥於爭論之外的國民和皇帝們的身上，使他們變得樂於接受一種大相逕庭的法律規章。

這一希望，從歷史的觀點看，似乎是枉費心機。在日本，軍國主義和宗族制度決不是最後一道溝坎，他們不會比俄國的官僚們更願意放棄手中的權力。在這種情形下，惟一有說服力的論據，乃是曾經使用過的最後一個論據。在日本，哪怕只是提及所謂的社會主義者，就足以導致當場逮捕。躲在皇座背後尋求庇護的軍事首領們，他們近代的獨裁權力，名義上來自天皇的詔令，時至今日，還沒有甚麼事情導致他們願意放棄自己的特權。通過一個與當代情勢相適應的過程，如今又發現了一套規則，希望這個能管用好些年。在法外手段的保護下，眾議院以"多數票"所作出的回答，使得"國民支持獨裁政權"的鬼話重新活躍起來，這就等於說：對所有進步民族都有益的東西，對日本人是有害的，他們必定對恩賜給他們的東西心滿意足，從不懷疑特權階層的高級智慧。

在筆者看來，倘若日本人能夠支配自己，與德國人也能這樣做，對世界和平而言，從各方面來講都同樣重要。我們今天在日本所看到的軍人政府的持續存在，對所有類似國家都是有害的，因為它像沙皇制一樣腐朽不堪，而對於像中國這樣一個已經解除武裝的國家來說，則更是一個長期的威脅。只要那樣的政府一息尚存，日本就始終是個國際嫌疑犯，在西方列強的"聚義廳"裏，將拒絕給它同等的權利。

要想徹底搞懂肇始於 1914 年 8 月 15 日的形勢，就必須理清許多年前中日關係的某些線索。這幅圖畫，要想讓它畫面完整、色彩鮮明，並具有所有真正藝術作品都不可或缺的暗示，就必須熟悉至少近 30 年間的場景和演員。因為中日問題，首先是一件藝術品，而不僅僅是一隻枯瘦的外交之手，越過多年的時光伸向我們。命運的梭子飛快地來回投擲，將這些緊密纏繞的線索編織成了整個遠東的圖案，直到今天。於是，我們有了這樣一幅完整的織錦壁掛，華美艷麗，意味深長，豐富飽滿，形態畢現，而且，充滿學究式的趣味。

讓我們順藤摸瓜吧。長期以來，人們習慣於斷言：中日之間的衝突肇始於朝鮮（當時，朝鮮是一個認北京為宗主的附庸國），而且，既然兩位主角為之爭鬥不休的宗主權已經牢牢掌控在日本的手裏，這場衝突也就應該在那裏終結。然而，這一漏洞百出的陳述，是危險而錯誤的。

追溯至 30 年前那個生死攸關的時期，當時，袁世凱首次以軍事武官的身份隨中國駐外公使一起前往漢城（由於 1882 年的《朝美修好條約》使得朝鮮開始"對外開放"，中國為保護自己的利益而被迫採取行動）。三個對東亞領土權的天平都同樣抱有興趣的競爭者——俄羅斯、中國和日本，持續不懈地把朝鮮當作他們爭雄逐鹿的戰場。這場競爭，雖然以中俄兩國的衰落而黯然收場，但也只不過是把比賽地點從朝鮮的地盤上挪到了中國東北。從這時起，戰場逐步擴大，到最後，不僅把內蒙古和長城外遼闊的鄉村地帶納入了比賽場地的範圍之內，而且，中國本身的整體面貌，也因此變得面目全非。這些重大事實，想必人們已經注意到了。直到 1904—1905 年間的日俄戰爭才證實了：作為國際關係中的一個軍事要素，沙俄帝國完全無足輕重。曾幾何時，日本幾乎是心甘情願地在遠東事務中扮演配角。1895 年，朝鮮戰爭之後，日本進行了一次並不成熟的努力，希望一舉成為大陸強國，其結果是被迫從遼東半島撤軍。在吞下這枚苦果之後，日本似乎變得規矩多了，這種姿態在 1900 年贏得了極好的反響，當時，它的北京遠征軍用行動證明了自己是那麼循規蹈矩、那麼英勇豪俠，讓全世界都讚歎不已。然而，與俄國之間的戰爭，加上沙皇在中國東北的冒險計劃的徹底垮台，不但把它拽回了那塊它壓根就不希望再看到的領土，而且還把一套現成的鐵路系統交到了它的手裏（由此日本幾乎可以直達松花江），並把一直延伸到大興安嶺的遼闊草原置於日本的軍事控制之下。這次西進，極大地拓展了日本人的政治視野，徹底改變了日本人的觀點，以至於東京那幫興奮不已的政治家們紛紛扔掉他們老花眼鏡，驚訝地發現：他們自己的眼睛完全和歐洲人的眼睛一樣好。如今，他們也像別人那樣看待這個世界了，他們總算認識到，生存競爭（無論是個人之間還是民族之間）最輕鬆簡便的方法，就是採用克勞塞維茨的戰爭法則：永不停息地進攻，而不是通過撰寫毫無價值的電稿。日俄戰爭之前，他們曾經寫過一大堆的公文給俄羅斯，誠懇地為公平和解辯護，沒想到這一切都是白費力氣。他們被迫兵戎相見，結果，他們在戰鬥中得到的不僅僅是勝利，而且還有全新的法則。

這一發現使得新的政策成為必要。在 19 世紀 80 年代以及 90 年代的小部分時間裏，日本還只滿足於以一種溫和謙讓的方式採取行動，因為它希望，無論如何也要避免自己尚不成熟的力量經受太嚴厲的考驗。但由於競爭對手的相繼崩潰，日本如今發現，自己不僅能依照最安全的行動策略發起進攻，而且還得出了這樣的觀點：那持續不懈地對他國施加高壓的軍事強國，必然是最成功的。這個結論非常重要，因為，正如英國在亞洲的首要信條（沒有哪個強國允許別人佔據威脅其海上交通的戰略港口）一樣，如今日本當局的政策並沒有像那幫淺薄之徒所料想的那樣，成為東方的門羅主義，而是完全成了"高壓主義"。從這之後，每個日本人都認為，竭盡全力向中國施壓是至關重要的。正是因為這種精神，自 1905 年生米煮成熟飯以後，每種外交花樣都被編進了這幅織錦當中。在這一顯著事實被人們所領悟之前，不可能根據新近局勢的發展做出甚麼有用的分析。為這一政策作後盾、並不斷增強它的，是陣容強大的新興民主政治精英，他們是在良好的教育和物質繁榮的巨大增長之下脫穎而出的。這樣的雄心壯志（它來自海洋所賜予的攻擊性），被這樣一個有着海盜行為外表的民族所發展，不過是自然而然的事情而已。在這樣的形勢下，對中國人來說，日本將不僅僅有着海怪一樣的外表，而且，中國看來將要成為那位被綁在岩石上的不幸的安德洛墨達[1]，一直等待一位從未出現過的珀修斯。

1911 年的革命，一方面完全出乎日本人的意料之外，另一方面又在他們的預料之中，因為許多年來，中國的革命黨一

1　安德洛墨達是古希臘神話中埃塞俄比亞的公主，被海妖綁在一塊岩石上，後來被宙斯的兒子珀修斯救出，並與之結婚。宙斯將其提升為仙女座。

直在利用日本作為一個庇護所和行動基地。但他們絕對沒有預料到，一個古老王朝的垮台，竟然如此輕而易舉。因此，滿清王朝的退位，雖然是陰謀而非戰爭的結果，但在他們看來，完全不亞於一場災難，因為這場革命使得前景變得更加錯綜複雜，而這麼多年來一直小心翼翼地編織的圖案，也將因此毀於一旦。不但一套脈絡清晰的制度體系被付之一炬，而且毀滅的威脅是如此普遍，以至於整個遠東的權力平衡將會被扭曲得不成樣子。日本的政治家希望看到一個軟弱的中國，一個最終會因為種族相同而向自己求助的中國，而不是一個向法國大革命看齊的中國。對於像日本這樣一個對突如其來的驚愕適應很慢的民族來說，整個事情讓他們驚慌失措，到處瀰漫着絕望的氣氛，並使得他們在最初的那一刻就下定決心，讓事情回到它最初的起點，以甩掉自己身上每一盎司的重量。正是因為這個原因，1911 年，他們不僅在理論上準備給滿清朝廷以武裝支援，而且，當他們私下試探英國的態度的時候，並沒有遭到強烈的反對，於是，他們很快就這樣做了。即使在今天，當日本政策的一次臨時性調整順利完成的時候，對研究政治問題的學者來說，至關重要的是要記住，在東京，王朝的影響力從未悖離過這樣的觀點：合法的統治權依然屬於滿清朝廷，而且，自1911年以來所發生的每一件事情都是不合規矩的，都是違憲的。

然而，眼下有兩種迥然不同的情勢需要小心對待。首先，在日本，被高度興奮的媒體助長起來的民主政治狂熱，已經展示給了年輕的共和中國，他們曾經有那麼多人是在東京的學校裏打下的底子，而且已經實現了革命。其次（這一點更為重要），所有階層的日本人都感受到了，那個從競爭中脫穎而出的傢伙 —— 袁世凱，對他們所懷有的深刻、持久而且根深蒂固的仇恨，要超過所有其他人。

讓我們再追溯到朝鮮吧，當時，袁世凱非凡的外交才能總是讓他能夠擊敗競爭對手日本，並使得中國的建議在朝鮮的宮廷裏至高無上，直至甲午戰爭的第一槍打響。這種由來已久的憎惡（其實就是一種仇恨），已經成了一種固定的觀念。由於一次大戰爆發前夕世界輿論的抑制，再加上要採取行動就必須在財政上與其他列強合作，因此，直到 1914 年 8 月，期待已久的機會終於來了，日本已做好了準備，要以最不尋常的方式採取行動。

在日本公眾當中，攻打膠州灣的戰鬥從一開始就不受歡迎，因為人們覺得，對於像“歐洲國家的力量平衡”這樣一個八竿子打不着的問題，實在沒有甚麼正當的理由能夠調動起自己的興趣，在他們看來，那似乎應該是英、德兩國一決雌雄的問題。雖然由於德國在 1895 年的干涉中所扮演的角色，日本人對這個國家深感憎惡，但是我們不要忘了，正如日本海軍是英國海軍的兒子一樣，日本陸軍也是德國陸軍的兒子，而且，控制日本的，主要是其陸軍首領。這幫傢伙壓根就不願意在一場他們毫無興趣的衝突中“糟蹋他們的陸軍”。人們還普遍懷有這樣的感覺：英國總是讓它的盟友去執行聯盟的基本條款，這表明它有更好的買賣，而且，它一直在以某種方式利用過去的優勢為自己撈好處，而這種方式，對日本未來的世界關係並非沒有反作用。除此之外，有必要強調這樣一個事實：事不關己的英國外交部，卻自始至終都在給予袁世凱的政府以心照不宣的支持，這使得日本官方頗感不快。看待中國的試驗，英國人更多是帶着娛樂消遣的心態，而日本人則是帶着利害攸關的興奮。當英國外交部以"白皮書"的形式煞有介事地發表袁世凱那些公開宣言（就好像這些玩意兒是當代史的重要文獻似的）的時候，這一情形就更加顯著了。就在頭一年（1913），關於中國總統想當皇帝的"正式否認"在《中國事務》的名目下發表了，日本人將這份文獻歸類為一次蓄意撒謊，一次傲慢之舉，因為它的工作方式表明它的作者想要隱瞞自己對日本的敵意，這位獨裁者宣稱：

世凱束髮受書，即慕上古官天下之風，以為歷代治道之隆污，罔不繫乎公私之兩念。洎乎中歲，略識外情，自睹法美共和之良規，謂為深合"天下為公"之古訓。客歲武昌起義，各省景從，遂使二千餘年專制之舊邦，一躍而為共和政體。世凱以衰朽之年，躬茲盛會，私願從此退休田里，共享升平。乃荷國民委托之殷，膺茲重任。當共和宣佈之日，即經通告天下，謂當永遠不使君主政體再見於中國。就職之初，又復瀝忱宣誓，皇天后土，實聞此言。乃近日以來，各省無識之徒捏造訛言，搖惑觀聽，以法蘭西拿破崙第一之故事妄相猜懼，其用心如何，姑置不問，大抵出於誤解者半，出於故意者亦半。民國成立，迄今半年，外之列強承認尚無端倪，內之各省秩序亦未回復，危機一發，稍縱即逝。世凱膺茲艱巨，自不得不力為支拄，冀挽狂瀾。乃當事者雖極委曲以求全,而局外者終難開懷以相諒。殊不思世凱既負國民之委托,則天下興亡,安能漠視。倘明知不可為而復虛與委蛇,致民國前途於不可收拾,縱人不我責,而自問何以對同胞。區區此心,可質天日。但使內省不怍,亦復遑恤其他。惟當此艱難締造之秋,豈容有彼此猜嫌之隱。用是重為宣佈,苟我國民,當以救國為前提,則自能見其大,萬不能輕聽悠悠之口,徒為擾亂之嚆。若乃不逞之徒意存破壞,藉端熒惑,不顧大局,則世凱亦惟有從國民之公意,與天下共棄之。事關大局,不敢不披瀝素志,解釋嫌疑。知我罪我,付之公論。

此外,袁世凱在對外國顧問的選擇和使用上,也顯示了他決意要以通告這樣的方式繼續表明他對日本的猜疑和敵意。在1913 年 11 月 4 日發動政變、解散國會之後,正是一位美國顧問着手為他炮製新的"憲法"。雖然日本人有賀長雄博士也接受高薪聘請,協助這項工作,但他對獨裁統治的認可,卻被他的大多數同胞視為叛國行為。同樣眾所周知的是,袁世凱還花了大筆的鈔票收買日本的報刊媒體,努力在日本國會議員中贏得支持者。有一些非同尋常的故事流傳甚廣,這些故事將危及日本高層人士的名譽,但筆者一時拿不定主意,把這些當作文獻證據而白紙黑字地記錄下來是否有益。無論如何,東京方面覺得,到了該對兩國關係給出一個恰當定義的時候了。袁世凱則更是如此,他公然宣告,在膠州灣劃出一小塊戰爭地帶,只允許日本人在此範圍內對德國開戰,以此表明,他本人對日本的最高權威毫無興趣。早在 1914 年底日本人決定承認事實上的獨裁在中國的存在之前，他們就襲取了膠州灣。因此，1915年 1 月 18 日，日本駐華公使日置益親自向袁世凱遞交了那份臭名昭著的《二十一條要求》，這一紙要價清單，為的是滿足日本政策現在和將來的所有需要，並使中國淪為一個附庸國。

第六章
二十一條

對於接下來我們將要論述的這一令人驚駭的行動策略，雖然世界媒體都曾以顯著版面給予報道，但關於這一事件有如此之多的永久秘密，而且，伴隨着每一事實的發佈，官方又有如此之多的"正式否認"，以至於即便在今天，日本對中國發動的這次襲擊仍然沒有被充分地認識，在對未來的評估中，這次狹路逃生的意義也沒有給予適當的位置。簡言之，如果沒有事實真相的不斷發佈，如果不是英國外交使團猛然驚醒繼而採取行動，那麼毫無疑問，日本將迫使事態向更遠的方向發展，而中國的獨立，也就成了事實上的明日黃花。

幸運的是，中國在她最需要的時候，發現有許多人願意助她一臂之力。有了這樣的結果，雖然在這些談判中她也失去了一些東西，但日本到底並沒有以非常顯著的方式達到其目標。日本人這次以最後通牒所贏得的勝利，所付出的代價也很慘重，其最終的損失，甚至要超過徹底的失敗，因為中國人的猜疑和敵意如今更加根深蒂固，沒有甚麼東西能夠將它們徹底清除。因此，我們惟一恰當的做法，就是在此將一份精確的記錄編入那有着重要世界意義的歷史篇章當中。如果接下來將要出示的一大堆文獻能引起我們的密切關注，那是因為我們對它們在維護遠東和平上的本質意義有着充分的理解。讓我們首先看看最初的《二十一條要求》的官方文本吧。

日本國二十一條要求

譯稿呈袁世凱大總統。日本國駐中國公使日置益。1915年1月18日。

第一號

日本國政府及中國政府，互願維持東亞全局之和平，並期將現在兩國友好善鄰之關係益加鞏固，茲議定條款如左：

第一款　中國政府允諾，日後日本國政府擬向德國政府協定之所有德國關於山東省依據條約或其他關係，對中國政府享有一切權利利益讓與等項處分，概行承認。

第二款　中國政府允諾，凡山東省內並其沿海一帶土地及各島嶼，無論何項名目，概不讓與或租與他國。

第三款　中國政府允准，日本國建造由煙台或龍口接連膠濟路線之鐵路。

第四款　中國政府允諾，為外國人居住貿易起見，從速自開山東省內各主要城市作為商埠；其應開地方另行協定。

第二號

日本國政府及中國政府，因中國承認日本國在南滿洲及東部內蒙古享有優越地位，茲議定條款如下：

第一款 兩訂約國互相約定，將旅順、大連租借期限，並南滿洲及安奉兩鐵路期限，均展至九十九年為期。

第二款 日本國臣民在南滿洲及東部內蒙古，為蓋造商工業應用之房廠，或為耕作，可得其需要土地之租借權或所有權。

第三款 日本國臣民得在南滿洲及東部內蒙古，任便居住往來，並經營商工業等各項生意。

第四款 中國政府允將在南滿洲及東部內蒙古各礦開採權，許與日本國臣民。至於擬開各礦，另行商訂。

第五款 中國政府應允，關於左開各項，先經日本國政府同意而後辦理：

一、在南滿洲及東部內蒙古允准他國人建造鐵路，或為建造鐵路向他國借用款項之時。

二、將南滿洲及東部內蒙古各項稅課作抵，由他國借款之時。

第六款 中國政府允諾，如中國政府在南滿洲及東部內蒙古聘用政治、財政、軍事各顧問教習，必須先向日本國政府商議。

第七款 中國政府允將吉長鐵路管理經營事宜，委任日本國政府，其年限自本約畫押之日起，以九十九年為期。

第三號

日本國政府及中國政府，顧於日本國資本家與漢冶萍公司現有密切關係，且願增進兩國共通利益，茲議定條款如左：

　　第一款　兩締約國互相約定，俟將來相當機會，將漢冶萍公司作為兩國合辦事業；並允如未經日本國政府之同意，所有屬於該公司一切權利產業，中國政府不得自行處分，亦不得使該公司任意處分。

　　第二款　中國政府允准，所有屬於漢冶萍公司各礦之附近礦山，如未經該公司同意，一概不准該公司以外之人開採；並允此外凡欲措辦無論直接間接對該公司恐有影響之舉，必須先經該公司同意。

　　第四號

　　日本政府及中國政府為切實保全中國領土之目的，茲定立專條如下：

　　中國政府允准所有中國沿岸港灣及島嶼，概不讓與或租與他國。

　　第五號

　　第一款　在中國中央政府，須聘用有力之日本人，充為政治、財政、軍事等各顧問。

　　第二款　所有中國內地所設日本病院、寺院、學校等，概允其土地所有權。

　　第三款　向來日中兩國，屢起警察案件，以致釀成轇轕之事不少，因此須將必要地方之警察，作為日中合辦，或在此等地方之警察署，須聘用多數日本人，以資一面籌畫改良中國警察機關。

　　第四款　中國向日本採辦一定數量之軍械（譬如在中國政府所需軍械之半數以上），或在中國設立中日合辦之軍械廠，聘用日本技師，並採買日本材料。

　　第五款 中國允將接連武昌與九江、南昌路線之鐵路，及南昌、杭州，南昌、潮州各路線鐵路之建造權許與日本國。

　　第六款 在福建省內籌辦鐵路，礦山，及整頓海口（船廠在內），如需外國資本之時，先向日本國協議。

　　第七款 中國允認日本國人在中國有佈教之權。

　　日本人將他們的要求分為這樣五組，有着非同尋常的重要意義，這倒並不是因為它們的排列順序或措辭風格，而是因為，它的每一句話都透露了一種獨特而頗能說明問題的精神現象。要研究這份最初的漢語文本，就必須透過日本人頭腦的隱秘深處，在幽暗的角落裏發現事情的全部真相，它暴露了日本人的狼子野心。如果對遠東政治和遠東語言有一個透徹的了解，那麼只需要幾分鐘的時間就可以按照其最初構思時的順序重寫這份《二十一條要求》，追蹤其起源的發生史。很不幸，其官方英文譯本中損失了大量的信息，其在中文原稿中透露出來的威脅恐嚇，被部分遮蔽了。對問題的研究愈是深入，政治學者必定愈加確信，發生在 1 月 18 日的這次事件，是一次國際事變，它注定要成為新的政治學教科書中的經典篇章。通觀 "二十一條"，我們很容易看到那種對行動的渴望、對既成事實的偏愛、掙脫陳舊僵化的外交慣例的努力以及對這些慣例的經常性顛覆。隨着這些想法的愈發強烈以及陰謀的逐步發展，企圖掩蓋隱藏在每一個字句後面真實目的的努力也就公開放棄了，一種充滿喜悅的嚷嚷聲也越來越大，就好像中國這個垂涎已久的獵物已經被日本牢牢地抓在了手裏。我們彷彿看到，日本民族，利用 1860 年以來與各國簽訂的條約擺脫了被奴役的狀態，如今卻正蜂擁着穿過古老中國洞開的城牆，瘋狂地掠奪這塊古老的領土作為他們戰利品。

《二十一條要求》的“第一號”，處理的是山東之戰的勝利果實，對此我們無需多費口舌，因為前面剛剛揭示過的那些事件，已經把這些要求背後的故事講述清楚了。在山東，我們看到的是 1905 年歷史的一次重演，是俄日戰爭清算的一次簡單而易於理解的再現。“第一號”之所以被置於這份要價清單的最前列（雖然其合理位置應該在滿洲之後），其目的不言自明，顯然是為了讓人們注意到：日本已經與德國開戰，並將繼續戰鬥下去。然而，在戰鬥結束之後，這種自我誇耀，絲毫不能掩蓋這樣的事實：緊接着俄國在滿洲垮台之後，山東的命運，就成了西方公眾在道義上不得不予以關注的大事。日本，正如它曾經反覆宣告要利用一切必要的手段維護東方的和平一樣，這回也找到了惟一令人滿意的方案，也就是有條不紊地吞併每一件值得為之戰鬥的東西。

到現在為止，一切都還不錯。“第二號”（它不僅涉及南部滿洲，還涉及東部內蒙古）中那段專門插入的前言頗具匠心，它表明：佔領山東時的那種熱烈情緒，必須換成某種公正超然的態度。這段前言，毫無疑問出自日本外相加藤高明之手。自從 1902 年最初的英日條約簽訂以來，此人就在日本所參與的一系列國際行動中摸爬滾打，他明顯相信，冠冕堂皇的維多利亞風格（這至今仍是英國官樣文章的一大特色），是一種可以在此加以利用的絕妙手段。這節導言相當英國，英國得你簡直就要稀裏糊塗地相信：前面的推理或許壓根就站不住腳，而日本，只不過是在要求它有權得到的東西。然而，如果對"第二號"進行仔細的研究，其奧妙之處就會漸次浮現。通過大膽而直接地將東部內蒙古置於與南滿完全相同的立足點上（雖然二者毫無共同之處），從而可以設想：隨着英美兩國打算修建一條橫跨南北滿洲的中立鐵路的偉大計劃在 1908 年的垮台，加上與俄國之間的全面協定此時已經達成，如今就可以迫使中國承認日本在那一地區的霸主地位。換句話說，"第二號"的前言表明：東部內蒙古成了滿洲問題的主要部分，因為日本找到了它一直在歐洲列強的節目中所扮演的同類角色。

　　然而，我們不必在這些事情上過多糾纏。這倒並非滿洲或者鄰近的蒙古高原無關緊要，也並非命運的絲線在那些地方編織得不夠厚密。因為可以肯定的是，這片緊鄰中國長城的遼闊區域，就是遠東的佛蘭德[1]，而且，接下來的戰爭，正像過去 20 年間在那裏爆發的另外兩場戰爭一樣，要麼將會毀滅中國，要麼，讓她為一個民族國家的尊嚴而不得不在那塊土地上繼續戰鬥。但這並不屬於當代政治問題，它很有可能將是 1925—1935 年間中國軍隊要面對的事情。有朝一日，中國將會為滿洲而戰，如果不能以任何別的方式收復它的話。

1　佛蘭德是比利時西部的一個地區，傳統意義的"佛蘭德"亦包括法國北部和荷蘭南部的一部分。因地理位置特殊且經濟較為發達，歷史上一直是英、法、比、荷等國爭奪的焦點地區。

任何人都不必懷疑這一點。因為滿洲無條件地是中國的，我們必須記住這一點。在接下來的二三十年裏，不管住在城裏的日本人對鄉村的侵襲會延伸到多麼遠，也不管日本在這裏部署的駐軍有多麼龐大，但在種族因素上，中國人必定會繼續保持絕對的優勢，因為這一地區已經達到了 2500 萬的人口規模，而且正在以每年 50 萬的速度遞增，要不了幾十年，就能夠和一個一流西方強國的人口總數等量齊觀。

當我們把目光延伸到"第三號"時，我們所觸及的問題不僅僅是直接致命的，而且就其厚顏無恥的典型性而言，也頗有新意。這一點，每個人在今天都能體會到，因為它們是"政治工業"的產物。"第三號"，按照其最初的文本，只不過是"為了得到長江流域的豐富礦產"，它主要集中在漢口周圍，因為，長江下游地區遼闊的沖積平原，曾經是黃海的海底，湖北的鄰省湖南和江西，在史前時期是森林覆蓋的海岸地區，曾經俯瞰着一望無際的海水緩慢退卻，到今天已經成了富含各種煤鐵資源的礦藏。迄今為止，每個人都一直相信，長江流域是英國的勢力範圍，而且每個人都始終認為，這一信念有充分的理由。有一點倒是真的，研究政治的學者，在翻閱了所有已出版的檔案材料之後，都會以"事情確需進一步闡明"來結束他們的探究。確切地說，所謂的"英國勢力範圍"，在其本來意義上根本就不是一塊"飛地"，雖然對那些相信依然有可能通過"部長宣言"來搶先佔得某些地區的人來說，它確實就是一塊"飛地"。日本人最早敢於提出異議，說：這種先入為主的普遍信念蠢不可言。他們當然知道，正是英國人的武力，早在 75 年之前就侵入了長江流域，並強迫清政府簽訂了《南京條約》，從而打開了中國通向世界貿易的大門。但他們壓根就沒有甚麼授權行動的概念，因為在他們眼裏，這一地區的礦產資源實在是無價之寶，必須以某種方式贏得。

20 年的歷史研究證明，這個設想應該是有道理的。從 1895 年到現在，日本不斷在長江流域釘下一些特殊的楔子，以構成它贏得 1915 年的"要求"的基礎。就這樣，甲午戰爭之後，日本就通過《馬關條約》迫使清政府在長江流域開放了 4 個通商口岸：蘇州、杭州、重慶和沙市。換句話説，它在長江流域的兩端建立了其政治——貿易據點，從那裏它可以指揮自己的政治商業活動。蘇、杭兩地，距離上海的英國大本營很近，這使得要在長江下游的末端完成任何"滲透"工作都不是一件容易事，除非以收買蒸汽船的方式。湖南、湖北兩省的情形，則大不一樣，日本在這兩個地方一直忙個不停。1903 年，通過一份新的條約，日本正式打開了對長沙的貿易通道。對日本而言，許多年來長沙一直是個秘密中心，有着最為重要的政治價值，為湘粵贛三省大多數五花八門的活動充當着爭議焦點，同時，這裏還是一塊遼闊的內陸地區。著名的大冶鐵礦（雖然完全是中國人自己的，但已經被用來為九州島若松市的日本政府鑄造廠提供鐵礦石）。萍鄉豐富的煤礦，就近便利地為中國政府在漢陽的兵工廠提供了大量的燃料。由於日本自己煤鐵礦資源甚少，於是決定，最好以一條直截了當的要求，儘快把所有要害地區收入囊中。也就是説，主張在漢陽兵工廠、大冶鐵礦和萍鄉煤礦（統稱"漢冶萍"）擁有主要份額。通過貸款給這些企業，日本已經確立對它們的所有權，並在最佳的時刻使這項權利演變為一個國際問題。

"第四號"無關宏旨，我們可以一掠而過，只需提及下面的事實就行了：日本在未與盟友協商的情況下，擅自要求中國宣稱未來概不向他國租借其港口和島嶼，完全以中國領土的保護者自居，這個角色在歷史上從來就不屬於日本。還有一點也要注意，雖然日本希望在外界看來，它的這一行動乃是為了防止戰後德國在中國獲得新的立足點，但事實上，"第四號"的擬訂，乃是對各國的一個普遍警告。日本人相信，美國正打算重新改組福州兵工廠，並且，作為必然的結果，必定會租借臨近的港口，諸如三都澳之類。

然而，直到我們的目光延伸到了"第五號"，"二十一條要求"的真實目的才終於圖窮匕首見。在這一組條款中，我們看到了 7 條行動綱領，它們是作為"最後的致命一擊"而被設計出來的。它不僅僅提出了一個新的勢力範圍（福建省），也不僅僅是以長江中游（九江周邊地區）作為日本鐵路系統的邊界點向南中國海沿岸輻射；而且，日本外科醫生手裏寒光閃閃的刀子，將要幫助日本的導師們開展他們偉大的傳道工作，日本僧人和日本政治家，就像散兵遊勇一樣，將要撒播到這塊土地上的每個角落。日本人的兵工廠，將會提供所有必需的武器，如果不能做到的話，那就建立一家專門的日本兵工廠。日本的

顧問們，將在政治、財政以及方方面面提出必要的建議，這預
示着一套完全徹底、包辦一切的政治控制。還從來沒有人炮製
過比這更徹底的監管程序，當中國人獲悉這一登峰造極之作
的時候，如果他們大聲驚呼：“朝鮮的命運如今落到自己頭上
了”，那實在也無足為怪。

在這些要求正式遞交之後的幾個星期裏，所有事情都依然
籠罩在無法穿透的神秘之中，儘管通過種種外交努力，但是關
於正在發生的事情的可靠材料還是無法得到。然而，逐漸地，
有關方面被迫招認，之所以嚴守秘密乃是因為日本人的威脅
恐嚇：倘若公之於眾，將遭到最嚴厲的報復。不久，神秘的
面紗完全被新聞界揭開了，外國公使開始向東京提出質詢。
“二十一條要求”的性質和範疇如今再也無法遮遮掩掩了，為
了回應被新聞媒體點燃起來的義憤和英國外交使團所施加的壓
力，日本人認識到，有必要對其中某些最重要的條款稍作修
改。日本外交官在中國外務部舉行了 24 次會議，雖然中國的
談判代表被迫在某些問題上做出了一些讓步，比如延長滿洲鐵
路和領土的“租借”期限以及承認日本繼承德國在山東的所有
權益（第一和第二號），但是在本質問題上，如漢冶萍的特許
權（第三號）以及第五號的致命要求，中國絕對寸步不讓，甚
至拒絕討論某些條款。

因此，日本外交使團被迫重新修訂了“二十一條要求”的
整個文本。4 月 26 日，遵照來自東京的直接指示，日本駐北
京公使遞呈了經過重新斟酌考量的修訂條款，21 條要求被擴

展為 24 條（以此取代最初的二十一條，乃是因為談判表明：有必要將最初的某些條款分解為更小的單位）。而最為重要的是："第五號"（就其最初的形式而言，它對中國主權的威脅，比 1914 年 6 月奧地利對塞爾維亞的最後通牒有過之而無不及）被修改得面目全非，以至於其所傳達的意義也大相逕庭。這一組的標題完全消失了，日本人請求一紙裝模作樣的外交換文。我們還必須記住，當人們指責"二十一條"與英日聯盟的精神相抵觸的時候，日本政府便通過其駐外公使斷然否認他們曾經向中國政府提出過任何這樣的"要求"。他們聲稱，從未有過像中國人所稱的甚麼"二十一條"，而只有 14 條，第五號的 7 項條款完全是為了中國的利益，因而需要得到中國的認可，日本決沒有把它們強加給中國的意圖。

從 1 月 18 日"二十一條"的提出，到 4 月 7 日日本最後通牒的正式出籠，這期間發生的每一件事情，筆者自始至終都了如指掌，因此可以毫不猶豫地指出：這一聲明純屬欺人之談。一系列談判，其全部意圖和最終目標，就是要強行通過第五號。如果中國同意接受那些將使其獨立自主化為泡影的條款的話，日本肯定會高高興興地無限期地擱置所有其他條款的商談。每一個中國人都知道，"第五號"基本上只不過是 1905 年俄日戰後朝鮮所接受的那些要求的一個副本而已，是吞併的先聲。雖然就中國的情形而言，明顯無法施行這樣快速高效的外科手術，但如果承認這些條款，將意味着在事實上認可日本的保護國地位。即使粗略地瀏覽一下下面的文本，讀者也會確認上述主要論點。

日本國要求修正案

日本國對中國要求之修正案，計二十四款，1915 年 4 月 26 日遞交。

另開各款，係將日文譯漢文者，末次確定時，應有修正文字之處，特此聲明。

第一號

日本國政府及中國政府，互願維持東亞全局之和平，並期將現在兩國友好善鄰之關係益加鞏固，茲議定條款如左：

第一款 中國政府允諾，日後日本國政府擬向德國政府協定之所有德國關於山東省依據條約或其他關係，對中國政府享有一切權利利益讓與等項處分，概行承認。

第二款（改為換文）中國政府聲明，凡在山東省內並其沿海一帶之地及各島嶼，無論何項名目，概不讓與或租與別國。

第三款 中國政府允准，自行建造由煙台或龍口接連膠濟路線之鐵路，如德國願拋棄煙淮鐵路借款權之時，可向日本資本家商議借款。

第四款 中國政府允諾，為外國人居住貿易起見，從速自開山東省內合宜地方為商埠。

（附屬換文）所有應開地點及章程，由中國政府自擬，與日本國公使預先妥商決定。

第二號

日本國政府及中國政府，為發展彼此在南滿洲及東部內蒙古之經濟關係起見，議定各款如左：

第一款　兩訂約國互相約定，將旅順、大連租借期限，並南滿洲、安奉兩鐵路期限，均展至九十九年為期。

（附屬換文）旅順、大連租借期至民國八十六年，即西歷一千九百九十七年為滿期，南滿鐵路交還期至民國九十一年，即西歷二千零二年為滿期，其原合同第十二款所載開車之日起三十六年後中國政府可給價收回一節，毋庸置議。安奉鐵路期限至民國九十六年，即西歷二千零七年為滿期。

第二款　日本國臣民在南滿洲為蓋造商工業應用之房廠，或為經營農業，可得租賃或購買其須用地畝。

第三款　日本國臣民得在南滿洲任便居住往來，並經營商工業等各項生意。

第三款第二項　前二款所載之日本國臣民，除須將照例所領護照向地方官註冊外，應服從由日本國領事官承認之警察法令及課稅。至民刑訴訟，其日本人被告者，歸日本國領事官，其中國人被告者，歸中國官吏各審判，彼此均得派員到堂旁聽。但關於土地之日本人與中國人民事訴訟，按照中國法律及地方習慣，由兩國派員共同審判。俟將來該地方司法制度完全改良之時，所有關於日本國臣民之民刑一切訴訟，即完全由中國法庭審理。

第四款（改為換文）中國政府允諾，日本國臣民在南滿洲下開各礦，除業已探勘或開採個礦區外，速行調查選定，即准其探勘或開採。在礦業條例確定以前，仿照現行辦法辦理：

一　奉天省		
所在地	縣名	礦種
牛心台	本溪	石炭
田什付溝	本溪	同上
杉松崗	海龍	同上
鐵廠	通化	碳
暖地塘	錦	同上
鞍山站一帶	遼陽縣起至本溪縣	鐵
二　吉林省南部		
所在地	縣名	礦種
杉松崗	和龍	石炭、鐵
缸窰	吉林	石炭
夾皮溝	樺甸	金

　　第五款第一項（改為換文）中國政府聲明，嗣後在東三省南部需造鐵路，由中國自行籌款建造，如需外款，中國政府允諾先向日本國資本家商借。

　　第五款第二項（改為換文）中國政府聲明，嗣後將東三省南部之各種稅課（惟除業已由中央政府借款作押之關稅及鹽稅等類），須先向日本國資本家商借。

　　第六款（改為換文）中國政府聲明，嗣後如東三省南部聘用政治、財政、軍事、警察外國各顧問教官，盡先聘用日本人。

第七款 中國政府允諾，以向來中國與各外國資本家所訂之鐵路借款合同規定事項為標準，速行從根本上改訂吉長鐵路借款合同。

將來中國政府關於鐵路借款附與外國資本家較現在鐵路借款合同事項為有利之條件時，依日本之希望，再行改訂前項合同。

中國對案第七款 關於東三省中日現行各條約，除本協約另有規定外，一概仍舊實行。

關於東部內蒙古事項：

一、中國政府允諾，嗣後在東部內蒙古之各種稅課作抵由外國借款之時，先向日本國政府商議。

一、中國政府允諾，嗣後在東部內蒙古需造鐵路，由中國自行籌款建造，如需外款，須先向日本國政府商議。

一、中國政府允諾，為外國人居住貿易起見，從速自開東部內蒙古合宜地方為商埠，其應開地點及章程由中國自擬，與日本國公使妥商決定。

一、如有日本國人及中國人願在東部內蒙古合辦農業及附隨工業時，中國政府應行允准。

第三號

日本國與漢冶萍公用之關係極為密接，如將來該公司關係人日本資本家商定合辦，中國政府應即允准。又中國政府允諾，如未經日本資本家同意，將該公司不歸為國有，又不充公，又不准使該公司借用日本國以外之外國資本。

第四號

按左開要領中國自行宣佈：

所有中國沿岸港灣及島嶼，概不讓與或租與他國。

換文：

對於由武昌聯絡九江、南昌路線之鐵路，又南昌至杭州及南昌至潮州之各鐵路之借款權，如經明悉他外國並無異議，應將此權許與日本國。

換文第二案：

對於由武昌聯絡九江、南昌路線之鐵路及南昌至杭州、南昌至潮州各鐵路之借款權，由日本國與向有關係此項借款權之他外國直接商妥以前，中國政府應允將此權不許與他外國。

換文：

中國政府允諾，凡在福建省沿岸地方，無論何國，概不允建設造船廠、軍用蓄煤所、海軍根據地，又不准其他一切軍務上施設，並允諾中國政府不以外資自行建設或施設上開各事。

陸外交總長言明如左：

一、嗣後中國政府認為必要時，應聘請多數日本人顧問。

二、嗣後日本國臣民願在中國內地為設立學校病院租賃或購買地畝，中國政府應即允准。

三、中國政府日後在適當機會，遣派陸軍武官至日本，與日本軍事當局協商採買軍械或設立合辦軍械廠之事。

日置益公使言明如左：

關於佈教權問題，日後應再行協議。

　　緊接着這份文件送達之後，是一陣籠罩着不祥氣氛的沉默。經過連續 3 個月的討價還價，中國外務部早已精疲力盡，他們已經根據總統府的指示，就此問題準備了一份詳盡的《備忘錄》。至今令人不解的是，世界上所有國家的外交部，都對這一事件表現出了異乎尋常的興趣，而且全都同意：如此奇怪的局勢已經非常嚴重。5 月 1 日，按照約定，中國外務部向日本公使送達了下面大家所看到的《備忘錄》。這份東西有必要細加領會，因為它顯示了中國想在公開破裂之前儘快結束此事的願望是如何迫切。還有一點必須看到，這份《備忘錄》明顯是為公共輿論的目的而撰寫的，其處理"第五號"的方式，乃是要坐實日本在向它的英國盟友隱瞞事情真相的罪疚，因為它與英日同盟條約有着致命的衝突。

備忘錄

　　日本政府此次對於中國政府提出條件五號，第一號關於中國山東事項，第二號關於南滿洲東部內蒙古事項，第三號漢冶萍公司事項，第四號要求全國沿海不割讓事項，第五號關於全國之顧問警察軍械佈教及揚子江鐵路福建問題等事項，經日本公使說明第一號第二號為互訂條約性質，第三號第四號為互換公文性質，第五號為勸告性質。中國政府對於如此重大之條件，慎重審議，決意分別與日本政府推誠商議，是即為中國政府對於日本政府表示十分顧念邦交之至意也。開議以來，力求迅速進行，每星期會議至三次之多。對於第二號各款，深願與日本政府發展在南滿洲彼此之經濟，並諒察日本政府重視南滿洲之關係，故於旅順大連二十五年之租借期展至九十九年，南滿鐵路三十六年之期限展至九十九年，安奉鐵路十五年之期限亦展至九十九年一節，向來切盼到期收回之事，不俟猶豫，勉忍痛苦，以副日本政府之希望，此不能不謂中國政府對於日本政府表示一絕大友善之證據也。此外第二號各款，凡能讓步者，無不讓步，是即中國政府推誠相與之真意。惟南滿洲雜居問題，中國政府以為有背中國與日本及中國與他國之條約，極力考量，以冀避去條約之抵觸。最初請日本政府允許審判權完全歸中國官吏，日本政府不允。嗣中國政府再三考量，修改讓步之案，至五六次之多，甚至在內地之中日人民之民刑訴訟，均允照條約辦理，僅關於土地及租契一部分之訴訟，主張由中國官吏審理，以為領土主權之表示，亦足見中國政府極力讓步之意。東部內蒙古風氣未開，與南滿洲情形又絕然不同，自不應相提並論。第三號之漢冶萍公司，純然為商人之事業，政府不便干涉。第四號聲明沿岸不割讓，於獨立國之主權有礙，初擬不與商議。經日本公使要求考量，又於三號為主義上之商議，於四號於自己主權範圍之內，自行宣言。凡此條件，即於我主權領土及各國條約機會均等有絕大關係者，我國亦必為慎重之考量，以期有以副日本政府之希望，此皆中國政府苦心斡旋之處，當亦為日本政府所諒察也。至第五號各款，日本政府最初提出之時，即聲明係勸告性質，故中國政府始終聲明尊重日本政府之勸告，不能為何等之文字之聲明。且該各條約有損中國主權，違背條約及機會均等主義，故中國政府雖有十分尊重日本政府希望之意，然亦不能不顧全自國之主權與他國之成約，且欲預除兩國誤會之種子，以鞏親善之基礎，迭次開誠佈公，反覆申說不能商議之理由，然對於福建問題，日本政府之希望，仍願聲明中國政府並無借外國資本以經營海口之事。然則中國政府於無可商量之問題，而且勉為商量，何嘗有規避之事實。茲日本政府重行提出修正案，並為膠澳交還中國之聲明，中國對於友好之日本政府，為最後之考量，另提答案。其中第一號尚未討論決定之條，仍行提出，以便討論。第二號除業已決定之條不提外，關於南滿洲雜居項內之警察法令，更為限制的修正。關於土地及租契裁判，許日本領事派員旁聽。南滿洲及熱河道所轄之東部內蒙古，依日本政府之要求，於四條件中同意三條件。漢冶萍照此次修正案同意。深望日本政府鑒於中國政府最後讓步之誠意，迅與同意，實所切盼。至此次交涉，彼此約守秘密，惜日本政府提出條件後數日，日本大阪某報特發號外，洩漏條文，致中外報章紛紛注意，時為袒中袒日之論，以惹世界之揣測。中國政府深為可惜，然中國政府絕無利用新聞政策之事，業經中國外交總長迭次向日本公使聲明，深盼兩國交涉速即解決，俾世界疑團早日消釋，則為本國政府所切望者也。

　　北京政府雖然完全清楚他們如今所面臨的危險，但還是斗膽擬定了一份對"日本修正案"的答覆，並將日本人的囉裏囉唆刪減得相當簡練。不僅各項條款被組織的更加緊湊，而且其使用的措辭，也清楚地傳達了這樣的信息（如果使用一種稍稍微妙的方式的話）：中國並非以附庸國的身份與宗主國對話。除此之外，在簡潔而認真地處理完第一、二、三號條款之後，中國人的答覆戛然而止，日本清單上的其他條款都被置之不理。在下面的文本中，抓住這些要點是重要的。

中國的最後修正案

第一號

　　日本國政府及中國政府互願維持東亞全局之和平，並期將現存兩國友好善鄰之關係益加鞏固，茲議定條款如左：

　　第一款　中國政府聲明，日後日德兩國政府彼此協定關於德國在山東省內依據條約及成案辦法對於中國政府享有之一切利益等項處分，屆時概行承認。

　　日本國政府聲明，中國政府承認前項利益時，日本應將膠澳交還中國，並承認日後日德兩政府上項協商之時，中國政府有權加入會議。

　　第二款　此次日本用兵膠澳所生各項損失之賠償，日本政府概允擔任。膠澳內之關稅電報郵政等各事，在膠澳交還中國以前，應暫照向來辦法辦理。其因用兵添設之軍用鐵路電線等，即行撤廢。膠澳舊有租界以外留餘日本軍隊先行撤回，膠澳交還中國時，所有租界內留兵一律撤回。

第三款（改換文）中國政府聲明，凡在山東省內並其沿海一帶之地及各島嶼，無論何項名目，概不讓與或租與他國。

第四款 中國政府允准，自行建造由煙台或龍口接連膠濟路線之鐵路，如德國願拋棄煙濰鐵路借款權之時，可向日本資本家商議借款。

第五款 中國政府允諾，為外國人居住貿易起見，從速自開山東省內合宜地方為商埠。

（附屬換文）所有應開地點及章程由中國政府自擬，與日本國公使預先妥商決定。

第六款 以上各款，將來日德政府協商讓與等項，倘或未能確定，此項預約作為無效。

第二號

日本國政府及中國政府為發展彼此在南滿洲之經濟關係起見，議定條款如左：

第一款 兩訂約國約定，將旅順大連租借期限並南滿洲及安奉兩鐵路期限，均展至九十九年為期。

（附屬換文）旅順大連租借期至民國八十六年，即西歷一千九百九十七年為商期，南滿鐵路交還期至民國九十一年，即西歷二千零二年為滿期，其原合同第十二款所載開車之日起三十六年後中國可給價收回一節，毋庸置議。安奉鐵路期限至民國九十六年，即西歷二千零七年為滿期。

第二款 日本國臣民在南滿洲為蓋造商工業應用之房廠，或為農業，可向業主商租須用之地畝。

第三款　日本國臣民可在南滿洲任便居住往來，並經營商工業等各項生意。

第三款第二項　前二項所載之日本國臣民，除須將照例所領護照向地方官註冊外，應服從中國違警律及違警章程，完納一切賦稅，與中國人一律。至民刑訴訟，各歸被告之本國官審判，彼此均得派員旁聽。但日本人與日本人之訴訟及日本人與中國人之訴訟關於土地或租契之爭執，均歸中國官審判，日本領事官亦得派員旁聽。候將來該省司法制度完全改良之時，所有日本國臣民之民刑訴訟，即完全由中國法庭審理。

換文：

一、中國政府聲明，嗣後不將南滿洲及熱河道所轄之東部內蒙古除關稅鹽稅外之各種稅課抵借外債。

一、中國政府聲明，嗣後在南滿洲及熱河道所轄之東部內蒙古需造鐵路，由中國自行籌款建造，如需外款，除與他國成約不相抵觸外，先向日本國資本家商議。

一、中國政府允諾，為外人居住貿易起見，從速自開南滿洲及熱河道所轄之東部內蒙古內合宜地方為商埠，其章程按照中國他處已經自開之商埠辦法辦理。

第三號

日本國與漢冶萍公司之關係極為密接，如將來該公司與日本資本家商定合辦，中國政府應即允准。又中國政府聲明該公司不歸為國有，又不充公，又不准使該公司借用日本國以外之外國資本。

在 5 月 1 日這一回合交手之後的 48 小時之內，北京就已經獲悉：日本正在打算使出更狠的一招。當國事進入危急關頭的徵兆已經十分明顯的時候，曖昧的不安之感迅速在北京城裏瀰漫。"最後通牒"這個詞開始在私下裏傳播。人們感覺到，就在中國竭力捍衛自己的權利並得到了英美兩國寶貴的間接支持的同時，糟糕的世界局勢使得國際社會已經很難阻止日本採取極端的行動。因此，當日本在 5 月 7 日發出最後通牒的時候，也就沒有多少人真的感到驚訝了。通牒要求，必須在 48 小時之內對日本的"修正條款"給出一個令它滿意的答覆，否則，日本將採取它認為必要的措施。細讀這份"最後通牒"的文本，就會發現它在語言使用上的一個有趣變化。欺騙不奏效了，日本人如今相信，只要他們不去試圖吞併其他西方列強在中國的權利，就不會遭到公開的反對，因此，其語氣也就十分囂張。然而，有至關重要的一點必須慎加留意：日本同意將第五號各項"與此次交涉脫離，日後另行協商。"這正是懸在中國人頭上的一把達摩克利斯之劍，在這把利劍被拋入黃海之前，遠東的局勢就會依然危如累卵。

日本的最後通牒

今回帝國政府與中國政府所以開始交涉之故，一則欲謀因日德戰爭所發生時局之善後辦法，一則欲解決有害中日兩國親交原因之各種問題。冀鞏固中日兩國友好關係之基礎，以確保東亞永遠之和平起見，於本年一月向中國政府交出提案，開誠佈公，與中國政府會議，至於今日，實有二十五回之多。其間帝國政府始終以妥協之精神，解說日本提案之要旨，即中國政府之主張，亦不論巨細，傾聽無遺，其欲力圖解決此提案於圓滿和平之間，自信實無餘蘊。其交涉全部之討論，於第二十四次會議，即上月十七日，已大致告竣。帝國政府統觀交涉之全部，參酌中國政府議論之點，對於最初提出之原案，加以多大讓步之修正，於同月二十六日，更提出修正案於中國政府，求其同意。同時且聲明中國政府對於該案如表同意，日本政府即以因多大犧牲而得之膠州灣一帶之地，於適當機會，附以公正至當之條件，以交還於中國政府。五月一日，中國政府對於日本政府修正案之答覆，實與帝國政府之預期全然相反。且中國政府對於該案，不但毫未加以誠意之研究，且將日本政府交還膠州灣之苦衷與好意，亦未嘗一為顧及。查膠州灣為東亞商業上軍事上之一要地，日本帝國因取得該地，所費之血與財，自屬不少。既為日本取得之後，毫無交還中國之義務。然為將來兩國國交親善起見，竟擬以之交還中國，而中國政府不加考察，且不諒帝國政府之苦心，實屬遺憾。中國政府不但不顧帝國政府關於交還膠州灣之情誼，且對於帝國政府之修正案，於答覆時要求將膠州灣無條件交還，並以日德戰爭之際日本國於膠州灣用兵所生之結果與不可避之各種損害，要求日本擔任賠償之責。其他關係於膠州灣地方，又提出數項要求，且聲明有權加入日德講和會議。明知如膠州灣無條件之交還，及日本擔負因日德戰爭所生不可避之損害賠償，均為日本所不能容忍之要求，而故為要求，且明言該案為中國政府最後之決答，因日本不能容認此等之要求，則關於其他各項即使如何妥商協定，終亦不覺有何等之意味，其結果此次中國政府之答覆，於全體全為空漠無意義。且查中國政府對於帝國政府修正案中其他條項之回答，如南滿洲及東部內蒙古，就地理上政治上商工利害上，皆與帝國有特別之關係，為中外所共認。此種關係，因帝國政府經過前後二次之戰爭，更為深切。然中國政府輕視此種事實，不尊重帝國在該地方之地位。即帝國政府以互讓精神，照中國政府代表所言明之事而擬出之條項，中國政府之答覆亦任意改竄，使代表者之陳述成為一篇空言。或此方則許，而彼方則否，致不能認中國當局者之有信義與誠意。至關於顧問之件，學校病院用地之件，兵器兵器廠之件，與南方鐵道之件，帝國政府之修正案，或以關係外國之同意為條件，或只以中國政府代表者之言明存於記錄，與中國主權與條約並無何等之抵觸。然中國政府之答覆，惟以與主權條約有關係，而不應帝國政府之希望。帝國政府因鑒於中國政府如此之態度，雖深惜幾再無繼續協商之餘地，然終眷眷於維持極東平和之帝國，務冀圓滿了結此交涉，以避時局之紛糾，於無可忍之中，更酌量鄰邦政府之情意，將帝國政府前次提出之修正案中之第五號各項，除關於福建互換公文一事業經兩國政府代表協定外，其他五項，可承認與此次交涉脫離，日後另行協商。因此中國政府亦應諒帝國政府之誼，將其他各項，即第一號第二號第三號第四號之各項，及第五號中關於福建省公文互換之件，照四月二十六日提出之修正案所記載者，不加以何等之更改，速行應諾。帝國政府茲再重行勸告，對於此勸告，期望中國政府至五月九日午後六時為止，為滿足之答覆。如到期不收到滿足之答覆，則帝國政府將執認為必要之手段，合併聲明。

覺書（按：備忘錄）解釋：

一、除關於福建省交換公文一事之外，所謂五項，即指關於聘用顧問之件，關於學校病院用地之件，關於中國南方諸鐵路之件，關於兵器及兵器廠之件，及關於佈教權之件是也。

二、關於福建省之件，或照四月二十六日日本提出之最後修正案，或照五月一日中國所提出之對案，均無不可。此次最後通牒，雖請中國對於四月二十六日日本所提出之修正案，不加改定，即行承諾，此係表示原則。至於本項及四、五兩項，皆為例外，應特注意。

三、以此次最後之通牒要求之各項，中國政府倘能承認時，四月二十六日對於中國政府關於交還膠州灣之聲明，依然有效。

四、第二號第二條土地租賃或購買，改為暫租或永租，亦無不可。如能明白了解可以長期年限且無條件而續租之意，即用商租二字亦可。又第二號第四條，警察法令及課稅承認之件，作為密約，亦無不可。

五、東部內蒙古事項中關於租稅擔保借款之件，及鐵道借款之件，向日本政府商議一語，因其南滿洲所定之關於同種之事項相同，皆可改為向日本國資本家商議。又東部內蒙古事項中商埠一項，地點及章程之事，雖擬規定於條約，亦可仿照山東省所定之辦法，用公文互換。

六、日本最後修正案第三號中之該公司關係人，刪除關係人三字，亦無不可。

七、正約及其他一切之附屬文書，以日本文為正文，或可以中日兩文皆為正文。

如果說公開的恐慌隨着這份文件的遞交接踵而至，也許有點誇大其詞，但強烈的驚恐不安的確是存在的，它甚至強烈到了這樣的程度（如今全北京都知道這事）。日本公使館迫不及待地電告東京：如果要求中國人當即作出決定的話，甚至能夠得到更優惠的條款。但到這時候，日本政府已經經歷了一段十足焦慮的時期，對於世界和平到來之後可能會發生甚麼有了某些明確的先兆——如果事情做得太過頭的話。因此，日本並沒有做更多的事情，第二天，中國以如下措辭表示接受最後的通牒：

中國政府對日本政府最後通牒的答覆

本月七日下午三點鐘，中國政府准日本公使面遞日本政府最後通牒一件，附交解釋七條。該通牒末稱，期望中國政府至五月九日午後六時為滿足之答覆，如到期不收到滿足之答覆，則日本政府將執認為必要之手段，合併聲明等語。中國政府為維持東亞和平起見，對日本國政府四月二十六日提出之修正案，除第五號中五項容日後協商外，其第一號第二號第三號第四號之各項，及第五號中關於福建問題以公文互換之件，照四月二十六日提出之修正案所記載者，並照日本政府所交最後通牒中附加七件之解釋，即行應諾。以冀中日所有懸案，就此解決，俾兩國親善益加鞏固。即請日本公使定期惠臨外交部，修正文字，從速簽字，為荷。

　　這就是北京有史以來所進行過的一次最為離奇的外交談判的最終結局。

第七章
二十一條的由來

就在談判期間，一封不知來自何方的匿名郵件寄到了筆者的手中，它為我們提供了一把解開此次非常事件的鑰匙。信封裏裝着的文件非常有趣，值得所有歷史學者關注，它們解釋了"二十一條"的心理學基礎，同時也使人們對日本觀察此次世界大戰的方式看得更清楚了。

第一份文件純粹是介紹性的，不過還是頗為有趣。它是一份斷章殘簡，或者更準確地説是一份重要談話的摘要，這次談話發生在袁世凱和日本公使之間，當時，後者親自向大總統面呈"二十一條要求"，其所使用的辭令，即使在北京的外交史上也是絕無先例的。

這份摘要以一種古怪的方式開頭。在交待"日本公使試圖以下面的話對袁世凱總統施加影響"之後，接下來是幾行星號，這使人聯想到，這位不知名的記錄者思考再三才打定主意，由於至關重要的政治原因，只好讓讀者猜測"談話"是如何展開的。不過，從上下文我們似乎可以很清楚地知道：被剪

掉的那些話，必定涉及到在中國復辟帝制的可能性——考慮
到本年晚些時候所發生的事情，這應該是一個非常重要的結
論。我們的確沒有理由懷疑，日本特使事實上明確告訴了袁世
凱：既然他已經成了事實上的皇帝，一舉徹底解決整個事情並
保住他自己的位置，也就是他權力範圍之內的事情了。不管怎
麼說吧，這份摘要是這樣開門見山的：

> ……而且，中國的革命黨人與許許多多不負責的日本人
> 保持着密切的接觸，關係也非同一般。這些日本人當中，有
> 許多人頗有影響力，他們奉行的政策就是強硬手段。雖說本
> 國政府不會受到這一政策的影響，但是如果貴國政府不儘快
> 接受這些條款的話，要阻止我們某些不負責任的人，不讓他
> 們煽動革命黨人在中國製造麻煩，那將是不可能的。

> 大多數日本人也反對袁大總統和總統閣下的政府。他們
> 所有人都斷言，大總統懷有反日情緒，採取的政策是"遠交（歐
> 美）近攻（日本）"。因此，日本的公共輿論對總統閣下極端不
> 友好。

> 我國政府自始至終都在盡最大的努力以幫助中國政府，
> 如果貴國政府能儘快接受這些條款的話，那將會清楚地向日
> 本表明自己的友好。到那時，日本人民就會說：大總統從不
> 抱反日情緒，也沒有採取"遠交近攻"的政策。這難道不是我
> 們友好關係一個真實的證據麼？

> 到那時，日本政府也會在任何需要的時候樂於幫助袁大
> 總統的政府。

不可否認，我們的確生活在一個不同尋常的年代，這是一個讓我們最珍視的原則成為廢紙的年代。但在本次世界大戰所製造的全部混亂中，要找出比這幾個段落更為離奇的事情，恐怕也並不容易。日本，通過其官方代表之手，大膽地扯下了那塊掩蓋其狼子野心的遮羞布，利用當時中國的革命活動對北京政府所構成的實在威脅，明確斷言：如果袁大總統不向東京的命令低頭的話，那麼，25 年前在漢城開始的那場比賽，將會毫不隱瞞地繼續進行。

緊接着這篇"談話摘要"的，是這份卷宗中的重頭戲。這份文件簡直是一份詳盡無遺的"備忘錄"，共分兩個部分，內容包括一個叫"黑龍會"的日本秘密社團所鼓吹的政策，據說有人認為，"黑龍會"這個名字的得來，是由於其成員（大多是軍官）所研究的是黑龍江省的局勢。自從 1896 年著名的《喀西尼條約》[1] 發佈以來，所有已經公之於眾的涉及遠東問題的文獻中，這份備忘錄最不尋常。這份文件大概寫於 1914 年秋天的晚些時候，並且立即就呈送給日本政府。它或許確實可以稱為雷管，引爆了 1915 年 1 月 18 日的那顆日本地雷。它清楚表明，撰寫者對世界局勢的了解是如此透徹、其不偏不倚的態度是如此科學，以至於你毫不懷疑有日本的傑出之士參與了它的起草。我們因此可以把它視為受過高等教育的日本精英的真實

1　喀西尼條約（Cassini Convention）又稱《中俄密約》、《禦敵互相援助條約》或《防禦同盟條約》，是俄羅斯帝國誘逼清政府於 1896 年簽訂的不平等條約。全共六條，內容涉及保障沙俄在華（特別是東北）利益，中俄聯手對抗日本等條款。密約的簽署，為 1904 年在中國東北爆發的日俄戰爭埋下了伏筆。

表達，因而也就不可能不引起嚴肅的憂慮。第一部分是對歐洲戰爭和中國問題的概論，第二部分涉及中日防禦同盟，這可以被視為整個日本外交的一個目標。

第一部分　歐洲戰爭與中國問題

近來歐洲大戰，歷史上無與其匹敵者。不僅歐洲乃至全世界的力量平衡將受到影響，而且勢必開創一個政治和社會的新紀元。因此，日本帝國政府能否解決遠東問題並將我大帝國政策付諸實踐，端賴我是否能夠巧妙利用世界大勢，擴張我勢力範圍，並就我未來針對中國之行動方略做出決定。倘我國當局和人民對目前的歐戰漠然視之，未有深慮，只關注攻打膠州，無視此次大戰更為重大之後果，是必將使我大帝國政策付之東流，並鑄成無法想像的大錯。我們之所以不得不將這份政策建議提交當局考量，非好辯也，實因對國家福祉深有慮焉。

目前無人能預見歐戰之結局。倘盟國受挫而德奧獲勝，則德之軍國主義必將雄視歐陸，並向東、向南擴張至世界其他地區。倘這一情形出現，由此產生的後果必將重大而深遠。由於這一原因，我們必須對此問題予以最嚴重之關切。另一方面，倘德奧被盟國擊潰，則德國作為德皇治下聯邦國家之身份將被剝奪，聯邦將四分五裂，普魯士勢必會安於一個二流強國的地位。奧地利和匈牙利，亦將由於此次潰敗而分道揚鑣。其最終命運如何，眼下無人敢斗膽預言。與此同時，俄國將會吞併加里西亞和奧屬波蘭；法國將會收復阿爾薩斯和洛林；大英帝國將會佔領德國在非洲和南太平洋的殖民地；塞爾維亞和黑山將會拿下波斯尼亞、黑塞哥維那以及部分奧國領土。這樣一來，將使歐洲版圖為之大改，即使是1815年的拿破崙戰爭，亦不足望其項背也。

當這些事件發生之時，不僅歐洲將經歷巨變，而且，我們亦不能無視這樣的事實：它們同樣會發生在中國和南太平洋。俄國在佔得德奧失去的領土之後，將握有歐洲的控制權，而且在未來相當長的一段時期內，其西部邊境可以確保無虞。戰後，俄必將立即竭力執行其在東方的擴張政策，未獲得對中國之控制權，決不會罷休。與此同時，大英帝國將鞏固其在長江流域的地位，阻止任何他國染指此地。在雲南，法國亦將同樣如此，並以此為行動基地進一步侵蝕中國，毫不猶豫地擴大自己的利益。因此，我們必須認真研究形勢，始終牢記：英、俄、法的聯合行動不僅影響歐洲，而且（我們甚至能預見到），它也必將影響中國。

當大戰結束時，英、法、俄的聯合行動，是停止還是繼續運轉，我們現在尚不能預知。但是，歐洲恢復和平以後，這些強國肯定會將他們的注意力轉到其在中國的利益範圍的擴張上來，而且，在調整當中，他們各自的利益極有可能彼此衝突。如果他們的利益不相衝突，他們就會協同工作，以解決中國問題。這一點，我們絲毫不用懷疑。如果英、法、俄果真聯合對中國施壓，在此情勢下，日本帝國政府該採取何種策略呢？我們有必要記住歐戰的最終結果，並在事態發展到這一步之前搶得先機，這樣才能夠決定我們的對華政策，以及最後所採取的行動。如果我們繼續消極被動，那麼日本帝國政府的對華政策將喪失主觀影響，我國的外交將永遠受制於其他列強。遠東的和平將因此危如累卵，甚至連日本帝國的存亡無疑也將岌岌可危。因此，在這個歷史關頭，我們的首要職責就是要質詢我國政府：面對這樣的戰後大勢，打算採取何種策略？當面臨盟國施予中國這樣的聯合壓力時，在做一些甚麼樣的準備？解決中國問題，遵循的是怎樣的政策？當歐戰結束、和平重現之時，我們不要過多糾纏於"到底是德奧兩國還是協約三國勝出"這樣的問題，而是要掂量（在預見到歐洲勢力未來將在歐亞擴張的情況下）日本帝國政府是應該還是不應該在其發生之前以武力遏制這一趨勢。對日本而言，現在正是迅速解決中國問題的最佳時機。這樣的機會，在未來幾百年裏都不會出現。眼下採取行動不僅是日本的神聖職責，而且，中國目前的局勢也有利於執行這樣的計劃。我們無論如何都應該做出決定並立即行動。倘我國當局不利用這千載難逢的天賜良機，未來中國問題的解決，勢必會遇到極大的困難。戰後，日本與歐洲列強將分道揚鑣，並且被他們所羨慕、嫉妒，就像眼下的德國一樣。對日本而言，此時此刻解決中國問題難道不是至為迫切的麼？

任何人（甚至那些毫不關心政治的人）都不會否認，這份文件透露了一個令人驚駭的秘密：日本人在內心中對待他人的看法，這種看法，不僅針對敵人，而且也針對朋友。

他們不信任任何人，不善待任何人，不羨慕任何人；他們只滿足於相信：在不遠的將來，整個世界都會與他們作對。其論點的主旨，反對德奧的部分與反對英國盟友的部分，彼此相當。對於那些以琢磨此類事情為職志的日本人而言，惟一讓他們全神貫注的事情，就是確保日本搶先歐洲人一步，攫取中國的控制權。他們明確承認，要想知道誰將在歐洲大戰中獲勝，為時尚早；他們也承認，德國將永遠是敵人。與此同時，他們還預料，倘若大戰的結果清楚無疑地有利於協約國的話，由英、法、俄組成的新三強，就會聯合起來對付日本。雖然與英國之間的結盟（自 1902 年以來已兩次續訂），在遠東所佔據的位置，與英法同盟在歐洲佔據的位置同樣重要，但一百個日本人當中也沒有一個人了解或關心這一協定的任何事情，即使是熟悉此事的人，也會把本國所承擔的國際義務減到最小，並不斷貶低其重要性。在日本看來，與英國之間的盟約，不過就是一頁薄紙，在如今照徹世界的熊熊大火中，可以被燒得灰飛煙滅。與事情密切相關的，是他自己的計劃，自己在重重麻煩中拿起武器的方法。"黑龍會備忘錄"的第二部分，無可辯駁地使這一點變得更加清晰。

在清楚地確立了日本對世界的態度之後（尤其是對如今被一場可怕的垂死掙扎緊緊綁在一起的政治上的競爭盟友的態度），"備忘錄"的第二部分只涉及中國，可以分為兩段。第一段是建設性的——這個重建中國的計劃很對那些日本天才的胃口。這一部分以一篇詞藻華麗的開場白開始。

第二部分 中國問題和防禦同盟

日本政府是否會遵從其神聖使命，通過讓中國自發地依賴於日本，從而以一種英雄主義的方式解決中國問題，是一件非常重要的事。對於大日本帝國政府而言，要想迫使中國束手就範，只有利用目前的時機，抓住其政治、財政權力的韁繩，並依據下列秘密條款設法與之締結防禦同盟，捨此別無他途。

防禦同盟秘密條款

本着對中國主權與領土完整的尊重，以及維護遠東和平的目標與希望，日本帝國政府承諾，與中國分擔協同防衛之責任，以抗內亂而禦外辱。中國將在其國防方面給予日本以特殊之便利，保護日本特殊之權利。為此目的，締約雙方謹訂立同盟條約如下：

1、當中國出現內亂或與他國開戰之時，日本將派兵予以援助，承擔保衛中國領土、維護其和平與秩序之責任。

2、中國允諾，承認日本在南滿洲及內蒙古之特權地位，將這些地區之主權讓與日本，使之有一永久性基地以便能夠執行本地防禦計劃。

3、在日本佔領膠州以後，日本將獲得此前德國在鐵路、礦山及所有利益所享有的全部特權，待青島恢復和平與秩序之後，此地將歸還中國以開放為通商口岸。

4、為中日兩國之海防起見，中國將福建省沿岸各戰略港口租與日本以變更為海軍基地，並承認日本在該省的所有鐵路和採礦權。

5、為改組中國陸軍起見，中國將委托日本訓練其陸軍。

6、為統一中國的武器和軍需品，中國將採用日式槍炮，同時在不同的戰略要地建立兵工廠（在日本的幫助下）。

7、為創建和維護中國海軍之目標，中國將委托日本訓練其海軍。

8、為重組其財政體系、改進其稅收方法之目標，中國將把此項工作委托給日本，日本則選擇力能勝任之財政專家，擔任中國政府之高級顧問。

9、中國將聘請日本教育專家擔任其教育顧問，並在各地廣設學校以教授日文，俾使提高本國之教育水準。

10、中國在與他國就借款及租借或割讓領土等事宜訂立條約之前，將先行與日本商議並徵得日本同意。

自防禦同盟條約簽訂之日起，日中兩國將攜手工作。日本將承擔捍衛中國領土，維護其和平與秩序之職責。這將解除中國未來之所有憂慮，俾使其能積極進行改革，而且，中國既有了領土安全感，其國家之發展與重建就指日可待。即使在歐戰結束，和平重現之後，中國之未來亦可無憂，完全不必擔心外國列強再次對她施壓。只有這樣，才能確保遠東的永久和平。

但在結束這篇防禦同盟條約之前，有兩點必須首先予以明確：(1) 它針對的是中國政府；(2) 它針對的是那些與中國關係密切，在中國有巨大利益的列強。

考慮到此盟約對中國政府的影響，因此日本必須設法預見，中國目前的統治者袁世凱的地位是否持久，目前的政府政策是否能得到大部分中國人的信任，袁世凱是否會心甘情願地接受日本政府的建議與我國簽訂同盟條約。這些都是我們不得不徹底考量的關鍵點。據袁世凱此前的態度判斷，我們知道，袁世凱在其外交行為中一直採用便宜行事的政策，雖然他眼下或許在表面上顯得對我國友好，但事實上，他將會依靠不同強國的勢力以便輕易阻過我國，拒絕接受我們的要求。僅舉一例為證，自從帝國政府對德宣戰以來，他針對我國的行為和舉動就清楚地說明了一切。我們是否能夠憑藉普通的友好外交手段來達到我們的目的，這並不需要太多的智慧就可以做出判斷。在歐洲大戰結束之後，撇開沒有迫切利益的美國不談，中國將不可能從其他列強那裏獲得任何借款。隨着國庫的耗空，沒有手段支付政府和軍隊的開支，加之地方上的盜匪不斷煽動貧病交加的百姓作亂，革命黨人正在等待時機起義。倘若叛亂真的爆發，在沒有外援幫助鎮壓的情況下，我們可以肯定，袁世凱要想憑一己之力恢復秩序、統一國家，幾無可能。其結果就是，這個國家將分崩離析，修補無望。這一局面的到來不難預見。我們是應該以明確的擔保支持袁世凱政府並幫助他平息內亂以迫使他接受我們的要求，還是應該幫助革命黨人獲勝並通過他們實現我們的目標呢？這個問題必須在此時此刻明確地做出決斷，這樣我們才可以將計劃付諸實施。如果我們不能洞察中國的未來命運，而只是盲目地支持袁世凱政府，與中國簽訂防禦同盟協議，希望以此幫助他鎮壓革命黨人從而確保實現我們的目標，那將明顯是一個錯誤的政策。為甚麼呢？因為多數中國人對搖搖欲墜的袁世凱已經完全失去了信任，因為袁世凱出賣國家而身敗名裂，而受到全民族的攻擊。如果日本支持袁世凱，那麼他的政府，雖然搖搖欲墜，卻有可能避免垮台。但袁世凱屬於那種喜歡奸詐狡猾的政治流派。他可能暫時對我國友好，但是當歐戰結束的時候，他肯定會拋棄我們而重新與其他列強修好。根據他過去的作為判斷，我們毫不懷疑未來他會怎麼做。對於日本來說，倘若無視中國人民的普遍情緒而支持袁世凱，並希望以此能夠解決中國問題，那的確是一個嚴重錯誤。因此，為了確保遠東地區的永久和平，我們與其支持一個既不能長期掌權又不能幫助我們實現目標的中國政府，還不如支持四億中國人民革新他們的腐敗政府，改變其現有形態，以維護這塊土地上的和平與秩序，把中國帶入一個繁榮的新紀元，這樣，中日兩國就能夠既在事實上也在名義上結成最親密而最重要的關係。中國的繁榮盛世，乃是建立在中日聯盟的基礎之上，這一聯盟又是抵禦外國侵略的基本力量，這樣的侵略，隨着歐戰的結束，必將對準遠東。這一聯盟，也是世界和平的基石。因此，日本應該將此視為最後的警告，並立即著手解決這一問題。既然日本帝國政府認為支持中國人民乃勢在必行，那麼我們就應該敦促中國的革命黨人、保皇派及其他不滿現狀者，在全中國製造麻煩。這樣，整個國家將陷入混亂，而袁世凱政府必將被顛覆。到那時，我們應該在四億中國人黨中挑選一位最有影響力、最著名的人，幫助他組織一個新型政府，統一整個國家。在此期間，我國軍隊必須幫助恢復這個國家的和平與秩序，保護人民的生命和財產安全，這樣一來，他們就會樂於效忠這個信任並依賴日本的新政府。只有當這些事情完成以後，我們才能通過與中國締結防禦同盟條約從而實現我們的目標。

對日本而言，要煽動革命黨人及心懷不滿者在中國揭竿而起，我們認為目前是最好的時機。這些人眼下為何不能開展一場積極有效的行動，其原因蓋在於他們缺乏資金。如果我國政府能利用這個現實情況，為他們安排一筆借款，並指示他們同時起事，巨大的騷動和混亂必將在全中國風起雲湧。此時，我們就可以出兵干涉，並輕而易舉地調停事端。

歐戰的進展，更加緊迫地警告日本，迫切需要解決這個至關重要的問題。不能讓人認為帝國政府是在着手一項草率的計劃。這樣的天賜良機不會為我們的利益而重現。我們必須利用這個機會，而且刻不容緩。我們為甚麼要等待革命黨人和心懷不滿者的自發起義呢？我們為甚麼不該預先設計並決定一項計劃呢？當我們研究中國的政府形態時，我們必須要問一問，現有的共和國是否很適合這個國家的民族性格，是否很切合中國人民的思想和願望。從中華民國成立直到現在，如果我們把已經發生的和應該發生的作一個比較，就會發現失望無處不在。就連革命黨人自己（最初鼓吹共和政體的正是這幫人）也承認，他們已經鑄成大錯。在中國，共和政體的保留，對未來的中日同盟將是一個巨大的障礙。為甚麼一定是這樣呢？因為，在一個共和制國家，政府的基本原則，以及人們的社會和道德目標，都與君主立憲國家大相徑庭。他們的法律和行政，也互相抵觸。如果日本擔當中國的領路人，而中國則跟着日本亦步亦趨，那麼只有到這時，兩個國家才有可能通過毫無爭執分歧的共同努力來解決遠東問題。因此，從這一基本立場出發，為了重組中國政府，建立中日同盟，維護遠東的永久和平，確保日本帝國政策的實現，我們必須利用目前的時機，改變中國的共和政體為君主立憲政體，它必須在所有細節上都和日本的君主立憲政體（而不是和別的政體）完全一致。為中國政府的切實重建，這的確是必須堅持的關鍵和首要的原則。如果中國改變其共和政體為君主立憲政體，那麼，在選擇新的統治者的時候，我們是該恢復宣統皇帝的皇位呢，還是該在保皇派中挑選一位最能幹的人，或者在革命黨人當中挑選一位最傑出的人士呢？我們認為，目前最明智的做法是，把這個問題留給未來，當事情被提上日程的緊要關頭才予以解決。但是我們不要忽略了這一事實：實際上，切實貫徹中日同盟政策，改變中華民國為君主立憲政體，才是為中國重建而必須採取的基本原則。

現在，我們該考慮這一防禦同盟與其他列強的關係。不用說，日本和中國決不會削弱列強已經獲得的權利和利益。此時此刻，對日本而言，至關重要的是，要與俄國就滿洲和蒙古各自勢力範圍的劃分達成一個特殊諒解，這樣，未來兩國才能彼此協作。這意味着，日本在獲得南滿洲和內蒙古的治權之後，將與同樣已經獲得北滿洲和外蒙古治權的俄國攜手合作，共同維護現狀，竭盡全力保衛遠東地區的和平。自從歐戰爆發以來，俄國不僅擱置了所有對日本的敵意，而且採用了與其盟友相同的態度，向日本示好。不管我們如何重視未來的滿洲和蒙古問題，俄國都會擔心我們找到某些解決辦法。因此，我們不必懷疑，俄羅斯，就其對中國問題的態度而言，是能夠為了互相合作而與我國達成諒解的。

英國在中國的勢力範圍，乃是以西藏和長江流域為中心。因此，如果日本能與中國就西藏問題達成某些令人滿意的安排，並給予英國在長江流域某些特權以明確的保證，那麼，不管英國如何強大，它肯定也不會反對日本解決中國問題的政策。在此次歐戰進行的過程中，大英帝國從未請求過日本的幫助。英國的力量確實使它在未來不可能反對我國，這一點絲毫不用懷疑。

既然英俄兩國不會反對日本的對華政策，那麼也就不難看出法國在這一問題上將會採取甚麼態度了。眼下，日本必須稍稍認真對待的，便是美國。但美國對於我國對華政策的態度早已明確宣告，其原則就是維護中國的領土完整和機會均等，只要我們不削弱其已經獲得的權利和利益，美國就會感到滿意。我們認為，美國同樣沒有理由抱怨。不過，美國在東方有一支可以依靠的海軍力量，雖然尚沒有強大到令人害怕的程度。因此，就日本對美國的態度而言，尚沒有甚麼真正讓我們擔心的事情。

既然一方面中國的局勢是這個樣子，另一方面列強與中國的關係又是那個樣子，那麼，日本就應該利用歐戰的這段時間，明確地就對華政策作出決定，最重要的措施就是改變中國政府，必須通過締結防禦同盟將這一措施進行到底。就我現任內閣而言，在沒有明確解決我對華政策的情況下，就貿然行動，應大英帝國的要求而對德宣戰，這和我國未來與中國的談判並無真正的關係，對遠東政治格局亦無實質影響。因此，所有明智的日本人，全國各地各行各業，都深切關注此事。

時至今日，我帝國政府應當改變受制於人的外交政策，使之成為能夠制於人的、獨立自主的外交政策，嚴肅誠懇地將這一政策公諸世界，並果斷施行。果能如此，神鬼亦將讓路。在我國對華政策中，有幾點非常重要，其結果將取決於我們如何執行這些政策。我國政府能夠切實貫徹此基本原則，下定決心解決中國問題麼？在我們有了這個天賜良機的時候，如果政府表現的優柔寡斷，那麼當歐戰結束，目前的平衡被打破的時候，最終必將使遠東面臨更大的壓力。到那時，將悔之晚矣。因此，形勢迫使我們不得不敦促我國政府儘快認清形勢，痛下決心。

這篇格外坦率的專題報告，其最為引人注目的地方，就是"二十一條"的由來，終於大白天下。仔細推敲一下構成黑龍會這份防禦同盟條約之基礎的 10 項條款，我們就能夠理解 1915 年春天北京發生的每一件事情。早在 1914 年 11 月，北京就普遍謠傳，日本在其外交檔案中有一份驚人的特殊材料，而這僅僅是它突然拋出的幾週之前的事情。比較黑龍會精心炮製的備忘錄和"二十一條"的原始文本，就會清楚地看出，這份遞交到加藤高明手裏的建議書，必定經過了外交篩子的反覆過濾，直到粗糲的沙子被徹底篩除，被賦予了一副無毒無害的外表為止。正是因為這個原因，這份防禦同盟條約最終以簡短的五"號"要求的面目出現，連同直接影響中國主權，貼着"急需品"的標籤的致命之物。這樣，日本的駐外公使們就能夠把他們熱誠懇切的擔保交給各駐在國的外交部：在日本想要得到的東西中，沒有甚麼東西與列強在中國的條約權利存在任何衝突。

從 1 月 18 日到 5 月 7 日（最後通牒截止的日子），整個事情被神秘的氣氛所包圍，這是因為，日本努力把陰謀翻譯成平常外交往來所使用的術語，不料竟發現，儘管經過"篩選"，其密謀的基調還是沒辦法篩掉，政治恐嚇也沒辦法徹底隱藏。

"備忘錄"的第一部分，表達了這樣的信念：破產，是北京政府遲早要撞上的一塊暗礁，而日本所必須抓住的機遇就是叛亂的爆發，從後來所發生的事情看也是非常有益的。更加微妙的是，最終的解決方案依然懸而未決，在整個一大堆的理由中，人們始終承認，沒有辦法知道最終需要的，究竟是說服還是武力。然而，武力一直在向日本招手，因為那是最簡的方案。而且，既然日本自封為四萬萬毫無發言權的人民的保護者，那麼，為了"把中國帶入一個繁榮的新紀元"，它的影響力也就會擺到平民百姓的一邊；那樣，中日兩國才能既在事實上也在名義上結成親密而重要的關係。

　　資助叛亂的目的，也得到了清楚的陳述，那就是要改中國的共和政體為君主立憲政體，而且，"它必須在所有細節上都和日本的君主立憲政體（而不是和別的政體）完全一致。"誰將成為新皇帝，則是一個懸而未決的問題。我們或許還記得，1912 年，當革命正如火如荼的時候，日本就曾秘密地試探英國，武力援助滿清是否可行，這個建議當即就被否決了。但是還有另外的事情，在這篇備忘錄中沒有事情會被忘記。俄國應特別安撫，英國應特別商議，附帶解釋了日本最近對長江鐵路的態度。擺脫了對外交政策的依賴，亦即擺脫了與他國相關的協議和條約的束縛，日本就可以實施自己的計劃，而不必擔心受到干擾。

　　接下來是這份卷宗中最後兩份文檔 —— 在必要的時間和地點，在中國資助和策劃叛亂的方法。

　　第一份文檔是革命黨與眾多日本商人之間的詳細協議。那些訓練有素的領導人將在黃河以南諸省派上用場，關於後果的問題是如此有條有理，以至於協議甚至詳細開列了每個參戰被殺的日本人將要支付多少賠償。協議宣稱，分別將在山東的膠州以及江蘇的海州提供武器和彈藥；協議的末尾聲稱，依據協議條款，第一筆 40 萬日元的現款已經支付完畢。第二份文檔是利益相關各方為創建一家特殊的 "貿易" 公司而簽訂的附加借款協議，這家公司頗有諷刺意味地命名為"歐亞貿易公司"，它把全中國礦山的優先開採權給了日本人，作為對一筆 250 萬日元借款的報答。

孫文與日本人之間簽訂的所謂秘密協議

　　為了維護遠東地區的和平，中日兩國有必要訂立攻防同盟，據此，凡遇有與任何他國開戰之情形，日本將提供軍事力量，而中國則負責經費。目前之中國政府與日本政府攜手合作幾無可能，而日本政府亦不願與前者合作。因此，關心遠東和平的日本政治家與商人，皆願意幫助中國重建。為了這一目的，雙方簽訂協議如下：

　　1、在起義啟動之前，寺尾、大倉、澤吉嘉祿等人將提供必需的資金、武器和兵力，但據此所供應的資金應當不超過150萬日元，來復槍不超過10支。

　　2、在起義發生之前，孫文將通過發行價值1000萬日元的債券而獲得一筆臨時借款。但此款必須以日後所佔領土上的所有動產做擔保（參見本協議第14款）。

　　3、由目前貸款所獲得之資金及將要提供之兵力，乃是用於黃河以南各省之行動，亦即：雲南、貴州、湖南、湖北、四川、江西、安徽、江蘇、浙江、福建、廣西和廣東。倘打算進犯黃河以北的華北各省，則澤吉嘉祿等人將參與革命黨人與此類行動有關之所有商討。

　　4、日本志願軍自入伍之日起，將遵照日本陸軍之規定發放軍餉。佔領一地之後，雙方將決定論功行賞及優恤烈屬之方式，採用中日兩國通行慣例中之最慷慨大方者。在死亡情況下，補償每位士兵至少1000日元以上。

5、無論革命軍駐紮何處，隨同出征之日本軍官皆有權建議行動是繼續還是停止。

6、在革命軍佔領一地並鞏固其防禦之後，一切工礦企業及鐵路建築等等，凡不涉及與其他外國列強所訂之條約者，將首先與日本人協同管理。

7、當中國新政府建立時，日本對中國的一切要求，新政府皆應視為既定及應遵守之條款，予以承認。

8、革命軍所聘請之日本軍官，其軍銜為上尉或更高者，將有限期續聘之特權，彼等亦有請求據此受聘之權利。

9、借款將分三期支付完畢。首期 40 萬日元，第二期若干日元，第三期若干日元。首期支付以後，預付此款的大倉將有權指定專人監督此款的支出。

10、日本人承諾，在日照和海州兩地（在山東和江蘇，膠州以南）提供所有武器和彈藥。

11、此借款之首期款項，至遲在本條約簽訂後的三日以內支付。

12、所有受聘之日本軍官和日本志願兵，皆有責任服從革命軍司令官之命令。

13、革命軍司令官有權將不服從命令之日本軍官和日本志願兵遣返日本，倘此決定得到隨革命軍之三名以上日本人同意，其舟車之費將不支付。

14、已佔領土之所有軍需部門，必須聘請日本專家聯合管理。

15、本協議經雙方簽訂後立即生效。

　　上述15項條款經雙方多次討論，並於今年2月正式簽訂。根據本協議條款，首期借款40萬日元已經支付。

　　由甲方張耀卿等人所代表的革命黨與乙方川崎正藏所簽訂的借款條約：

　　1、歐亞貿易公司承諾籌集50萬日元借款。在本條約由締約雙方簽字生效後，日本中央銀行將面交借款的十分之三作為首期款。當張耀卿等人達到適當之目標後，再行支付15萬日元作為二期借款。當最終安排達成後，再行支付第三期亦即最後一期款項20萬日元。

　　2、當該款付訖，歐亞貿易公司將制定監督人，在該款被支取之前，分別代表締約雙方簽署印鑒（於支票上）。

　　3、歐亞貿易公司將得到志願兵150人，惟日本陸軍退役軍官方可充任。

　　4、日本志願兵離日之時，其旅行費用及私人物品由本人承擔。到達中國後，張耀卿等人將按照日本陸軍所制訂之規則，依其軍銜等級支付薪酬。

　　5、倘志願兵在履行職責時受傷，張耀卿等人將支付其不超過1000日元的臨時補償。當傷勢嚴重時，將依照日本陸軍之標準支付臨時補償5000日元作為養老金。倘志願兵遭遇意外事故，並因此喪命，將支付其家屬5萬日元補償金。

　　6、倘志願兵不具備履行職責之資格，張耀卿等人有權將其解職。所有志願兵皆服從張耀卿等人的命令，在戰場上聽其調遣。

7、當需要志願兵進攻某地時，他們有責任這樣去做。但其所需費用，當由締約雙方調查現實情形後預先確定。

8、志願兵部隊將仿照日本陸軍模式進行組織。聘用兩名歐亞貿易公司所推薦之日本軍官。

9、歐亞貿易公司有權處置被志願兵部隊所佔領地方之公共財產。

10、對由志願兵部隊所佔領並保護地方之礦山，歐亞貿易公司有開採之優先權。

這批特殊的文獻收藏到此為止。它們到底是半真半假（僅僅是"試行"草案），抑或是真的已經簽訂、蓋印並生效了呢？這一點似乎並不重要。重要的是這樣一個確鑿無疑的事實：它們以我們已經描述過的方式，拼裝並呈現了一幅完整而醒目的圖畫，使我們看到了普通日本人的目標和野心，以及他們是如何渴望推動本國去進攻奄奄一息的中國，以獲得中國的"封地"。

第八章
楊度的小冊子

　　當日本通牒的內容以及它已經被接受的消息大白天下的時候，一場憤怒的風暴迅速席捲全國，但於事無補。中國人一直是個多愁善感的民族，慣於用柔弱的言辭回應他們無法忍受的行動，但面對這一次所遭受的如此嚴重的外交恥辱，卻大聲地發出了他們的吶喊。所有人都宣稱：決不會忘記這個帶給他們奇恥大辱的日子，日本人必將為他們的勒索政策付出慘重的代價。

　　有兩場轟轟烈烈的運動同時開展。其一是募集所謂"救國基金"，這筆錢，準備以政府同意的任何方式用於增強國力；另一場，是抵制日貨。兩場運動很快就達到了難以對付的程度，整個民族都對這兩者的觀點抱有深切而強烈的興趣。倘若袁世凱真正富有政治洞察力的話，那麼毫無疑問，他就可以通過響應這樣的民族呼聲，從而不費力氣地最終攀上其政治野心的至高頂點，並把烙在自己名字上的每一個黑色污點擦得乾乾淨淨。

但面對這樣的局勢，他又做了些甚麼呢？他的所作所為，可以說構成了現代史上最不可思議的可恥篇章。

在前面談到二十一條的由來的時候，我們已經討論過日本代表在向他面交那份臭名昭著的"備忘錄"的時候所正式作出的暗示。日本人簡單明確地告訴袁世凱，既然他已經是全體中國人民的獨裁者，要想讓他的"皇位"在實際上得以公開而穩固的確立，惟一要做的，就是認可這樣的原則：讓日本人指導他的政府管理。袁世凱回想起朝鮮外交令人痛心的前車之鑒，同時也看出了這一建議純粹是個陷阱，在顯而易見的驚慌失措中，他打起了退堂鼓。然而日本人說的那些話卻在他心底裏扎下了根，揮之不去。原因倒也簡單，從 1913 年 11 月 4 日解散國會直到現在，袁世凱的家庭內部談話就一直有一個日常主題，那就是，有必要藉助某些比武力更持久的手段，"鞏固"他的位置。正如這個誤入歧途的傢伙所認識到的那樣，困難就在於，如何憑藉一招無與倫比的巧計，既能從日本人的建議中得到好處，同時又把日本人置於困境。

袁世凱的大公子，是這一家庭密謀的領導者。據說，此人囫圇吞棗地吸收了他的外國老師所傳授的每一種理論，卻一直沒有能力一顯身手。作為革命期間一次暗殺行動的受害者，袁大公子多年來一直處於半癱瘓狀態。但對這次無妄之災的念念不忘，只不過進一步堅定了他繼承父業的決心。他對關於拿破崙的文學作品爛熟於心，也完全清楚一位大膽的領袖在千鈞一髮的危機時刻能夠走多遠，他每天向父親鼓吹：一旦梨子成熟，就必須馬上採摘。而他的老父親，在治國方面比這位年輕的夢想家更老練、更謹慎，對兒子的這一想法，如果付諸實施的時機尚不成熟，他就會故意地予以拒絕。然而到最後，他終於被說服了，放手讓那幫君主政體鼓吹者自由行動，這正是他們一直所懇求的。在中國，只要外國利益不會受到損害，幾乎所有爭論都能在戰爭的幌子之下達成一致，這極大地幫助這個決定的作出。

根據這個決定，1 月 18 日之後不久，袁世凱的嘍囉們開始就以君主立憲取代有名無實的共和政體的可行性，試探輿論領袖們的態度。因此，在對日談判的整個曲折過程當中，人們本指望袁世凱把他的全部注意力投入在這件事情上，以挽救岌岌可危的祖國，但他卻以一種典型的方式，一直幫助自己的心腹黨羽向北京的官員灌輸這樣的觀念：要拯救國家，其賴依靠的，更多的是在一個改良的基礎之上重建古老的帝國，而不是擊退日本人的進攻。他深信，如果能夠找到一些具有全國聲望的學者，來公開支持這些觀點，並以他們的說服力和那種被視為"絕對律令"似的權威，來極力主張這些觀點，那麼，這場遊戲也就差不多勝券在握了。西方列強在歐洲戰場上陷入得太深，無暇對遠東給予太多關注。有一個人，能夠以袁世凱所希望方式產生那樣的效果，這個人，就是才華橫溢的改革家梁啟超。然而，從 1898 年直到現在，他一直固執地拒絕參與這樣的工作，而且，還沒等到捲入這場陰謀，他就辭去了在政府的職位，退隱到了天津，在那裏，他注定又要扮演一個引人注目的角色。

這一障礙，使得公共宣傳延緩了下來，雖然耽擱的時間並不長。不得已退而求其次，袁世凱如今只好求助於一位學者，他就是楊度。此人曾經是他在前清參議院中的一位秘密代理人，當年，正是他在參議院的連續呼籲，迫使清廷重新召起袁世凱，力挽辛亥革命所掀起的狂瀾。經過非常短暫的討論之後，一切安排就緒。在這位前參議員的身上，那幫新帝制主義者總算找到了他們的吹鼓手。

眼下，事情的進展已經足夠快了。在日本發出最後通牒的幾週之後，一個被稱為“籌安會”的社會組織，便以典型的東方方式宣告成立，還在各省設立了數不清的分會。為了招徠信徒，大把的鈔票像流水一樣花了出去。當他們認為時機已經成熟的時候，楊度便出版了他那本如今已經“名滿天下”的小冊子（按：《君憲救國論》），廣為散佈，在8月份那些無所事事的夏日裏，幾乎人手一冊。這份文檔，部分吸收了現代世界的事實，但依然徹底保留了其反動性和邏輯混亂，它作為典型中國智慧的工作方式的一個生動例證是如此顯著，以至於我們不得不予以特別的關注。其表達方式，是兩人論辯的形式——其一方為質詢者，另一方是解釋者。它包含了理解古老中國智慧的所有基本元素，這些至今尚沒有被完全摧毀。從文學的立場看，它也同樣頗有價值，因為它是如此質樸。雖然它牽涉的是一個像中國這樣的遙遠地區，但它對現代政治理念的處理是如此古怪，它對學科研究的回擊又是如此尖銳。

然而，這本小冊子的重要性，並不是一時半會兒就能夠被人們普遍理解。作為一件用於公共宣傳的革命武器，它是如此違背北京政府的古老先例，以至於人們的意識一下子轉不過彎來。不過，人們很快就知道了，"籌安會"居然就坐落在皇城之內，也知道了它與總統府之間的日常關係；數不清的譴責抗議書雪片似地飛來，北京的檢察長為了回應這些指責，正打算對小冊子的作者、出版者和"籌安會"提出指控，但忽然因生命受到威脅而被迫離開了北京。到這時，這份文獻的"面值"才被人們所承認。中國人雖然尚抱有一絲絲懷疑，但他們最終還是認識到了，袁世凱已經誤入歧途，正在走向了公開稱帝的危險邊緣。從 1915 年 8 月的那些日子起，直到次年的 6 月 6 日命運之神開始嚴厲的報復為止，這段時間，北京城連續上演了一幕幕令人歎為觀止的情節劇。這就好比那些古老的城牆，曾經冷眼俯視過那麼多真實的戲劇，如今決定投身一場虛幻喜劇的演出。自始至終，帝制運動就有幾分似夢似幻，可能就是某部規模宏大的圖畫劇中的場景。它演得那麼一絲不苟，滿心希望人們信以為真，歡呼喝彩，並且稱這位獨裁者為"皇上"。不過在眼下，我們還是先來看看楊度的論辯吧，看看一個中國人如何描繪其國家的形勢。

君憲救國論

　　客有問於虎公曰：民國成立，迄今四年，賴大總統之力，削平內亂，捍禦外侮，國以安寧，民以蘇息。自茲以往，整理內政，十年或二十年，中國或可以謀富謀強，與列強並立於世界乎？

虎公曰：唯唯，否否，不然！由今之道，不思所以改弦而更張之，欲為強國無望也，欲為富國無望也，欲為立憲國，亦無望也，終歸於亡國而已矣！

客曰：何以故？

虎公口：此共和之弊也！中國國民好名而不務實，辛亥之役，必欲逼成共和，中國自此無救亡之策矣！

客曰：何謂強國無望？

虎公曰：共和國民習於平等白由之說，影響於一切政治，而以軍事為最重。軍事教育，絕對服從，極重階級。德意志、日本之軍隊，節制謹嚴，故能稱雄於世；而法、美等國則不然，能富而不能強。此無他，一為君主，一為共和故也。法、美既然，他共和國更不必論。故共和必無強國，已成世界之通例。然法、美有國民教育，尚有對於國家之義務心，可以維持而統一之，故對外雖不能強，對內猶不為亂。若中國人民，程度甚低，當君主時代，當兵者之常語曰：“食皇家餉，為皇家出力耳。”今忽去有形之皇室，代以無形之國家，彼不知國家為何物，無可指實，以維繫其心。其所恃為維繫者，統馭者之感情與威力，有以羈制之而已。此其為力，固已至弱，況又有自由平等之說，浸潤灌輸，以搖撼此羈制之力，時時防其渙散潰決。於是羈馭之術，愈益困苦。從前南方軍隊，大將聽命於偏裨，偏裨聽命於士卒，遇事有以會議公決行之者，識者目為共和兵。北方軍隊，雖無此弊，然欲其絕對服從，聞令即行，不辭艱遠，亦不能也。故民國之兵，求其不為內亂足矣；不為內亂，而且能平內亂，蔑以加矣，尚何對外稱強之足言乎？彼俄、日二國者，君主國也，強國也。我以一共和國處此兩大之間，左右皆敵，兵力又復如此，一遇外交談判，絕無絲毫後援，欲國不亡，不可得也。故曰，強國無望也。

客曰：何謂富國無望？

虎公曰：法、美皆富，獨謂中國不能，人不信也。然法、美所以致富者，其休養生息數十百年，無外侮內亂以擾之耳。富國之道，全恃實業，實業所最懼者，莫如軍事之擾亂，金融稍一挫傷，即非數年所能恢復。我國二年以來，各方面之秩序，略復舊觀，惟實業現象，求如前清末年十分之五而不可得。蓋無力者已遭損失，無術再興，有力者懼其復亂，不敢輕試。以二次革命之例推之，此後國中競爭大總統之戰亂，必致數年一次。戰亂愈多，工商愈困，實業不振，富從何來？墨西哥亦共和國也，變亂頻仍，未聞能富。蓋其程度與中國同，皆非法、美可比。故曰，富國無望也。

客曰：何謂欲為立憲國無望？

虎公曰：共和政治，必須多數人民有普通之常德、常識，於是以人民為主體。而所謂大總統行政官者，乃人民所付托以治公共事業之機關耳。今日舉甲，明日舉乙，皆無不可，所變者治國之政策耳，無所謂安危治亂問題也。中國程度何能言此？多數人民不知共和為何物，亦不知所謂法律以及自由平等諸說為何義。驟與專制君主相離而入於共和，則以為此後無人能制我者，我但任意行之可也。其梟傑者則以為人人可為大總統，即我亦應享此權利，選舉不可得，則舉兵以爭之耳，二次革命其明證也。加以君主乍去，中央威信遠不如前，遍地散沙，不可收拾。無論誰為元首，欲求統一行政，國內治安，除用專制，別無他策。故共和伊始，凡昔日主張立憲者，無不反而主張專制。今總統制實行矣，雖有《約法》及各會議機關，似亦近於立憲，然而立憲者其形式，專制者其精神也。議者或又病其不能完全立憲，不知近四年中，設非政府採用專制精神，則國中求一日之安，不可得也。故一言以蔽之曰：中國之共和，非專制不能治也。變詞言之，即曰：中國之共和，非立憲所能治也。因立憲不足以治共和，故共和決不能成立憲。蓋立憲者，國家百年之大計，欲求教育、實業、軍事等各事之發達，道固無逾於此。然其效非倉卒所可期，至速之期，亦必十年、二十年，行之逾久，效力逾大，歐洲各國之強盛，皆以此也。然觀今日之中國，舉國之人，人人皆知大亂在後，不敢思索將來之事，得日過日，以求苟安，為官吏者，人懷五日京兆之心，謹慎之人，循例供職，不求有功，但求無過；其貪狡者，狗偷鼠竊，以裕私囊，圖為他日避亂租界之計。文人政客，間發高論，詆毀時流，而其心則正與若輩相同，己無所得，遂有忮求之心，非真志士也。為元首者，任期不過數年，久者不過連任，最久不過終身。將來繼任者何人乎？其人以何方法而取此地位乎？與彼競爭者若干人，彼能安於其位否乎？其對國家之政策，與我為異為同，能繼續不變乎？一概無從預測。以如此之時勢，即令元首為蓋世英才，欲為國家立百年大計，確定立憲政治，然俯視當前，則泄泄沓沓，誰與贊裏？後顧將來，則渺渺茫茫，誰為繼續？所謂百年大計，又烏從樹立耶？故不得已退而求維持現狀之法，用人行政，一切皆以此旨行之，但使對內不至及身而亂，對外不至及身而亡，已為中國之賢大總統矣。即令醉心憲政者，處其地位，恐亦同此心理，同此手法，無術更進一步也。故昔之立憲黨人，今皆沉默無言，不為要求憲政之舉，蓋亦知以立憲救共和，究非根本解決之計。無計可施，惟有委心任運，聽國勢之浮沉而已。當有賢大總統之時，而舉國上下，全是苟安心理，即已如此，設一日元首非賢，則並維持現狀而不能，且並保全一己之地位而不能，惟有分崩離析，將前此慘淡經營之成績，一舉而掃蕩無遺，以終歸於亡國一途而已矣，尚何百年大計之足論乎？故曰：欲為立憲國無望也。

客曰：如子所言，強國無望，富國無望，欲為立憲國亦無望，誠哉，除亡國無他途矣！然豈遂無救亡之術乎？

虎公曰：平言之，則富強立憲之無望，皆由於共和；申言之，則富強無望，由於立憲無望，立憲無望，由於共和！今欲救亡，先去共和！何以故？蓋欲求富強，先求立憲，欲求立憲，先求君主故也。

客曰：何謂欲求富強，先求立憲？

虎公曰：富強者，國家之目的也；立憲者，達此目的之方法也。不用立憲之方法以謀富強，古之英主，固亦有之，如漢武，唐太之儔是也。然而人存則政舉，人亡則政息。中國數千年中，豈無聖帝明王，然其治績武功，今日安在哉？

各國古代歷史，亦豈無特出之英豪，成一時之偉業，然其不忽焉而滅者，又有幾人也？惟其有人亡政息之弊，不能使一富不可復貧，一強不可復弱，故自一時論之，雖覺小有興衰，而自其立國之始終論之，實為永不進步。歐洲各國立國之久，雖不及我中國，然亦皆千年或數百年。前此並未聞西方有許多強國者，何也？其時彼未立憲，不能為繼續之強盛也。日本與我鄰者二千年，前此亦未聞如許之強盛者，何也？其時彼亦未立憲，不能為繼續之強盛也。惟一至近年，忽有立憲政體之發明。歐洲列國行之，而列國大盛；日本行之，而日本大盛。我中國所猝遇而輒敗者，皆富強之國也，又皆立憲之國也，豈不怪哉！然而不足怪也，不立憲而欲其國之富與強，固不可得；既立憲而欲其國之不富不強，亦不可得也。此言雖奇，理實至常。蓋國家所最痛且最危險者，莫如人存政舉，人亡政息。惟有憲政一立，則人存政舉，人亡而政亦舉；有前進，無後退，有由貧而富，由富而愈富，斷無由富而反貧者也；有由弱而強，由強而愈強，斷無由強而反弱者也。人亡而政不息，其效果必至於此。今之德皇非威廉第一，德相非畢士麻克（按：指俾斯麥）也，而德不因人亡而政息，乃反日盛者，憲政為之也。今之日皇非明治天皇，日相非伊藤博文、桂太郎也，而日不因人亡而政息，乃反日盛者，憲政為之也。由此言之，憲政功用之奇而且大，可以了然矣。蓋立憲者，國家有一定之法制，自元首以及國人，皆不能為法律以外之行動。人事有變，而法制不變。賢者不能逾法律而為善，不肖者亦不能逾法律而為惡。國家有此一定之法制以為之主體，則政府永遠有善政而無惡政，病民者日見其少，利民者日見其多。國中一切事業，皆得自然發達，逐年遞進，循此以至於無窮，欲國之不富不強，烏可得乎？故人莫不羨富強，而在立憲國則富強實為易事，此非大言而實至理也。雖然，富強甚易，立憲甚難，謀國者難莫難於立憲之初，易莫易於立憲之後。初立憲時，官吏狃於故習，士民憚於更張，阻力至多，進行至苦，譬之火車擱之於軌道之外，欲其移轉尺寸，用力至多，費時至久，或仍無效；及幸而推入軌道，則機輪一轉，瞬息千里矣。我國人無慮富強之難也，惟慮立憲之難巳耳。立憲之後，自然富強，故曰：欲求富強，先求立憲者此也。

客曰：何謂欲求立憲，先求君主？

虎公曰：法、美皆為共和，亦復皆行憲政，則於中國共和國體之下，實行憲政，胡不可者？而必謂改為君主乃能立憲，此說無乃不經？然試問法、美人民有舉兵以爭大總統之事乎？人人知其無也。又試問何以彼無而我有乎？此人民程度不及法、美之明證也。惟其如此，故非如今日專制之共和，無術可以定亂。夫憲政者，求治之具也。乃中國將來競爭大總統之戰亂，不知已於何時？後來之事，思之膽寒，方備亂之不遑，而何有於致治？故非先除此競爭元首之弊，國家永無安寧之日。計惟有易大總統為君主，使一國元首，立於絕對不可競爭之地位，庶幾足以止亂。孟子言定戰國之亂曰：‘定於一’。予言定中國之亂亦曰：‘定於一’。彼所謂一者，列國並為一統；予所謂一者，元首有一定之人也。

元首有一定之人，則國內更無競爭之餘地，國本既立，人心乃安。撥亂之後，始言致治，然後立憲乃可得言也。世必有疑改為君主之後，未必遂成立憲者。予以為不改君主則已，一改君主，勢必迫成立憲。共和之世，人人盡懷苟安，知立憲亦不能免將來之大亂，故亦放任而不為謀。改為君主以後，全國人民又思望治，要求立憲之聲，必將群起。在上者亦知所處地位，不與共和元首相同，且其君位非由帝制遞禪而來，乃由共和變易而成者，非將憲政實行，先以為收拾人心之具，亦不能不應人民之要求也。且既以君主為國本，舉國上下，必思安定國本之法，則除立憲又無他術。在上者為子孫萬年之計，必圖措之至安。若用人行政，猶恃獨裁，斯皇室易為怨府，其道至危。欲求上安皇室，下慰民情之計，皆必以憲政為歸。故自此面言之，非君主不能發生憲政；自彼面言之，又非憲政不能維持君主也。若謂立憲之制，君主不負責任，必非開創英主所能甘，是則終無立憲之望。不知凡為英主，必其眼光至遠，魄力至大，自知以專制之主，而樹功德於民，無論若何豐功偉烈，終有人亡政息之日；不如確立憲政，使人存政舉者，人亡而政亦舉，所造於國家較大也。威廉第一、明治天皇，乃德、日二國之開創英主也。二國今日之富強，人人知為二君之賜，然二君之有大功於國家，為世界之聖君者，並非因其謀富謀強，乃因其能立憲也。以二君之英特，即不立憲，亦未必不可稱雄於一時，然欲其身後之德意志、日本仍能強盛如故，此則決不可得之數矣。故二君之功，非人存政舉之功，乃人亡而政亦舉之功；

二國之富強，乃其立憲自然之結果。若僅以富強為二君之功，是猶論其細而遺其大，論其末而遺其本也。夫以專制行專制，適以病國；以專制行立憲，乃以利國，所謂事半而勸倍者也。德、日二君，其初亦專制君主也，不負責任，亦非所甘也。乃彼即以創立憲政為其責任，挾專制之權，以推行憲政，故其憲政之確立至速，其國家之進步至猛，非僅其高識毅力以必成憲政為歸，且亦善利用其專制權力，有以迫促憲政之速成也。故以專制之權，成立憲之業，乃聖君英辟建立大功之極好機會。中國數千年來，政體皆為專制，以致積弱至此，設於此時有英主出，確立憲政，以與世界各國爭衡，實空前絕後之大事業，中國之威廉第一、明治天皇也。予不云乎：難莫難於立憲之初，易莫易於立憲之後。創憲政者，加以人力扛火車，使入於軌道，其事至難。守憲政者，如以機器驅火車，使行於軌道，其事較易。故非蓋世英主，不能手創憲政。各國君主不知凡幾，而威廉第一、明治天皇二人獨傳，可見守憲政之君主易得，創憲政之君上難得也。然即有雄才而非處於君主之地位，亦不足以望也。故曰：欲求憲政，先求君主者此也。

　　客曰：子言備矣，能簡括其意以相示乎？

　　虎公曰：非立憲不足以救國家，非君主不足以成立憲。立定則有一定法制，君主則有一定之元首，皆所謂"定於一"也。救亡之策，富強之本，皆在此矣。

　　客曰：子言以君主立憲救國，其理誠韙矣。然今日中國改易君主與仍舊共和，兩相比較，實有事實利害問題，並有與此關連之諸問題，為子言所未及者，願一一貢其所疑，以求解釋可乎？

虎公曰：可，願聞其説。

客曰：子言中國將來必有競爭大總統之戰亂，在何時乎？

虎公曰：今中國四萬萬人賴以生存托命者，惟大總統一人；各國所倚以維持亞東和平及其均勢之局者，亦惟大總統一人。以一人繫一國之安危及各邦之動靜者，無如此時；則國家命運至危極險，亦無如此時。以四萬萬人之福，得大總統壽考康寧，則其在位一日，中國必可苟安一日，此可斷言者也。假使大總統身有不豫，一二旬不能視事，斯時海內震動，亂象已成，金融恐慌，商賈停市，各地人民紛紛逃竄，各方軍隊紛紛動搖，各國兵艦佈滿海口，歐美報紙，一日數電，舉國戒嚴，風雲滿天下矣。其所以致此紛擾者，則以無一定嗣位之人故也。

從這部冗長而奇特的小冊子的第一部分，我們可以看出作者是如何展開他的論點的。他的一個主要前提就是："共和兵"天生就無法無天 —— 共和軍與君主國的武裝力量完全不可同日而語，因此對一個好政府而言，它只能構成永久的威脅。由此展開，他得出了一個命題：只要內戰的恐懼一直存在，中國就不可能有成為富國的希望；而且，如果沒有徹底的普及教育，共和政體是不可能實現的。在這樣的情勢下，皇權的行使，只能是一個必然的結果，也是一個應該瞄準的目標，用專制統治取代憲政政府。作者用了很長的篇幅，來討論得出這一觀念的歷史背景，他利用普遍盛行的恐懼以增強其詭辯的力量。雖然他也支持憲政政府是惟一的解決方案，但他又趕緊指出：這樣的立憲，將更多地依賴於獨裁者的仁慈，而不是人民的行為。倘若不聽從他的忠告，當袁世凱的大限來臨，因為繼任問題的"不確定"，混亂也就隨之而來。

至此，討論達到高潮，拯救之道就在於立袁世凱為帝，這一訴求如今變得昭然若揭。好了，還是讓作者自圓其說吧。

客曰：現在《約法》所定，金匱所藏，將來於候補三人中選舉其一，元首一定，亂機或可稍泯乎？

虎公曰：未也。今中國之人，陳大總統外，若尚有一人焉，信望隆於全國，勢力市於全國，則海內人人皆知他日繼任之大總統，必此人也。即此一人，已足以維繫人心，不至於亂，一至彼時，一次投票，國已大定矣。無論《約法》定為何種，選舉結果皆同，自由選舉亦屬此人，而他人無望也。限制三人之選舉，亦屬此人，而作陪之二人無望也。《約法》所定，金匱所藏，議會所舉，皆其形式耳。今惟無此完全之人，故成一至窘之難題。《約法》所定辦法，亦此窘題所發生之文字耳。然試一詢立法者之意，何不定為自由投票，而必定為限制投票？答者必曰：本無一定適當之人，則幾於人人可舉，不以稍優者數人限制之，恐其舉一非宜之人，以害國家故也。又試一詢之：既限制矣，乃又並舉二人，若云稍存選舉著之自由，使有擇別之餘地乎？然既限制，已奪其自由矣。何為不限制一人，而限制三人也？答者必又曰：本無一資格最高之人，不得已於資格稍次者擇三人焉，以勉充其選。三人者資格又略相等，無從捨二而取一也。立法者之理由，雖有千言萬語，總之，實際理由僅有一焉，曰：無惟一適當之人是也。因無一人，故擬三人；名為三人，實無一人。夫人之資格勢力，果能統一全國，為繼任之大總統否，此事實問題，非法律所能解決者也。國中果有此人與否，尤為事實問題，非法律所能解決者也。今中國無適當之繼任大總統，乃事實上無可解決之問題，而欲以法律之空文勉強解決之，如之何而能有效也？將來此《約法》能否實行，及勉強實行時，其與彼時事實如何抵觸窒礙之處，非予所能預知。所能預知者，但決其無效而已矣。

　　客曰：然則彼時亂象究竟如何？中國前途又將如何？子能預測乎？

　　虎公曰：亂世以兵為先，無論何種德望學識，一至彼時，均不足為資格，惟有兵權乃為資格。然使兵力僅足迫壓議會之文士，而無統一全國軍事之勢力，則雖被選，仍無效也。諸將資格等夷，彼此不能相下，軍人、遊士又從而挑撥推排，以求他日之富貴，終必兵戎相見，相與角逐於中原。加以海外革黨乘之，依附清皇室之宗社一派亦乘之，凡有可以利用之資格者，無不有人擁戴，以為競爭之具。其為誰何，予不欲明指其姓氏也。屈指默計，必在十派以上。有非得大總統不可者，有己身不可必得，然決不願居誰某之下者。此聯彼抗，紛擾複雜。海內鼎沸，不可終日。有野心之外國，乃乘此時縱橫於各派之間，挑撥擁戴以助其亂，於是愈益擾攘不可收拾。各國又皆帶甲戒嚴，不肯讓一國之獨佔，遠東問題，亦有破壞各國和平之價值，其時中國之一片土，僅為本國人之戰場乎？抑兼為外國人之戰場乎？此不可知者也。其變亂狀況，或有不可思議，萬非今日所能料及者，亦不可知。然其結果不外二端：一曰各國瓜分，一曰各國代平內亂。瓜分固為亡國，不待言也；即代平內亂，亦為亡國，何也？他國代平內亂之後，必擇一可為朝鮮李王之人，立以為中國君主。其人為前清皇帝乎？前清皇族中之一乎？海外革命黨之魁乎？皆不可知，然皆不過傀儡。所有內政權、外交權、財權、兵權，一概掌於外人之手，所有路礦實業諸政，亦盡屬於他人，國家亦已亡矣。其所以必擇一可為朝鮮李王者，不僅他國取其便利於己，且非有心慕李王之人，與人預約，將舉國權利概以授諸外人，因以得外國之助力，先已無自取得君主之資格也。其辦法必以與人聯邦，外交全歸人辦，一以他國之名義行之，國際上已無中華國之名稱。以國家實際言之，則已全亡；以國家名義言之，已亡一半，亡其對外者，而存其對內者，以欺我愚昧之國民。此其第一步也。第二步必令此甘為李王者，於取得君位之後，全仿朝鮮辦法。與人立一合邦條約，將中國併入他人國內，並此君主而亦廢之。此人遷居他國，仍可授以爵位虛銜，彼時即令其人反抗，亦不能也，而況本欲犧牲一國以利一身者乎？至此則中國之名稱，即對於國中，亦已完全消滅，於是乃為斷送乾淨。此其第二步也。其所以必改共和為君主者，取其自即位之始，以至亡國之終，可以一人始終辦理，不必更易他人，其為亡國之機械，最為簡單便利，決不果共和制度以滋紛議世。此時本國人民，對於國家之存亡，以及共和、君主問題，並無發言之餘地，一聽客之所為。而向來號稱共和主義者，全反論調，謂非君主不可。蓋自辛亥以來，革黨之主共和，不過為撲滿地步，此後則視何者可攫權利即主張之。共和君主，救國亡國，皆無不可，本無所謂主義也。世之書生，優以為彼輩迷信共和，確有主義，真可謂大愚不靈者矣。故中國之共和，無論如何終必廢棄。我不自改，人必為我改之。不過由我自改，即我之所以自救；由人代改，即人之所以亡我。今人民對於國家，頗有任其自生自滅之態，則亦惟預備瓜分後，或李王賣國後，為他國之奴隸而已矣。

客曰：此言聞之，令人駭痛。子之欲改為君主者，亦欲避彼時之亂也。然大總統繼任之時，有此變亂，君主繼位之時，獨無此變亂乎？

虎公曰：是不可以相比也。彼時未必遂無謀亂之徒，然與共和之亂大異。蓋共和改造之時，國中本無定主，有野心者固乘機生心，即愛國之士，亦苦於無可維持，莫知所措。好亂者固倡亂，即不好亂者，亦不得不附亂。附亂即無所附，此亂象之所以大也。若改為君主，則有當然嗣位之人，其維繫人心不俟其即位之日。一日有變，愛國者孰不知此為國家危險之時，則所併力以圖之者，惟有擁嗣主以安然即位

之一策耳。大總統之名義有競爭，君主之名義無競爭。競爭
大總統，不為罪惡，競爭君主，乃為大逆，誰敢嘗試此者？
此即定於一之效也。共和改選之時，群起而爭大總統，所以
全體皆亂。君主嗣位之時，決無群起而爭君主之怪事，故亦
即無全體皆亂之怪事。即有亂者，不過反對君主之一部分人
耳。故繼任之大總統敵多，而嗣位之君主敵少，此其不同者
一也。反對君主者，如醉心共和之人，或利用共和名義以作
亂之人，此種人豈必嗣主即位時始有之，即初改君主時必已
有之；又豈必改君主時始有之，即今日為共和時代固已有
之。一旦國體變更，共和之旗幟必起。嗣主即位之初，彼輩
必以為最良機會，此不待言者也。然彼方之反抗力增加，此
方之抵禦力亦必增加。開國諸臣，其於皇室皆有利害共同之
勢。其精神奮發，團結必較今日有加。嗣主即位之初，功臣
舊人，分掌內外，勢力遍於朝野，其力足以擁衛舊主者，豈
不足以擁衛嗣主？小有變亂，不足平也。故繼任之大總統，
敵多而助少；繼位之君主，敵少而助多，此其不同者二也。
若慮元勳舊臣不能屈事嗣主，此亦必無之事。大總統之所以
有競爭者，因無一人資格勢力高出全國之上，彼此皆有比較
資格、比較勢力之心，故爭端因之以起。若嗣位之君主，無
須別有所謂資格勢力，即此血統關係，已無自發生他人比較
之心。當時將相，資格雖高，不能屈於他人者，獨可屈於嗣
主。舊時恩德，既起其感激報稱之忱。己身勳名，復增其利
害共同之念，則群以事舊主者事嗣主而已矣。此有一事可以
例之，前清左宗棠之平定回疆也，特劉松山為大將，獨統一

軍。劉松山沒，繼統無人，用其偏裨，則其餘不肯相下，分為數軍，則兵力必薄。劉錦棠為松山猶子[1]，一無戰績之少年也。左宗棠拔之，繼統其軍，一軍皆服。未必其聰明才力遂出諸將之上也，其天然資格，無人與之比較耳。故繼任之大總統，以有比較而起競爭，繼位之君，以無比較而免競爭。比較不生，自然歸一，此其不同者三也。第一次之守成，無以異乎開創，若無賢主嗣位，亦極危險。然予不云乎，君主欲立大功，無過於確立憲政，首開創者有然，半開創者亦然。而創立定政之難，莫如最初，行之漸久，事亦漸易。嗣主即位之始，如憲政即已確立也，則其功名事業，只得求之憲政之外，如戰勝敵國之類是也。如尚未確立也，則開創者行其最難，守成者行其次難，循其舊規，使之確定，亦為不世出之賢主矣。世界潮流，日趨於新，斷無由新反舊之理，即國中輿論之向背，終必操諸新人。開創之主，既以憲政收拾天下之人心。有嗣主之資格者，但令其平日之言論豐采，注意維新，則海內人民群已動色相慰，以為他日君臨天下，必能使吾儕始終為立憲國之國民，即此已足維繫人心，鞏固國本。一旦嗣位，薄海人士，一則追念舊恩，藉謀酬報；一則歡迎新澤，群起謳歌，天下所歸，尚何變亂之足慮乎。故繼任之大總統，仍須以專制弭一時之亂；繼位之君主，則能以立憲弭永久之亂。此其不同者四也。有此四者，故君主嗣位之時，決無如大總統繼任時之變亂也。

1　猶子，謂如同兒子。指姪子或姪女。

客曰：子言以君主立憲救國，於君主之利害既詳言之矣；至言立憲，則應研究之問題亦甚多。自前清末年以至民國，國中未嘗不行憲政，而弊端百出，為後世詬病者，其故何歟？

虎公曰：前清立憲之權，操於清室，然清室之所謂立憲，非立憲也，不過懸立憲之虛名，以召革命之實禍而已。前清光緒季年，皇室危機已著，排滿革命之言，充滿全國，及立憲黨崛起，發揮主義，實際進行。適大總統方掌軍機，知清室自救之方，無過於立憲者，即以此為其最大方針，隱然為全國立憲黨之魁，挾毅力以實行，雖僅有造端，而海內思望郅治。最初立憲黨之勢力，遠不及革命黨，及立憲有望，人心遂復思慕和平，冀此事之成立。革命黨之勢力，因此一落千丈。使清室真能立憲，則辛亥革命之事，可以斷其必無，蓋立憲則皇族政治無自發生故也。乃天禍中國，大總統之計劃未行而朝局已變，漳濱歸隱之後，立憲黨失主持之中堅，而與憲政極端反對之皇族政治已生。一面懸立憲之假名，為消極之對付；一面與皇族以實柄，為積極之進行；二者皆所以創造革命也。皇族怙權弄法，賄賂公行，凡其所為，無一不與憲政相反。人民請開國會，無效也；人民請廢皇族內閣，無效也。立憲黨政策不行，失信用於全國，於是革命黨代之而起，滔滔進行，所至無阻，當時識者早已知之。立憲黨由盛而衰，革命黨由衰而盛，即清皇室存亡之所由分也。果也，武昌一呼，全國響應，軍隊為其主力，而各省諮議局議員和之。議員中以立憲黨為多，至此亦不能不贊成革命矣！清室直至此時，始去皇族內閣，頒佈《十九信條》，亦既晚矣，不可及矣！故終清之世，並未成立憲法，更無憲政利弊之可言，僅設資政院、諮議局等以為之基，然以皇族所為，無異命之為革命之機關。西儒有言："假立憲，必成真革命"。清室乃欲以假立憲欺民，焉得而不顛仆？大總統當時奏對，即言"不立憲即革命，二者必居其一"，果哉此言，不求其中而竟中也！至今頑固之徒，或曾附和皇族之徒，有謂前清之亡亡於立憲者，是欲以皇族之罪加於立憲黨，立憲黨不任受也。故謂皇族不願立憲，致釀革命之禍，則可耳；謂立憲不便皇族，致釀革命之禍，則其理何自而通乎？故予謂清室所謂立憲，非立憲也，不過懸立憲之虛名，召革命之實禍而已。

客曰：清室之事則然矣。然民國元、二年中有《約法》、有內閣、有議會，似亦實行憲政，然國會之力萬能，政府動皆違法，叫囂紛擾，舉國騷然，此種憲政，設令長存，國家亦豈有不亡之理？今子猶談憲政，國人已覺聞此名詞而生戒懼，是亦不可以已乎？

虎公曰：民國立憲之權，操於民黨，民黨之所謂立憲，亦非立憲也，不過借立憲之手法，以達革命之目的而已。予於民國元、二年中，每遇革命黨人，與之論政，亦多謂非用專制不能統一者，是明知中國程度決不能行極端之民權，乃所議《約法》，輒與相反，是明知之而故違之也，果何故歟？且即以初次《約法》而論，其施行於南京政府時代者，尚在情理之中，因參議院將移北方，乃臨時加入內閣等制，及種種限制政府條文。及至後來，國會即據此以束縛政府之一切行動，又何故歟？豈真心醉共和，欲行程度極高之憲政乎？非也，不過欲以此削減政府之權力，使之不能統一全國，以為彼等革命之預備耳。合前後而觀之，自南京政府取消之日起，以至湖口起事之日止，一切行為，皆此目的耳。不知者謂此為彼等立憲之宗旨，其知者謂此為彼等革命之手法。人並未欲立憲，而但欲革命，而我乃以立憲誣之，並以此誣憲政，不亦冤乎！若云裏面雖為革命手法，表面仍為立憲宗旨，究竟不能不謂為立憲，且不能不謂立憲之足以釀亂；不知此又非立憲之咎，而共和之咎也。設非共和，何能藉口民權，定成此種《約法》；又何能以一國《約法》，全由民黨任意而成？更何能即借《約法》以預備革命，為競爭大總統之地乎？議者不咎根本之共和，而咎枝葉之憲政，是不知本之論也。予嘗謂中國之共和，非專制不可，由此以談，尚何憲法、約法之足言乎？議初次《約法》者，亦非不知此義，不過知之而故為之耳。故予謂民黨所謂立憲，亦非立憲也，不過藉立憲之手法，以達革命之目的而已，其功用與清室之立憲正同，所異者清室為他人預備革自己之命，民黨自己預備革他人之命而已。

客曰：然則子所謂立憲，不與前清及民國同乎？

虎公曰：然。予以為他日之君主立憲，有二要義焉：一曰正當，所以矯民國之弊也；二曰誠實，所以矯前清之弊也。

客曰：所謂正當者何也？

虎公曰：民國初次《約法》，即使民黨非為革命預備，而以理想定此，亦不可以實行。故將來改為君主，所宜取法者，惟世界各君主國耳。以世界君主國憲政派別而論，可以為代表者有三：一曰英國，二曰普魯士國，三曰日本國。英國為世界立憲之母國，憲政基礎，立之將近千年，人民程度至高，世界無與為比。國會成立，其年至遠，無論何等重大事件，皆隨時由國會以普通法律定之，故至今無特別憲法，且有並無法律而以習慣行之者。故學者謂英之憲法為不成文憲法。國會權力，幾於萬能。君主特一虛名之代表，名為君主，實則共和，以虛君共和之名詞施之，實為至安。國為君主，而憲法全由國會議成，此世界所無者也。至於普魯士，則因人民革命以求立憲，君主乃召集議會，提出憲法草案，使議決之，故其憲法之成，成於君主與國會，民權遠不及英矣。至於日本，則為欽定憲法，未經國會承認，據憲法以開國會，民權更不及普矣。以中國程度而論，決不能取法英國，非僅我國為然，世界君主國，未有敢效英者也。我國改為君主以後，其憲法宜取法普、日之間。日本君主，二千餘年一姓相承，故稱萬世一系皇室，歷史甲於全球；且其立憲之成，半由於人民之要求，半由於皇室之遠識，故能以欽定憲法行之，此非他國君主所能仿效者。中國承革命共和之後，民智大開，過於當時之日本；而君上之資格又不及其久遠，若用欽定之法，未必能厭人民之心。故宜採普魯士之法，略變通之，由君主提出，由議會承認議決，成立憲法之手續，以此為最適宜。至於憲法之內容，如緊急命令權、非常財政處分僅之類，則可採法日本。君主既有大權，又無蔑視民權之弊，施之今日中國，實為至宜。故予欲捨英國而取普、日之間，蓋以此為最正當也。

客曰：將來憲法之內容，可以預議乎？

虎公曰：其詳未可驟論。普、日憲法具在，亦更無容縷述。一言以蔽之，不僅非民國初次《約法》，且非前清《十九信條》而已。夫人民權利、國會權限等普通條件，為各國所同有，當然載入中國憲法者，皆不必論。惟略取其當論者論之。以民國初次《約法》而論，參議院之權甚重，而大總統之權甚輕，內閣更無論矣。大總統除接受外國大使、公使並頒給勳章榮典外，幾無事不須參議院之同意，如宣戰、媾和、締結條約、制定官制官規之類是也。最奇者，任命國務員及外交大使、公使，亦須同意。此雖法、美及英皆所不及，斷非將來君主憲法所能採用者也。以前清《十九信條》而論，宜非共和《約法》之比矣。然清室當可用立憲以弭革命之時，則吝不肯與；及革命既起，又急無所擇，將不必與不可與之權利而並與之，如憲法起草由資政院，憲法改正屬於國會，總理大臣由國會公舉，海、陸軍之對內使用，應依國會議決之特別條件，此外不得調遣，國際條約經國會議決追認，官制官規以法律定之之類皆是也。其程度殆已追及英國，且又過之。此本為資政院所要求，不過彼時國民革命心理之表證。凡此等類，皆未能行於今日之中國，亦非將來君主憲法所能採用者也。民國初次《約法》及前清《十九信條》，其內容既多不能採用，則所採用者乃以普魯士、日本兩憲法合參而酌取之，以求合於我國程度。而成立憲法之手續，則取法普魯士而略變通之，以求合於我國時勢。蓋憲政但能實行，即程度稍低，亦可為富強之國，普、日即以此種憲法而強，是其明證，無取乎高談法理也。中國能如普、日，亦已足矣，此予之所謂正當也。

客曰：子所謂正當即聞之矣，所謂誠實者何也？

虎公曰：治國所最忌者，莫如欺民。人民分之則愚，合之則智，不可以欺者也。前清不肯以權利與民，而又不敢不言立憲，故以假立憲欺之，遂遭革命之禍。前車之鑒，至為顯然。蓋中國此時人民程度本不甚高，與以適宜之權利，並不至遂嫌其少；惟行之以欺，則必失敗。他日君主立憲，人民之權利，國會之權限，所得幾何，非今日所能預定。然有一至要之言曰：寧可少與，不可欺民。蓋人民他日若嫌權利之少，不過進而要求加多。政府察其程度果進，不妨稍增與之，免成反抗之禍。若以為尚未可與，則亦必以正當理由宣告國中。苟能誠心為國家計，斷無不為人民所諒者。故少與權利，尚不足為禍害。若夫視作具文，並無實行之意，則人民以為欺己，即怨毒之所由生，無論以何種敷衍之手法及強大之壓力濟之，終必潰裂。故誠實為立憲最要之義。誠實之法亦甚簡平，即如議決法律、議決預算，乃國會必有之權，既令其議決矣。若又行政自行政，法律自法律，財政自財政，預算自預算，彼此不顧，兩不相關，此萬萬不可者也。苟因所議法律、預算本多理想，難於實行，則莫如說明窒礙之理由，令其復議，甚至解散議會，再召集而議決之，皆無不可。若視為無關事實，任其議多議少，是則有蔑視議會之心，斷不可也。若曰各國本有實行法律、預算之道，中國本無實行法律、預算之道，則萬萬無此情理。各國立憲之初，亦不知經幾何波折，而後終竟實行。故能行與否，視有誠心實力貫之否耳。法律、預算其一端也，政府命令亦其一端也。此外各事，大皆類此。總求議會所決，政府所頒，有一字即有一字之效力，乃為憲政實行。然此事言之甚易，行之甚難。故予謂難莫難於立憲之初，即指此類而言。然欲樹憲政，終非經過此途，不能到達，若畏難而中阻，必致革命之渦，人民雖愚，終不可欺。故曰：寧可少與，不可欺民。此予之所謂誠實者也。

客曰：正當則國安，誠實則民信，前清與民國之弊，皆可掃除矣。以此而行君主立憲，中國之福也，予雖愚蒙，敢不從教。

於是虎公之言既竟，客乃欣然而退。

至此，小冊子的作者戛然而止。在令人作嘔地討論完所有現行制度安排的弊端之後（甚至包括袁世凱自己為確保總統職位的和平繼任而做出的那些制度安排），在再次強調軍人不可能不扮演的邪惡角色之後，他又提出了一個新的危險：如果中國不能解決自身的問題，外國列強毫無疑問會扶植一個傀儡皇帝，朝鮮的案例，被拿來作為樣板。在整個論辯中，大家耳熟能詳的日本的威脅以及朝鮮的先例，被賦予了首要的位置，其次才是確保最高職位的和平繼任。直言不諱的風格顯而易見，按照這種風格，共和國頭三年的歷史，為了得出這些論點，而被操控。通過最終的提議（新皇帝治下的立憲政府必須是普魯士和日本制度的混合），一頂量身定做的皇冠使整個事情塵埃落定。楊度最後的話是：待民誠實。

　　在人們所能寫下的對袁世凱政權的指控當中，沒有比這更像是罵人的話了。

第九章

古德諾博士的備忘錄

　　這份匠心獨運的小冊子，雖然很快就被中國人當作一份山雨欲來的半官方預告而接受了，但對於發動一場必須得到外國輿論善意認可的運動來說，僅有這個還不夠。中國的小冊子作者已經處理了此事的情感方面，現在必須做的是，以一篇東西方政治家都能理解的呼籲書，來增強其論點的力度。依然假裝置身事外的袁世凱，把自己的注意力集中在了這一本質問題上。因為，正如我們已再三指出的那樣，在他所有的計劃中，他完全懂得外國支持的最高價值——由於對外國鈔票的依賴，這樣的支持，被公眾賦予了過高的價值。因此，似乎更加令人難以置信，袁世凱如今竟十分天真地徵求他的首席法律顧問古德諾博士的意見。古德諾是個美國人，在卡耐基協會理事會的撮合下，作為行政法學的最高權威而被委以重任。

　　即便在這件最嚴肅的事情上，也不乏喜劇的元素。在特別安排之下，古德諾博士在最佳的時刻回到了北京。他在沉悶乏味中無所事事地空等了幾個月之後，總算在 1914 年獲准回到美國，就任一所美國大學的校長，條件是他必須在需要的時候（為袁世凱政府）提供一些法律方面的"建議"。暑假使得他有機會以顧問的身份重遊從前消磨閒暇時光的故地，他慷慨大方的贊助人給他安排了一個假日任務，就是用盡可能少的篇幅論證一個命題：中國應該採用的是君主政體，而非共和政體。這個作文題目，每個中學生無疑都會洋洋灑灑地寫上一篇。就這樣，古德諾博士以數量有限的紙墨作武器，短短幾天工夫就炮製出了下面這篇"備忘錄"。像這樣一份文檔，要想心平氣和地談論它也不是很容易，因為它似乎是為了某人的方便而蓄意炮製的，而這個人，如今正公開地背叛整個國家在他身上所寄托的信任，準備涉過血河以滿足自己愚蠢的野心。

在亞洲的歷史上，還真的找不出與這份《古德諾備忘錄》頗為類似的東西。它是中世紀頭腦的產物，再打上了超現代化的烙印。緊接着楊度的小冊子之後，出版這樣一份顛覆性的文件，這在世界上其他任何一個國家的首都，恐怕都會導致暴動和騷亂。而在中國，這個和平之家，政治家和平民百姓都低頭垂眉、靜待時機。就連在華外國人圈子，也被這位逍遙派法學權威所表現出來的漫不經心給弄得茫然不知所措。許多天以來，人們在談到這份備忘錄的時候，都認為是殊欠審慎的無益之舉。古德諾博士一下子抓住了楊度也同樣認為至關重要的環節（繼承問題），在論證中，他的確也表現出了一種超然的態度，這種態度來自那些散發着舊世界氣息的公認原則，這樣的原則也使得他在中國新一代人的心目中永遠受到譴責。下面的版本是從漢語文本翻譯過來的，英文原稿要麼是丟失了，要麼

是被銷毀了。在我們補充註釋之前，最好先認真領教一番這篇
宏論。

古德諾博士的備忘錄

　　一國必有其國體，其所以立此國體之故，類非出於其
國民之有所選擇也。雖其國民之最優秀者，亦無所容心焉。
蓋無論其為君主，或共和，往往非由於人力，其於本國之歷
史、習慣與夫經濟之情狀，必有其相宜者，而國體乃定。假
其不宜，則雖定於一時，而不久必復以其他之相宜之國體代
之，此必然之理也。

　　約而言之：一國所用之國體，往往由於事實上不得不然
之故。其原因初非一端，而最為重要者則威力是矣。凡君主
之國，如推究其所以然，大抵出於一人之奮往進行，其人必
能握一國之實力；而他人出而與角者，其力常足以傾軋之。
使其人善於治國，其子姓有不世出之才，而其國情復與君主
相合，則其人往往能建一朝號，繼繼承承，常撫此國焉。

　　果能如是，則國家有一困難之問題，以共和解決之，固
無寧以君主解決之也。蓋君主崩殂之日，政權之所屬，已無
疑義，凡選舉及其他手續，舉無所用之。英人有恆言：吾王
崩矣，吾上萬歲；蓋即斯義矣。雖然達此目的，必其繼承之
法業已明白規定，而公同承認者乃可。否則君主晏駕之日，
覬覦大寶者，將不乏人，權力之競爭，無從審判。其勢將不
肇內亂不止也。

　　以歷史證之，君主國家承繼問題，能為永遠滿意之解決者，莫如歐洲各國。歐洲之制，君位之繼承，屬在長子，無子則以近支男丁之最親最長者充之；惟繼承之權利，許其讓棄。故如有長子不願嗣位者，即以次子承其乏。此繼承法之大要也。

　　如不定繼承之法，或以君位之所歸，由君主於諸子及親支中選舉擇之，而初無立長之規定，則禍亂之萌，將不可免。奸人之竊窺神器者，實繁有徒，必將於宮闈之間，施以密計。人之垂暮之年，徒足以增長其疾痛，而其結果所至，雖或倖免兵禍，亦必以大寶不定，致費周章，蓋事之至危者也。

　　歷史之詔我者如此。是故就政權移轉問題觀之，君主制所以較共和為勝者，必以繼承法為最要之條件，即所謂以天演之最長者為君主是已。近古以前，匪論其亞洲或在歐洲，大抵以君主制為國體，間亦有例外者，若溫尼斯，若瑞士，皆用共和制，然其數較少，且皆小國為然。其在重要之國，則世界中，大抵皆採用君主制也。

　　近一百五十年，歐洲舉動，忽為一變，大有捨君主而取共和之趨勢。歐洲大國，第一次為共和制之嘗試者，厥惟英國。十七世紀中，英國革命軍起，英王查理第一經國會審判，定為叛逆之罪，處以死刑。其時乃建立共和制，號召民主政治，以克林威爾為監國，蓋即大總統也。克林威爾統率革命軍，戰勝英王，故能獨操政柄。然英國共和之制，僅行數年，終歸失敗。蓋克林威爾故後，監國繼承問題，極難決定。克林威爾頗思以其子力次爾自代，然卒以英國當日人民不適宜於共和，而力次爾又無行政首長之才，故英國之共和，忽然消滅。英人於是捨共和制，複用君主制，而查理第一之子查第二，乃立為君，益不獨為軍隊所擁戴，而當時輿論亦皆贊成云。

　　歐洲民族為第二次共和之嘗試者，實為美國。十八世紀時，美洲革命既成，而合眾國之共和制立焉。夫美國之革命，初非欲推翻君主也，其目的但欲脫英國而獨立耳。乃革命成功而後，其勢有不能不用共和制者，蓋其地本無天家皇族足以肩政務之重。且前世紀在英國贊助共和之人，多移居美洲，常以共和學說灌輸，漸漬入於人心，雖其人已往，而影響甚遠，故共和國體，實為當時共同之心理。然當日統率革命軍為華盛頓，使其人有帝制自為之心，也未始不可自立為君。乃華盛頓之宗旨，尊共和而不喜君主，而又無子足以繼其後，故當合眾國獨立告成之日，即毅然採用共和制，百餘年以來，未之或替焉。夫美國之共和，自成立以至今日，共結果之良好，不問可知。共和制所有之聲譽，實美國有以致之。然美國未成共和以前，久承英國之良法美意，而英國之憲法及其議院制行於美國，已逾百年，故一千七百八十九年，美國之由藩屬政府變為共和者，非由專制而躍為民政也，政體未易以前，其備之已豫，而自治之精神，亦已訓練有素也。不特此也，當日美國之民智，已臻高度，蓋自美洲歷史開始以來，注意於普通學校，五尺之童，無有不知書識字者，其教育之普及，蓋可想見矣。

　　美國共和之制成立未久，聞風而起者，又有法國之共和焉。顧法國未宣告共和以前，本為專制之政體，一切政務操於君主，百姓未能與聞，其人民於自治政制，絕少經驗。故雖索行共和之制，而不能有良好之結果，搔擾頻年，末由底定，而軍政府之專橫，相繼代興。拿破崙失敗後，重以外人之干涉，帝制復活。一千八百三十年，經二次革命，雖仍帝制，而權稍張。適一千八百四十八年，帝制再被推翻，復行共和制，以拿破崙之姪為大總統；不意彼乃推翻共和，復稱帝號。直至一千八百七十年，普法戰後，拿破崙第三被廢，最後之共和制，乃復發生。今此制之立，近半百年，以勢度之，大抵可望行之久遠也。雖然法國今日之共和制，固可望永久，而其所以致此之故，實由於百年之政治改革而來。此百年中既屬行教育，增進國民政治之知識，以立其基礎，後使國民與聞政事，有自治政治之練習，故共和制可得而行也。且法、美兩國，於國家困難問題，頗有解決之法，蓋即所謂政權繼承問題是也。法國之大總統，由議院選舉；美國之大總統，則由人民選舉。此二國者，其國民皆因與聞政事，有自治政制之經驗。而近今五十年間，兩國皆注意普通教育，廣立學校，由政府補助之，故兩國之民智，皆頗高尚也。

　　十八世紀之末，美、法兩國，既立共和制之模範，於是南美、中美各國，舊為西班牙屬地者，皆宣告獨立，相率效之。以諸國當日之情形而言，亦略與美國相類；蓋當獨立告成之時，共和制似最合於事實，其地既無皇族足以指揮人民，而北美之共和，又適足為之先例。輿論一致，群以共和為政治之極軌，無論何種國家，何等人民，均可適用此制，故一時翕然從風，幾無國不行共和制焉。

然各國之獨立，係由竭力爭競而來，亂機既萌，未能遽定，而教育未遍，民智卑下，其所素習者，專制之政體而已。其民智卑下之國，最難於建立共和，故各國勉強奉行，終無善果。雖獨立久慶成功，而南美、中美諸邦，競長演混亂不寧之活劇，軍界巨子，相率而奪取政權。即有時幸值太平，亦只因一二偉人手握大權者，出其力以鎮壓之，故可收一時之效。然彼手握大權之人，絕不注意教育，學校之設立，闃然無聞，人民亦無參知政事之機，以養成其政事之經驗。其卒也，此偉人老病殂謝之時，壓制之力弛，攘奪大柄之徒，乃紛紛並起。誠以政權繼承問題，無美滿之解決也。於是前此太平時間所有進行之事業，至是乃掃蕩而無餘。甚且禍亂頻仍，竟陷於無政府之地位，而全國社會經濟情形，無不盡受其蹂躪矣。

墨西哥近年之事，在南美、中美各國，業已數見不鮮，蓋共和制不合於其國經濟政治之狀況者，必有如是之結果也。爹亞氏為軍界之領袖，獨握政權，當其為大總統時，政治問題似已解決；然爹亞氏既未屬行教育，且禁壓人民，不使參預政事，及年將衰邁，權力漸殺，革命之旗幟既張，爹亞氏遂直失其政柄。自爹亞氏失敗後，軍隊首長，紛紛構兵，國內騷然，至今未艾。以今日墨西哥情勢觀之，除外人干涉外，蓋別無他術足以為政治問題之解決矣。

　　南美各國中，亦有數國用共和制，而頗有進步者。其尤著者，則阿根廷、智利、巴西三國是已。阿根廷及智利兩國初建共和時，騷擾紛紜，久未平定，然其後乃漸見安寧，頗享太平歲月之福。至巴西則自二十五年前建立共和制以來，雖略有騷動，而共和之命運，實屬安平。然此三國於立憲政體，皆能極力進行。十九世紀之初，阿根廷及智利兩國，久已力爭進步。而巴西則未立共和之前，在帝國時代，業能鼓勵人民，使之與聞國政。故三國之得此結果者，非偶然也。

　　就南美、中美各國之已事，並合法國及合眾國之歷史觀之，其足供吾人研究之點如左：

　　第一、行共和制者，求其能於政權繼承之問題有解決之善法，必其國廣設學校，其人民沐浴於普通教育，有以養成其高尚之智識。而又使之與聞國政，有政治之練習，而後乃可行之而無弊。

　　第二、民智低下之國，其人民平日未嘗與知政事，絕無政治之智慧，則率行共和制，斷無善果。蓋元首既非世襲，大總統承繼之問題，必不能善為解決，其結果必流於軍政府之專橫。用此制者，雖或有平靜之一時，然太平之日月，實與紛亂之時期，相為終始。妄冀非分之徒，互相抵抗，以競奪政柄，而禍亂將不可收拾矣。不寧惟是，以今日現狀而言，歐西列強將不容世界各國中有軍政府之發生。蓋徵諸已事，軍政府之結果，必召大亂，此誠與歐西各強國利害相關。蓋其經濟勢力，久已膨脹，歐人之資本及其商務實業之

別派分枝者，所在皆是。故雖其與國政府所採用之制度，本
無干涉之必要，然其權力所及，必將有所主張，俾其所用之
制度，不至擾亂治安，必如是而後彼輩所投之資本，乃可得
相當之利益也。極其主張之所至，勢將破壞他國政治之獨
立，或且取其國之政府而代之。蓋苟必如是而後可達其目
的，則列強亦將毅然為之，而有所不恤也。故自今以往，一
國之制度，將不容其妄自建設，致召革命之紛亂，再蹈南美
洲前世紀之覆轍。今後之國家，當詳慎定制，維持治安，否
則外人之監督，恐將不免也。

　　以上之研究，於今日中國政治之情形，有何種關係？此
蓋應有之問題矣！中國數千年以來，狃於君主獨裁之政治，
學校闕如，大多數之人民智識不甚高尚，而政財之動作，彼
輩絕不與聞，故無研究政治之能力。四年以前，由專制一變
而為共和，此誠太驟之舉動，難望有良好之結果者也。向使
滿清非異族之君主為人民所久欲推翻者，則當日最善之策，
莫如保存君位，前漸行之於立憲政治，凡其時考察憲政大臣
之所計畫者，皆可次第舉行，冀臻上理。不幸異族政制，百
姓痛心，於是君位之保存，為絕對不可能之事，而君主推翻
而後，捨共和制遂別無他法矣。由是言之，中國數年以來，
因已漸進於立憲政制，惟開始之基，未盡完善。使當日有天
潢貴族，為人民所敬禮，而願效忠藎者，其效當不止此也。
就現制而論，總統繼承問題，尚未解決，目前之規定，原非
美滿。一旦總統解除職務，則各國所歷困難之情形，將再見
於中國。蓋各國狀況，本與中國相似，故其險象亦同。但他

日或因此種問題，釀成禍亂，如一時不即撲滅，或馴至敗壞中國之獨立，亦意中事也。

然則以中國之福利為心者，處此情勢，將持何種之態度乎？將主張繼續共和制歟？抑將提議改建君主制歟？此種疑問，頗難答覆。然中國如用君主制，較共和制為宜，此殆無可疑者也。蓋中國如欲保存獨立，不得不用立憲政治，而從其國之歷史、習慣以及社會經濟狀況，與夫列強之關係觀之，則中國之立憲，以君主制行之為易，以共和制行之則較難也。雖然，由共和改為君主，而欲得良好之結果者，則下列之要件，闕一不可：

一、此種改革，不可引起國民及列強之反對，以致近日共和政府所極力撲滅之禍亂，再見於國中；蓋目前太平之景象，宜竭力維持，不可使生危險也。

二、君主繼承之法律，如不明白確定，使嗣位之問題絕無疑義，則由共和而改為君主，實無利益之可言。至君位之繼承，不可聽君主之自擇，吾已詳言之。雖君主之威權較尊於大總統，中國百姓習於君主，鮮有知大總統者，故君主恆為人所尊敬；然僅以增加元首之威權，為此改革，而於繼承之問題，未能確無疑問，則此等改革，似無充分之理由。蓋繼承確定一節，實為君主制較之共和制最大優勝之點也。

三、如政府不預為計畫，以求立憲政治之發達，則雖由共和變為君主，亦未能有永久之利益。蓋中國如欲於列強之間，處其相當之地位，必其人民愛國之心，日漸發達，而後政府日漸強固，有以抗外侮而有餘。然苟非中國人民得與聞政事，則愛國心必無從發達；政府無人民熱誠之贊助，亦必無強固之力量。而人民所以能贊助政府者，必先自覺於政治中佔一部分，而後乃能盡其能力。故為政府者，必使人民知政府為造福人民之機關，使人民知其得監督政府之動作，而後能大有為也。

以上所述三種條件，皆為改用君主制所必個可少。至此種條件，今日中國是否完備，則在乎周知中國情形，並以中國之進步為己任者之自決耳。如此數條件者，均皆完備，則國體改革之有利於中國，殆無可疑也。

在這份備忘錄中，其開宗明義的首要觀點，最早跳入我們的眼簾，並鎖住了我們的注意力，這就是：困惑古德諾博士的首要難題，並不是新政府的整合（這個新政府剛剛在兩年前得到了所有協約國的承認），而是國家最高職位的繼承問題。而這一點，在"一一•四政變"發生之前就已合法通過的"永久憲法"中的一個章節裏，就已經作了充分的規定。不過，在政變之後，袁世凱首先關心的，就是要在古德諾博士和其他人的幫助下頒佈一部"偽法"，這部法律所依據的，只能是他個人的意志。因此，既然這種戲法的臨時性一直都清清楚楚，那麼，我們學識淵博的博士所拿出的惟一解決方案，就是建議將現行政府推倒重來，打着君主立憲的幌子恢復帝制。並且，通過一場新的密謀，在中國幹一樁早已被歐洲所唾棄的勾當，也就是：以家族統治取代國家統治。

古德諾博士的方法再簡單不過了。為了證明君主制要優於共和制，他在塵封了數百年的角落裏翻箱倒櫃。早在 300 年前就已經不復存在的英聯邦，也被他拿來充作例證，以說明共和政體充滿危險，雖然很難看出人們在那個不知代議制政府為何物的年代所做的一次試驗，與我們今天到底有甚麼關係。不過還有更糟糕的，英聯邦消亡的原因，被蓄意説成是"克林威爾故後，監國繼承問題，極難決定。"對於這一令人目瞪口呆的彌天大謊，英國歷史學家無疑會有許許多多的批評可以提出，它以一種最能讓人迷惑的方式，消解了一段妙趣橫生的歷史篇章。甚至在處理自己國家歷史的時候，古德諾博士似乎也樂於荒誕不經。他説："常以共和學説灌輸，漸漬入於人心，雖其人已往，而影響甚遠，故共和國體，實為當時共同之心理。"接下來，彷彿是為了駁斥自己的觀點，他補充道："當日統率革命軍為華盛頓，使其人有帝制自為之心，也未始不可自立為君。"我不知道美國人會在多大程度上喜歡這種解釋，但至少，他們不會不注意到，這將在中國導致多麼可怕的後果。論及 18 世紀法國的共和試驗，論及西班牙在中、南美的殖民地（尤其是墨西哥），古德諾博士也是一脈相承。波瀾壯闊的運動，即使是詳盡透徹的專題論文，處理起來也只能淺嘗輒止，而古德諾博士卻以誤導性的寥寥數語，便草草打發，目的無非是為了引出一個合情合理的高潮——以袁世凱為皇帝的中國君主立憲政體。

　　然而這還不是全部。彷彿是被自己蓄意得出的最終結論弄得有些驚慌失措，在這篇備忘錄的結尾部分，古德諾博士又提出了在中國恢復帝制所必需的三個不可能具備的條件，從而使他的結論成為一紙空言：1、不會引起反對；2、繼承法必須嚴格確定；3、必須為立憲政府的發展作好全面的準備。誰都知道這些條件是不可能具備的，在遠東，每個人都早就承認了這一點。倘若古德諾博士稍稍關注一下中國的歷史進程，就會認識到：1、任何篡奪帝位的行為都必然會導致國內的叛亂和日本的干涉；2、袁世凱的權力，純粹是他個人的，因此也就不可能以人們能夠想得出任何方式傳承給他的任何一個兒子；3、袁世凱所有的兒子都庸碌無能，他的大公子則是一個半殘廢；4、立憲政府和東方人的皇權觀念（其實純粹就是神權觀念）水火不容，不可能共存，任何皇權的重建，事實上就是神權的重建；5、雖然他不斷談到人民的政治覺悟很低，但從很早的時期起，中國人就有了體制完備的地方自治，今日的政治問題，只不過是這些地方體制在中央集權制度中的集中表達而已；6、所謂中國人“無愛國心”，純屬子虛烏有，這一觀念的廣為傳佈，要歸咎於外國人對某些基本事實的誤解。比如說，帝制之下的外交事務，只有皇帝們才關心，1911年之前的行省制中國，是一個類似於“漢薩同盟”那樣的社會經濟聯盟——是一個除了本省的日常經濟生活之外萬事概不關心的省際聯盟，比如像領土主權、邊境問題以及海港交通規則等等，皆事不關己，高高掛起。只有等到中日戰爭之後（也就是1895年之後），外強的進犯才把問題從帝國的邊緣帶入了平民百姓的經濟生活，這樣一來，他們的自尊心被觸動了，儘管他們“未嘗與知政事，絕無政治之智慧”，但是全都突然表現出了非凡的“愛國心”。只有當這一首要論點（即：中國人具有真正的愛國主義精神）被置於中心位置時，才能理解過去 20 年間的中國歷史。

　　然而，糾纏於這個話題毫無價值。我們已經說得夠多的了，多到足以揭示出這樣的觀點：有些人，應該從一開始就認識到，對人民而言，新中國是一個生與死的問題，而外國人的頭等大事，就是要維護人們對新中國的信心，然而，他們卻十足的草率。

　　古德諾博士的備忘錄很快就發表了，任何對中國略有所知的人，正好可以用它做墊腳石，登高一望，就能預見到，它只不過是被人以一種寡廉鮮恥的方式給利用了，它所提出的建議，正被人以某種方式付諸實踐，這種方式，只能使你更加蔑視那些不擇手段推動帝制陰謀的人，更加蔑視那些樂於把外國人當作工具加以利用的人。

第十章

異哉所謂國體問題者

　　我們已經幾次提到過學術氣十足而又文縐縐的呼籲書在中國的統治方法中所扮演的角色。要想理解那些公認的才智之士對這個國家的影響是如何巨大，有必要追溯到羅馬帝國誕生的年代，援引西塞羅[1]的偉大形象。時年約 45 歲的梁啟超，以其文學造詣而名滿天下，他另一項出眾的才能就是向他的同胞們闡述歐洲的治國理論和實踐，雖然任何一門西方語言他都一竅不通。議會政治需要精確的表達，他的聰明才智得益於這方面的鍛造打磨，他的觀念意識隨着中國的現代化進程而不斷成長，使之更切合於 20 世紀的需要。他是戊戌變法運動中的一位改革家，也就是說，1898 年他是康有為所領導的那個忠誠的小團體中的一員，他們險些成功地把那位時運不濟的光緒皇帝

1　馬庫斯・圖留斯・西塞羅（Marcus Tullius Cicero，前 106 －前 43 年），古羅馬著名政治家、演說家、雄辯家、法學家和哲學家，以善於雄辯而成為羅馬政治舞台的顯要人物。

爭取了過來，讓他不顧官僚階層的強烈反對，推行使國家現代化的政策。

在梁啟超的軍火庫裏，擁有各式各樣的武器，可以用來反對袁世凱的篡位企圖。他準確地知道從何處下手，用多大的力氣。他以全心全意的熱情投身自己的工作。誰都知道，他正在忙着準備一篇告全國人民的呼籲書，各路神仙紛紛出馬，利用各自的影響力，試圖阻止這篇致命短文的出籠。一些有影響力的代表被派去找他，懇求他不要忘了中國所面臨的國際形勢是如何險惡，在這樣的形勢下，如果出現進一步的緊張對立，將釀成大禍。一時間，他猶豫了，沒有發起反擊。但最終，共和黨說服了他：對待暴君，該出手時就出手。他很快就發表了這篇針對大總統的著名指控。

其結果是直接而深遠的。人們認識到，武裝反抗已經箭在弦上。這份非凡的文獻，充滿了《聖經》般的激情，顯示了非同尋常的道德義憤。文中，對墨西哥爹亞氏政權的精到分析，加之用以暗刺袁世凱的巧妙方式（一直裝作是在剖析墨西哥人的行為），贏得了那些特別喜歡旁敲側擊的中國人的歡呼喝彩。有充分的證據表明，一場大動亂正蓄勢待發。全國的每一個角落都在爭讀這篇文章，所到之處，皆為首肯。雖然英文翻譯損失了一部分神韻，但作為一份對中國人思想意識的揭示，其字裏行間依然妙趣橫生。同時，其中對政治術語的詳盡考證也表明，總有一天，中國人將把他們的發明天才帶入那些他們從未公開涉足過的領域。如果把梁啟超的觀點與楊度那幫人的觀點進行對照，則尤為有趣。

異哉所謂國體問題者

秋霖腹疾，一臥兼旬，感事懷人，百念灰盡，而戶以外甚囂塵上，喧然以國體問題聞。以厭作政談如鄙人者，豈必更有所論列？雖然，獨於茲事有所不容已於言也，乃作斯篇。

吾當下筆之先，有二義當為讀者告：其一，當知鄙人原非如新進耳食家之心醉共和。故於共和國體非有所偏愛，而於其他國體非有所偏惡。鄙人十年來夙所持論，可取之以與今日所論相對勘也。其二，當知鄙人又非如老輩墨守家之斷爭朝代。首陽蕨薇[2]，魯連東海[3]，此個人各因其地位而謀所以自處之道則有然。若放眼以觀國家尊榮危亡之所由，則一姓之興替，豈有所擇？先辨此二義以讀吾文，庶可以無蔽而適於正鵠也。

吾自昔常標一義以告於眾，謂吾儕立憲黨之政論家，只問政體，不問國體。驟聞者或以此為取巧之言，不知此乃政論家恪守之原則，無可逾越也。蓋國體之為物，既非政論家之所當問，尤非政論家之所能問。何以言乎不當問？當國體彷徨歧路之時，政治之一大部分，恆呈中止之狀態，殆無復政象之可言，而政論更安所麗？苟政論家而牽惹國體問題，故導之以入彷徨歧路，則是先自壞其立足之礎，譬之欲

2　周武王滅商後，商代舊臣伯夷、叔齊，恥食周粟，隱居首陽山採薇（野菜）而食，終餓死。其氣節為後世所敬重。

3　魯連即魯仲連，戰國時齊國人，曾挽救趙國、齊國於危機之時，但拒絕齊、趙的厚賞，隱居東海之濱。被尊為高士。

陟而捐其階，欲渡而捨其舟也。故曰不當問也。何以言乎不能問？凡國體之由甲種而變為乙種，或由乙種而復變為甲種，其驅運而旋轉之者，恆存乎政治以外之勢力。其時機未至耶，絕非緣政論家之贊成所能促進；其時機已至耶，又絕非緣政論家之反對所能制止。以政論家而容喙於國體問題，實不自量之甚也。故曰不能問也。豈惟政論家為然，即實行之政治家亦當有然。常在現行國體基礎之上而謀政體政象之改進，此即政治家惟一之天職也。苟於此範圍外越雷池一步，則是革命家或陰謀家之所為，非堂堂正正之政治家所當有之事也。其消極的嚴守之範圍，則既若是矣，其積極的進取之範圍，則亦有焉。在甲種國體之下為政治活動，在乙種反對國體之下仍為同樣之政治活動，此不足成為政治家節操之問題；惟犧牲其平日政治上之主張，以售易一時改治上之地位，斯則成為政治家之節操問題耳。是故不問國體只問政體之一大義，實徹上徹下，而政治家所最宜服膺也。

　　夫國體本無絕對之美，而惟以已成之事實，為其成立存在之根原。欲憑學理為主奴，而施人為的取捨於其間，寧非天下絕痴妄之事？僅痴妄猶未足為深病也；惟於國體挾一愛憎之見，而以人為的造成事實，以求與其愛憎相應，則利害之中於國家將無已時。故鄙人生平持論，無論何種國體，皆非所反對；惟在現行國體之下，而思以言論鼓吹他種國體，則無論何時皆反對之！昔吾對於在君主國體之下而鼓吹共和者，嘗施反對矣。吾前後關於此事之辯論，殆不下二十萬

言；直至辛亥革命既起，吾於其年九月，猶著一小冊，題曰
《新中國建設問題》，為最後維持舊國體之商榷。吾果何愛於其
時之皇室者？彼皇室之僇辱我，豈猶未極？苟微革命，吾至
今猶為海外之僇民耳。復次，當時皇室政治，種種予人以絕
望，吾非童痴，吾非聾瞶，何至漫無感覺？顧乃冒天下之大
不韙，思為彼亡垂絕之命，豈有他哉？以為若在當時現行國
體之下，而國民合群策群力以圖政治之改革，則希望之遂或
尚有其期。舊國體一經破壞，而新國體未為人民所安習，則
當驟然蛻變之數年間，其危險苦痛，將不可思議。不幸則亡
國恆於斯，即幸而不亡，而緣此沮政治改革之進行，則國家
所蒙損失，已何由可贖？嗚呼！前事豈復忍道。

　　然則今之標立憲主義以為國體論之護符者，除非其於
立憲二字，別有解釋，則吾不敢言。夫前清之末葉，則固自
謂立憲矣，試問論者能承認否？且吾欲問論者，挾何券約，
敢保證國體一變之後，而憲政即可實行而無障？如其不然，
則仍是單純之君主論，非君主立憲論也。既非君主立憲，則
其為君主專制，自無待言。不忍於共和之敝，而欲以君主專
制代之，謂為良圖，實所未解。今在共和國體之下，而暫行
專制，其中有種種不得已之理由，犯眾謗以行之，尚能為天
下所共諒；今如論者所規畫，欲以立憲政體與君主國體為
交換條件，使其說果行，則當國體改定伊始，勢必且以實行
立憲，宣示國民。宣示以後，萬一現今所謂種種不得已之理
由者依然存在，為應彼時時勢之要求起見，又不得不仍行專
制，吾恐天下人遂不復能為元首諒矣。夫外蒙立憲之名，而

內行非立憲之實，此前清之所以崩頹也。詩曰："殷鑒不遠，在夏後之世。"論者其念諸。

且論者如誠以希求立憲為職志也，則曷為在共和國體之下，不能遂此希求，而必須行曲以假途於君主？吾實惑之。吾以為中國現在不能立憲之原因，蓋有多種，或緣夫地方之情勢，或緣夫當軸之心理，或緣夫人民之習慣與能力。然此諸原因者，非緣因行共和而始發生，即不能因非共和而遂消滅。例如上自元首，下及中外大小獨立官署之長官，皆有厭受法律束縛之心，常感自由應付為便利，此即憲政一大障礙也。問此於國體之變不變，有何關係也？例如人民絕無政治興味，絕無政治知識，其道德及能力，皆不能組織真正之政黨，以運用神聖之議會，此又憲政一大障礙也。間此於國體之變不變，有何關係也？諸類此者，若令吾悉數之，將累數十事而不能盡，然皆不能以之府罪於共和，甚章章也。而謂共和時代不能得者，一入君主時代即能得之；又謂君主時代能得者，共和時代絕不能得之。以吾之愚，乃百思不得其解。吾以為中國而思實行立憲乎，但求視新約法為神聖，字字求其實行，而無或思遁於法外，一面設法多予人民以接近政治之機會，而毋或壅其智識，閼其能力，挫其興味，壞其節操，行之數年，效必立見。不此之務，而徒以現行國體為病，此朱子所謂不能使船嫌溪曲者也。

主張變更國體者最有力之論據，則謂當選舉總統時，易生變亂，此誠有然。吾十年來不敢輕於附和共和，則亦以此。論者如欲自伸其現時所主張以駁詰我，吾勸其不必自行屬稿，不如轉錄吾舊著較為痛快詳盡也。今幸也茲事既已得有比較的補救良法，蓋新頒之《大總統選舉法》，事實上已成為終身總統制，則今大總統健在之日，此種危險問題自未由發生。所憂者，乃在今大總統千秋萬歲後事耳。夫此事則豈復國民所忍言，然人生血肉之軀，即上壽亦安能免？固無所容其忌諱。今請遂為毋諱之言。吾以為若天佑中國，今大總統能更為我國盡瘁至十年以外，而於其間整飭紀綱，培養元氣，固結人心，消除隱患，自茲以往，君主可也，共和亦可也。若昊天不吊，今大總統創業未半，而遽奪諸國民之手，則中國惟有糜爛而已。雖百變其國體，夫安有幸？是故中國將來亂與不亂，全視乎今大總統之壽命，與其禦宇期內之所設施，而國體無論為君主為共和，其結果殊無擇也。聞者猶有疑乎？請更窮極事理以質言之。夫君主、共和之異，則亦在元首繼承法而已。此種繼承法，雖今元首在世時制定之，然必俟今元首即世時而始發生效力，至易見也。彼時所發生之效力，能否恰如所期，則其一，當視前元首生前之功德威信能否及於身後；其二，當視彼時有無梟雄跋扈之人，其人數之多寡，其所憑藉，是否足以持異議。吾以為立此標準以測將來，無論為君主、為共和，其結果常同一也。現行大總統選舉法規定，後任大總統應由前任大總統推薦，預書其名，以藏諸石室金匱，使今大總統一面崇閎其功德，而鞏固其威信，令國人心悅誠服，雖百世之後，猶尊重其遺令而不忍悖。一面默察將來易於釀亂之種子在何處，思所以預防維而消弭之。其種子存乎制度上耶，則改其制度，毋使為野心家之資。其種子存乎人耶，則裁抑其人，導之以正，善位置而保全之，毋使陷於不義（漢光武、宋太祖優待功臣之法）。更一面慎擇可以付托大業之人（依大總統選舉法，無論傳賢傳子，純屬前任大總統之自由也），試以大任，以養其望，假以實力，以重其威，金匱中則以其名袞然居首，而隨舉不足重輕之二人以為之副而已。如是則當啟匱投票之時，豈復有絲毫紛爭之餘地？代代總統能如是，雖行之數百年，不弊可也。而不然者，則區區紙片上之皇室典範，抑何足恃？試歷覽古來帝王家之掌故，其陳屍在堂，操戈在闈者，又何可勝數？從可知國家安危治亂之所伏，固別有在，而不在憲典形式上之共和、君主明矣。論者盛引墨西哥之五總統爭立，及中美、南美、葡萄牙之喪亂，以為共和不如君主之鐵證。推其論指，得毋謂此諸國者，苟變其國體為君主，而喪亂遂可以免也。吾且詰彼：彼爹亞氏之統治墨西哥三十年矣，而今歲五月（月份記不確）始客死於外，使因總統繼承問題而致亂，則亂宜起於今年耳。若謂國體果為君主，斯可以毋亂，且使爹亞氏當三十年前而有如古德諾者以為之提示，有如籌安會者以為之鼓吹，而爹氏亦憬然從之，以制定其皇室典範，則墨人宜若可以長治久安與天同壽矣。而豈知苟爾爾者，則彼之皇室典範未至發生效力時，彼自身先已逃亡於外，其皇室典範猶廢紙也。夫及身猶不能免於亂，而謂死後恃一紙皇室典範可以已亂，五尺之童有以知其不然矣。故墨西哥之必亂，無論為共和、為君主，其結果皆同一也。所以者何？爹亞氏假共和之名，行專制之實，在職三十年，不務培養國本，惟汲汲為固位之計，擁兵自衛，以劫持其民。又慮軍隊之驕橫，常挑間之，使互相反目，以遂己之操縱，摧鋤異己，惟力是視。其對於愛國之士，或賄賂以變其節，或暗殺以戕其生。又好鋪張門面，用財如泥，外則廣借外債，內則橫徵暴斂，以至民窮財盡，無可控訴。吾當十年前，嘗評爹氏為並時無兩之怪傑，然固已謂被死之後，洪水必來，墨民將無噍類矣。(此皆吾十年前評爹氏之言，嘗見《新民叢報》及《新大陸遊記》，非今日於彼敗後而始非訾之也。吾友湯覺頓亦嘗著一文，述爹氏之政治罪惡，其言尤為詳盡，見《國風報》。湯文出版時，墨亂方始起也。) 由爹氏之道以長國家，幸而托於共和之名，猶得竊據三十年；易以君主，恐其亡更早矣。

中美、南美諸國亦然，歷代總統皆以武力為得位之階梯，故武力相尋無已時。共和不適，固不失為致亂之一原因；若謂此為惟一之原因，吾有以明其不然矣。若葡萄牙改共和後不免於亂，斯固然也。然彼非因亂又何以成共和？前此亂時，其國體非君主耶？謂共和必召亂，而君主即足以致治，天下寧有此論理？波斯非君主國耶？土耳其非君主國耶？俄羅斯非君主國耶？試一翻其近數十年之歷史，不亂者能有幾稔？彼曾無選舉總統之事，而亦如此，則何說也？我國五胡十六國、五代十國之時，亦曾無選舉總統之事，而喪亂慘酷一如墨、美，則又何說也？凡立論者，徵引客觀之資料，不能專憑主觀的愛憎以為去取，果爾者，不能欺人，徒自蔽耳。平心論之，無論何種國體皆足以致治，皆足以致亂，治亂之大原，什九恆繫於政象，而不繫於國體。而國體與國情不相應，則其導亂之機括較多且易，此無可為諱也。故鄙人自始不敢妄倡共和，至今仍不敢迷信共和，與公等有同情也。顧不敢如公等之悍然主張變更國體者，吾數年來懷抱一種不能明言之隱痛深慟，常覺自辛亥壬子之交，鑄此一大錯，而中國前途之希望，所餘已復無幾。蓋既深感共和國體之難以圖存，又深感君主國體之難以規復，是用怵惕彷徨，憂傷憔悴，往往獨居深念，如發狂易。特以舉國人方皆心灰意盡，吾何必更增益此種楚囚之態？故反每作壯語，以相呴沫。然吾力已幾於不能自振矣！

吾請國中有心人試取甲辰、乙巳兩年《新民叢報》中之拙著一復觀之，凡辛亥迄今，數年間全國民所受之苦痛，何一不經吾當時層層道破？其惡現象循環迭生之程序，豈有一焉能出吾當時預言之外？然而大聲疾呼，垂涕婉勸，遂終無福命以荷國民之嘉納，而變更國體所得之結果，今則既若是矣。

今喘息未定，而第二次變更國體之議又復起。此議起因之真相何在？吾未敢深知。就表面觀之，乃起於美國博士古德諾氏一席之談話。古氏曾否有此種主張，其主張之意何在？亦非吾所敢深知（古氏與某英文報記者言，則謂並未嘗有所主張云）。顧吾竊有惑者，古氏論中各要點，若對於共和君主之得失為抽象的比較，若論國體須與國情相適，若歷舉中美、南美、墨、葡之覆轍，凡此諸義，本極普通，非有甚深微妙。何以國中政客如林，學士如鯽，數年之間，並此淺近之理論事實而無所覺識，而至今乃忽借一外國人之口以為重？吾實惑之。若曰此義非外國博士不能發明耶？則其他勿論，即如鄙人者，雖學識謭陋，不逮古博士萬一，然博士今茲之大著，直可謂無意中與我十年舊論同其牙慧，特其透辟精悍，尚不及我什分之一、百分之一耳！此非吾妄自誇誕，坊間所行《新民叢報》、《飲冰室文集》、《立憲論與革命論之激戰》、《新中國建設問題》等不下百數十萬本，可覆按也。獨惜吾睛不藍、吾髯不赤，故吾之論宜不為國人所傾聽耳。

夫孰謂共和利害之不宜商榷？然商榷自有其時。當辛亥革命初起，其最宜商榷之時也，過此以往，則殆非復可以商榷之時也（湖口亂事繼起，正式大總統未就任，列國未承認共和時，或尚有商榷之餘地，然亦僅矣）。當彼之時，公等皆安在？當彼之時，世界學者比較國體得失之理論，豈無一著述足供參考？當彼之時，美、墨各國豈皆太平宴樂，絕無慘狀呈現，以資龜鑒？當彼之時，迂拙愚戇如鄙人者，以羈泊海外之身，憂共和之不適，著論騰書，淚枯血盡（吾生平書札不存稿，今無取證，當時要人，誰得吾書者，當自知之。吾當時有詩云：報楚志易得，存吳計恐疏。又云：茲括安可觸，弛恐難復張。又云：讓皇居其所，古訓聊可式。自余則有數論寄登群報也）。而識時務之俊傑，方日日以促進共和為事，謂共和為萬國治安之極軌，謂共和為中國歷史所固有也。嗚呼！天下重器也，可靜而不可動也，豈其可以翻覆嘗試，廢置如弈棋？謂吾姑且自埋焉，而預計所以自扣之也。譬諸男女婚媾，相攸伊始，宜慎之又慎，萬不可孟浪以失身於匪人，倘蹈危機，則家族親知，臨事犯顏以相匡救，宜也。當前此饒有審擇餘地之時，漫置不省，相率慫恿，以遂苟合，及結縭已歷年所，乃日聒於其旁曰：汝之所天，殊不足以仰望而終身也。愛人以德，宜如是耶？夫使共和而誠足以亡國也，則須知當公等興高采烈以提倡共和，促進共和之日，即為陷中國於萬劫不復之時。諺有之："既有今日，何必當初？"人生幾何，造一次大罪孽，猶以為未足，忍又從而益之也？夫共和之建，曾幾何時，而謀推翻共和者，乃以共和元勳為之主動，而其不識時務，猶稍致留戀於共和者，乃反在疇昔反對共和之人。天下之怪事，蓋莫過是；天下之可哀，又莫過是也！

今之論者則曰："與其共和而專制，孰若君主而立憲？"夫立憲與非立憲，則政體之名詞也；共和與非共和，則國體之名詞也。吾儕平昔持論，只問政體，不問國體，故以為政體誠能立憲，則無論國體為君主、為共和，無一而不可也；政體而非立憲，則無論國體為君主、為共和，無一而可也。國體與政體，本截然不相蒙，謂欲變更政體，而必須以變更國體為手段，天下寧有此理論？而前此論者，謂君主決不能立憲，惟共和始能立憲（吾前此與革命黨論戰時，彼黨持論如此）。今茲論者，又謂共和決不能立憲，惟君主始能立憲。吾誠不知其據何種理論以自完其說也！吾今請先與論者，確定立憲之界說，然後徐察其論旨之能否成立。所謂立憲者，豈非必有監督機關與執行機關相對峙，而政權之行使常蒙若干之限制耶？所謂君主立憲者，豈非以君主無責任為最大原則，以建設責任內閣為必要條件耶？認定此簡單之立憲界説，則更須假定一事實，以為論辯之根據。吾欲問論者以將來理想上之君主為何人？更質言之，則其人為今大總統耶？抑於今大總統以外，而別薰丹穴以求得之耶？（今大總統不肯帝制自為，既屢次為堅決之宣言，今不過假定以資辯論耳，不敬之罪，吾所甘受也）。如曰別求得其人也，則將置今大總統於何地？大總統盡瘁國事既久，苟自為計者，豈不願速釋此重負，頤養林泉？試問我全國國民，能否容大總統以自逸？然則將使大總統在虛君之下，而組織責任內閣耶？就令大總統以國為重，肯降心相就，而以全國托命之身，當議會責任之衝，其危險又當何若？是故於今大總統以外，別求得君主，而謂君主立憲即可實現，其説不能成立也。如曰即戴今大總統為君主也，微論我大總統先自不肯承認也，就今大總統為國家百年大計起見，甘自犧牲一切，以徇民望，而我國民所要求於大總統者，豈希望其作一無責任之君主？夫無責任之君主，歐美人常比諸受豢之肥豚耳，優美崇高之裝飾品耳。以今日中國萬急之時局，是否宜以如此重要之人，投諸如此間散之地？藉曰今大總統不妨為無責任之君主也，而責任內閣能否成立，能否適用，仍是一問。非謂大總統不能容責任內閣於其下也，現在國中欲求具此才能資望之人，足以代元首負此責者，吾竟苦未之見。蓋今日凡百艱巨，非我大總統自當其衝，云誰能理？任擇一人而使之代大總統負責，微論其才力不逮也，而威令先自不行。昔之由內閣制而變為總統制，蓋適應於時勢之要求，而起廢之良藥也。今後一兩年間之時勢，豈能有以大異於前？而謂國體一更，政制即可隨之翻然而改？非英雄欺人之言，即書生迂闊之論耳。是故假定今大總統肯為君主，而謂君主立憲即可實現，其說亦不能成立也。

　　吾友徐佛蘇當五六年前常為我言，謂：「中國勢不能不革命，革命勢不能不共和，共和勢不能不亡國。」吾至今深味其言。欲求所以祓此妖讖者，而殊苦無術也。夫共和國體之難以圖存，公等當優能言之矣。吾又謂君主國體之難以規復者，則又何也？蓋君主之為物，原賴歷史習俗上一種似魔非魔之觀念，以保其尊嚴。此種尊嚴，自能於無形中發生一種效力，直接間接以鎮福此國。君主之可貴，其必在此。雖然尊嚴者不可褻者也，一度褻焉而遂將不復能維持。譬諸範雕土木偶，名之曰神，升諸宏殿，供諸華龕，群相禮拜，靈應如響；忽有狂生拽倒而踐踏之，投諸溷牏，經旬無朕，雖復升取以重入殿龕，而其靈則已渺矣。自古君主國體之國，其人民之對於君主，恆視為一種神聖，於其地位不敢妄生言思擬議；若經一度共和之後，此種觀念，遂如斷者之不可復續。試觀並世之共和國，其不患苦共和者有幾？而遂無一國焉能有術以脫共和之軛。就中惟法國共和以後，帝政兩見，王政一見，然皆不轉瞬而覆也，則由共和復返於君主，其難可想也。我國共和之日，雖曰尚淺乎，然醞釀之則既十餘年，實行之亦既四年。當其醞釀也，革命家醜詆君主，比諸惡魔，務以減殺人民之信仰，其尊嚴漸褻，然後革命之功乃克集也。而當國體驟變之際，與既變之後，官府之文告，政

黨之宣言，報章之言論，街巷之談說，道及君主，恆必以惡
語冠之隨之，蓋尊嚴而入溷褻之日久矣。今微論規復之不易
也，強為規復，欲求疇昔尊嚴之效，豈可更得？復次，共和
後規復君主，以舊王統復活為勢最順，使前清而非有種族嫌
疑，則英之查理第二，法之路易第十八，原未嘗不可出現於
我國，然滿洲則非其倫也。若新建之皇統，則非經若干年之
艱難締構，功德在民，其克祈永命者希矣。是故吾數年來獨
居深念，亦私謂中國若能復返於帝政，庶易以圖存而致強，
而欲帝政之出現，惟有二途：其一，則今大總統內治修明之
後，百廢俱興，家給人足，整軍經武，嘗膽臥薪，遇有機
緣，對外一戰而霸，功德巍巍，億兆敦迫，受茲大寶，傳諸
無窮；其二，經第二次大亂之後，全國鼎沸，群雄割據，剪
滅之餘，乃定於一。夫使出於第二途耶，則吾儕何必作此祝
禱？果其有此，中國之民，無孑遺矣，而戡定之者，是否為
我族類，益不可知，是等於亡而已。獨至第一途，則今正以
大有為之宜，居可有為之勢，稍假歲月，可冀旋至而立有
效。中國前途一線之希望，豈不在是耶？故以為吾儕國民之
在今日，最宜勿生事以重勞總統之憂慮，俾得專精壹慮，為
國家謀大興革，則吾儕最後最大之目的，庶幾有實現之一
日。今年何年耶？今日何日耶？大難甫平，喘息未定，強鄰
脅迫，吞聲定盟，水旱癘蝗，災區遍國，嗷鴻在澤，伏莽在
林。在昔哲後，正宜撤懸避殿之時，今獨何心，乃有上號勸
進之舉？夫果未熟而摘之，實傷其根；孕未滿而催之，實戕

其母。吾疇昔所言中國前途一線之希望，萬一以非時之故，而從茲一蹶，則倡論之人，雖九死何以謝天下？願公等慎思之！

《詩》曰："民亦勞止，汔可小息。"自辛亥八月迄今，未盈四年，忽而滿洲立憲，忽而五族共和，忽而臨時總統，忽而正式總統，忽而制定約法，忽而修改約法，忽而召集國會，忽而解散國會，忽而內閣制，忽而總統制，忽而任期總統，忽而終身總統，忽而以約法暫代憲法，忽而催促制定憲法。大抵一制度之頒行之平均不盈半年，旋即有反對之新制度起而推翻之，使全國民彷徨迷惑，莫知適從，政府威信，掃地盡矣。今日對內對外之要圖，其可以論列者，不知凡幾，公等欲盡將順匡救之職，何事不足以自效？何苦無風鼓浪，興妖作怪，徒淆國民視聽，而貽國家以無窮之戚也。

吾言幾盡矣，惟更有一二義宜為公等忠告者：公等主張君主國體，其心目中之將來吾主為誰氏，不能不為公等質言之。若欲求諸今大總統以外耶？則今大總統朝甫息肩，中國國家暮即屬纊，以公等之明，豈其見不及此？見及此，而猶作此陰謀，寧非有深仇積恨於國家，必絕其命而始快？此四萬萬人所宜共誅也。若即欲求諸今大總統耶？今大總統即位宣誓之語，上以告皇天后土，下則中外含生之儔，實共聞之。年來浮議漸興，而大總統偶有所聞，輒義形於色，謂無論若何敦迫，終不肯以奪志。此凡百僚從容瞻觀者所常習聞，即鄙人固亦歷歷在耳。而馮華甫上將且為余述其所受詔語，謂已備數椽之室於英倫，若國民終不見捨，行將以彼土作汶上。由此以談，則今大總統之決心可共見也。公等豈其漫無所聞，乃無端而議此非常之舉耶？萬一事機洊迫，致我大總統憤踐其前言，以翔夫寥廓，不知公等何以善其後也？而其不然者，其必公等以小人之腹，度君子之心，私謂大總統居常所談說，咸非其本意，不過如孔子所云"捨曰欲之，而必為之辭"，吾姑一嘗試焉，而知其必不吾訶也；信如是也，則公等將視我大總統為何如人？食言而肥，匹夫賤之！設念及此，則侮辱大總統人格之罪，又豈擢髮可數？此亦四萬萬人所宜共誅也。

復次，公等曾否讀《約法》？曾否讀《暫行刑律》？曾否讀《結社集會法》？曾否讀《報律》？曾否讀一年來大總統關於淆亂國體懲儆之各申令？公等又曾否知為國民者應有恪遵憲典法令之義務？乃公然在輦轂之下，號召徒眾，煽動革命（凡謀變更國體，則謂之革命，此政治學之通義也）。執法者憚其貴近，莫敢誰何，而公等乃益白晝橫行，無復忌憚。公等所籌將來之治安如何？吾不敢知。而目前之紀綱，則既被公等破壞盡矣。如曰無紀綱而可以為國也，吾復何言？如其否也，則請公等有以語我來。且吾更有願為公等進一解者，公等之倡此議，其不願徒托諸空言甚明也，其必且希望所主張者能實見施行，更申言之，則希望其所理想之君主國體，一度建設，則基業永固，傳諸無窮也。夫此基業，果遵何道始能永固以傳諸無窮？其必自國家機關令出惟行，朝野上下守法如命。今當開國成家伊始，而首假途於犯法之舉動以為資，譬諸欲娶婦者，橫挑人家閨闥，以遂苟合，曰但求事成，而節操可勿沾沾也,則其既為吾婦之後,又有何詞以責其不貞者?今在共和國體之下,而曰可以明目張膽集會結社,以圖推翻共和,則他日在君主國體之下,又曷為不可以明目張膽集會結社,以圖推翻君主?使其時復有其他之博士提示別種學說,有其他之團體希圖別種活動,不知何以待之?《詩》曰:"毋教猱升木,如塗塗附。"謀國者而出於此,其不智不亦甚耶!孟子曰:"君子創業垂統,為可繼也。"以不可繼者詔示將來,其不祥不亦甚耶!昔干令升作《晉紀總論》,推原司馬氏喪亂之由,而歎其創基植本,異於三代。陶淵明之詩亦曰:"本不植高原,今日復何悔?"嗚呼!吾觀今茲之事,而隱憂乃無極也。

(附言)吾作此文既成後,得所謂籌安會者寄示楊度氏所著《君憲救國論》,偶一翻閱,見其中有數語云:"蓋立憲者,國家有一定之法制,自元首以及國人,皆不能為法律外之行動。賢者不能逾法律而為善,不肖者亦不能逾法律而為惡。"深歎其於立憲精義,能一語道破,惟吾欲問楊氏所長之籌安會,為法律內之行動耶?抑法律外之行動耶?楊氏賢者也,或能自信非逾法律以為惡,然得勿已逾法律以為善耶?嗚呼!以昌言君憲之人,而行動若此,其所謂君憲者,從可想耳,而君憲之前途,亦從可想耳。

孟子曰:"予豈好辯哉?予不得已也。"以生平只問政體不問國體如鄙人者,曷為當前此公等第一次主張變更國體時而嘵嘵取厭?當今日公等第二次主張變更國體時而復嘵嘵取厭?夫變更政體,則進化的現象也;而變更國體,則革命的現象也。進化之軌道恆續之以進化，而革命之軌道恆繼之以革命，此徵諸學理有然，徵諸各國前事亦什九皆然也。是故凡謀國者必憚言革命，而鄙人則無論何時皆反對革命，今日反對公等之君主革命論，與前此反對公等之共和革命論，同斯職志也。良以中國今日當元氣凋瘁、汲汲顧影之時，竭力栽之猶懼不培，併日理之猶懼不給，豈可復將人才日力耗諸無用之地，日擾擾於無足重輕之國體，而阻滯政體改革之進行？徒阻滯進行，猶可言也。乃使舉國人心皇皇，共疑駭於此種翻雲覆雨之局，不知何時焉而始能稅駕，則其無形之中斷喪，所損失云何能量？詩曰："嗟我兄弟，邦人諸友。莫肯念亂，誰無父母。"嗚呼！論者其念之哉！其念之哉！

或曰："革命者，事實之不得已也。天下惟已成之事實為不可抗。吾子疇昔抗之不已，以自取僇辱，今何必復爾爾者？"惟然，吾固知之。然使吾捐棄吾良心之所主張，吾之受性實有所不能。故明知其無益焉，而不能以自已也。屈原托志於汨羅，而賈生損年於墮馬，問其何以然，恐非惟不能喻於人，抑亦不自喻也。吾昔曾有詩云："十年以後當思我，舉國猶狂欲語誰？"吾生平之言亦多矣，大抵言之經十年之後，未有不繫人懷思者。然非至十年以後，則終無道以獲國人之傾聽。其為吾之不幸耶？其為國家之不幸耶？嗚呼！吾願自今十年之後，國人毋復思吾今日之言，則國家無疆之休焉耳。

第十一章
夢中的帝國

梁啟超呼籲書的效果，很快就顯露了出來。充滿不祥之兆的嘀嘀咕咕，在整個"智識階級"中悄悄蔓延，這些人遍佈全國各地，扮演着非同尋常的角色。不過，人們尚沒有採取公開的行動反對北京當局。中國的文人學士和自由主義者們，這下子徹底相信了，袁世凱計劃實施的篡位之舉，將是一種國恥，並會帶來一系列影響深遠的併發症。但是，這股力量太分散了，也太多地受制於軍事力量，不可能像西方國家那樣，立即採取任何積極的反對行動。袁世凱非常準確地估計到了這樣的形勢，他知道，如果老百姓都聽信學者們的，那麼自己將很容易成為眾矢之的；於是決定，要把全部責任一股腦地推卸到參政院的頭上，從而使自己脫身而出，遠離是非。在 1915 年 9 月 6 日所發表的一篇文告中，袁世凱宣稱："以本大總統所見，改革國體，經緯萬端，極應審慎，如急遽輕舉，恐多窒礙。本大總統有保持大局之責，認為不合時宜。至國民請願，不外乎鞏固國基，振興國勢，如徵求多數國民之公意，自必有

妥善之上法。"憑藉這篇老生常談的經文，袁世凱把自己作為
陰謀發動者的那雙髒手洗得乾乾淨淨。

　　如今，參政院乾脆就全力以赴，大幹快上，要把楊度所提
出的方案付諸實施。這位鼓吹帝制的小冊子作者，雖然依然擺
出一副運動領袖的姿態，但事實上，他只不過是另一個人的工
具罷了。此人，就是大名鼎鼎的梁士詒，這個辛亥革命所造就
的最不擇手段、最機敏老練的政客，天下聞名。此人和許多暗
殺行動有重大牽連，也是袁世凱在 1912 年用來勸說滿清皇室
退位的工具，他利用交通銀行總理的職務之便，上下其手，短
短 4 年時間就積聚了巨額的財富，因為這家銀行負責處置所有
的鐵路收益。即使在中央財政兩手空空的時候，他的手頭也總
是闊綽得很。因為他是袁世凱在財政上不可或缺的人物，於是
也成了公認的幕後權力。雖說在外國人的鼓噪下，他已經被解
除總統府秘書長的職務（他曾經利用這個職位到處賣官鬻爵），
但他依然是總統府每日必到的常客，為他的傀儡扯動那些五花
八門的繩線。

　　眼下，參政院所採用的策略，就是讓各省用雪片似的請願
書將北京城淹沒，這些請願書通過 "籌安會" 在各地的分支機
構發出，要求將共和政體改為人民惟一熟悉的那種政體，之所
以選擇 "君主立憲" 這個名頭，只不過是要把它當作一塊糊弄
洋鬼子的政治遮羞布。在準備工作完成之前，有一大堆組織籌
劃工作必須在幕後完成。但到了 10 月 6 日，計劃的進展是如
此神速，以至於為了響應各地的 "請願團"，參政院不得不 "代
行立法院" 通過了所謂的 "擁立帝制" 法案，法案採用了一套

精心設計的規則，將國體問題提交給各省進行公民投票。根據這份幼稚可笑的文件，各省將組織選舉團，進行選舉人投票，記錄下結果之後，再寄到北京以備詳細審查。遵照古德諾博士的建議，為確保不同的社會階層都能躬逢盛會，也做了不少努力，因此規定：投票的人要包括"飽學之士"、商會和"海外華商"，他們的投票將由各自的特派代表直接記錄。為了確保各地都能得出同樣令人滿意的結果，選舉被置於各省最高當局不受制約的絕對掌控之下，他們被懇請對此事投入最認真的關注。

為回應這一法案，袁世凱在一篇訓令中只是將選舉投票的控制權移交給了各省當局，而別的方面，不用懷疑，整個陰謀中的每一個具體細節都已經提前做好了安排。一場嚴重而危險的運動正在積極推行，直到此時，北京的外交使團才開始對這個事實有了很深印象，有人公開表明某種憂慮。人們知道，作為袁世凱的死對頭，日本不可能永遠保持沉默。果然，10月28日，日本聯合英、俄兩國，就這場運動的真實意圖，向中國外務部提出了正式質詢。不過，日本人又小心翼翼地聲稱，他們只是出於對普遍和平的關切才採取這樣的行動。但是，日本人的警告，明白無誤地表明了他們對此事的關注，這引起了人們的嚴重憂慮，因為，上一年5月關於"二十一條"的最後通牒，人們至今記憶猶新。11月初，中國外交總長針對這些質詢做出了口頭答覆，聲稱，這場運動已經走得太遠了，根本沒辦法停下來，並且強調，關於公共安全，外國列強不必感到擔心。所有協約國（現在又有法國和意大利加入了進來）對這一答覆都很不滿意，於是重新提出了交涉，幾天之後，他們收到了一篇正式照會，照會中給出了絕對保證：法律和秩序將得到小心的維護。碰了這樣一個硬釘子，各協約國意識到，如果在這樣的問題上進一步干涉，將會使自己陷入嚴重的困境。於是決定繼續保持密切關注，此外不再採取公開的行動。就這樣，事情的進展非常迅速，到了 12 月，一切都辦妥了。各省的投票結果也統計出來了，他們一致推舉袁世凱為中國皇帝。

關於這一離奇事件的解釋，要等到數月之後雲南起義爆發、南方各省紛紛獨立的時候，才能得以公開。在一本值得注意的、頗具諷刺意味的題為《民意徵實錄》的出版物中，南方革命黨（此時，他們已經能夠接觸到各省所有的秘密檔案）全文發表了來自北京的密令，正是這些密令，導演了這一幕精心策劃的喜劇。雖然篇幅所限，我們不可能在這裏剖析所有的檔案，但其中重要的部分，都原原本本地引用在這裏，以便將其主要演員的性格特點，以及這個為列強所支持的獨裁政權，悉數展現在歷史舞台的燈光之下。這些檔案材料，主要是從北京發往各省的電報，比起一大堆論文來，它們更能說明中國政府的工作方式，因為它們把白天的日光拽進了最神秘的衙門裏，清晰顯示了它是怎樣工作的。

這齣大戲，是由奉天督軍段芝貴等人於 8 月 30 日發出的一份電函拉開大幕的。段芝貴是袁世凱的心腹愛將之一。這份最初的電報是這樣說的：

各省將軍、巡按使鑒：親譯。堂密。國體改用君主之議，各省已全體一致。現擬定第一次辦法，用各省公民名義，向參政院（代行立法院）上請願改革書，表示人民趨向君主之意，再由立法院議定進行之法。大致每省各具一請願書，均由此間代辦，隨將稿底電聞。諸公同意即將尊名並貴省同意紳商列入，俟立法院開院時各省陸續呈遞。總之改革國體問題，將來必用民意機關解決之，我等政界、軍界方面重要人，當靜候時機成熟從之應接而已。一切辦法俟後隨時奉聞。

段芝貴、梁士詒、朱啟鈐、周自齊、張鎮芳、唐在禮、雷震春、江朝宗、吳炳湘、袁乃寬公叩。世。印。

通電這種把戲，始自晚清末造，在後革命時期得以發揚光大，如今又被極大限度地用來向各省傳授這樣的信條：共和政體注定要滅亡，眼下必須採取的及時步驟，就是要利用傳統的法律機器建立君主立憲政體。這樣一來，人們就不會說整個計劃純粹是一場陰謀了。就這樣，到了9月10日，作為上引電報的後續行動，一篇長達數千字的電文，以密碼的形式從北京發往各省的軍政首腦，指示他們如何恰到好處地給無法無天的行為披上一件合法的外衣。電文在對所謂的《國民代表大會組織法》進行一番解釋之後，接下來的這兩段說明文字，無需我多費口舌，很清楚地表明了這幫反動分子所玩的投票把戲是多麼幼稚可笑：

一、本法第一條所稱國體請願事件，以國民代表大會決定之等語。查此次國體請願，其請願書不下百起，請願人遍於全國，已足徵國民心理之所同，故此次所謂以國民代表大會決定云者，不過取正式之贊同，更無研究之隙地。將來投票決定，必須使各地代表共同一致主張改為君憲國體，而非以共和、君主兩種主義聽國民選擇自由。故於選舉投票之前，應由貴監督暗中物色可以代表此種民意之人，先事預備並多方設法，使於投票時得以當選，庶將來決定投票不致參差。

二、本法第二條國民代表以記名單名投票法選舉之，以得票比較多數者為當選等語。查此項代表雖由各選舉人選出，而實則先由貴監督認定，本條取記名單名主義，既以防選舉人之支吾，且以重選舉人之責任，惟既取比較多數當選主義，則必須先事籌維。貴監督應於投票之先，將所有選舉人就其所便分為若干部分，隨將預擬之被選舉人按各部分一一分配之，何部分選舉何人，何人歸何部分選舉，均各於事前支配妥協，各專責成。更於投票時派員監視，更分別密列一單，密令照選，庶當選者不致出我範圍。

此等妙法，是由北京正式規定的，各省軍政首腦不難心領神會，要想保住自己的烏紗帽並極力巴結那位即將成為皇帝的大人物，就必須對這個問題表現出最大的熱心，千方百計確保不會出現難以應付的意外事件。如今，北京政府已經完全被陰謀家控制，他們認為眼下可取的做法是：就即將發生的事給民眾一個直接暗示。於是，9月28日，參政院向各省軍政首腦發出指示：民國國慶日（10月10日）不舉行慶典。這份可疑的電告如此坦白直率，值得我們在這裏抄錄一下：

　　各省將軍、護軍使、巡按使、上海道尹鈞鑒：華密。國慶乃共和之紀念，現既主張君憲，自不必踵事鋪張，表面上但謂民力凋敝宜節浮糜，或謂訛言方興宜防囂動，故寧平淡而無絢爛，以期省財省事，靖安地方。大意如此，屆期如何措注，並候卓裁。堂。有。印。

　　到了10月，北京方面在組織此次“政變”的一般性工作上，進展是如此神速，以至於參政院在10月6日就通過了所謂的“擁帝法案”。就在第二天，為了避免夜長夢多，北京向各省發出了下面這份電報：

　　各省將軍、巡按使鑒：華密。文電計達。四號參政院開會議決國民代表大會法案，將第十二條加入“監督認為必要時，得委任縣知事行之”二語，不日即通告各省，請照豔電所云預先籌備為要。茲由同人公擬投票後應辦事件如下：

　　一、投票決定國體後，須用國民代表大會名義，報告票數於元首及參政院。

　　二、國民代表大會推戴電中須有“恭戴今大總統袁世凱為中華帝國皇帝”字樣。

三、委任參政院為國民代表大會總代表電，須用各省國民大會名義。

此三項均當預擬電文，投票畢交各代表閱過簽名即日電達。至商、軍、政各界推戴電，簽名愈多愈妙，投票後三日內必須電告中央。將來宣詔登極時，國民代表大會及商、軍、政各界慶祝書，亦請預擬備用。特先電聞，餘再函達。

啟鈐、自齊、士詒、忠樞、鎮芳、在禮、乃寬、士鈺、震春、炳湘叩。陽。

通常情況下，人們認為，這些足夠明確的指示，已經給了各省當局掌控事態的許可。但實際上，由於謠言盛傳，說是有危險的反對活動（既有國內的也有國外的）正在籌劃當中，北京方面因此一直抱有深重的憂慮。所以，有必要以某種不留後患的方式，將事情鉚得更緊一些。於是，在 10 月底（僅僅在日本及其盟友提出"忠告"的兩天之前），下面這份補充指示被電告各省，按照這份指示的設計，到嘴的肥肉絕對沒有任何滑落的可能。細心的讀者會注意到，在這些非同尋常的電文中，所有偽裝都已掀到了九霄雲外，惟一重要的核心問題，就是及時選舉並擁戴袁世凱為皇帝，它幾乎是以一種厚顏無恥的坦率，堅決要求採取一切可能的防範措施，以確保這個結果的實現：

各省將軍、巡按使鑒：華密。敬電悉。國體投票開票後當即行推戴，無須再用投票手續，即由公等演說：君憲國體既定，不可一日無君，諸位代表應推戴袁世凱為中華帝國大皇帝，如贊成應起立。表決後即將擬定之國民推戴書交請各代表署名，事畢再由公等演說。推戴及催促大皇帝即位之事，可用國民代表名義，委託代行立法院為總代表辦理一切事務，期必得請而後已。即將頂擬之國民代表致代行立法院電稿交請各代表贊成，事畢再將決定國體票數及推戴書原文並委託總代表情形分為三電：一面用國民代表名義正式電知代行立法院，一面由公等電達大總統，隨後再將票紙及推戴書齎呈政府。至推戴書文內必須紋入字樣，已將漾電奉達，此四十五字萬勿更改，其餘文字即由貴省自行起稿。

又，推戴書及委託總代表二件，係法律外之事，切勿電詢事務局，以免難於答覆。

啟鈐、自齊、鎮芳、士詒、忠樞、乃寬、士鈺、震春、炳湘叩。宥。

此電發出兩天之後，人們擔心已久的事情發生了：日本方面採取了行動，形勢為之一變。對於這棟如此小心翼翼地搭建起來的紙牌玩具房子來說，日本人 10 月 28 日的 "忠告"，事實上就是一顆名副其實的炸彈。但這場密謀已經走得太遠，擁立者所能贏得的獎賞也實在太大，以至於沒有甚麼事情能夠讓他們懸崖勒馬。此後一個多星期裏，一場不顧一切的掙扎繼續在總統府的幕後努力進行着。袁世凱是個老滑頭，他不會不知道形勢正在急轉直下，當然也不會不知道，如果事情辦砸了，自己將是首當其衝的受害者。但家庭的影響和那幫陰謀家們的聲音實在太大了，到最後，他不得不同意跨出更遠的一步。那幫君主主義者們，遵照"先下手為強"的原則，大膽行動，號召各省先行投票，並在所有政府公文和請願書上將總統的名頭替換成"皇帝"，以造成"既成事實"。

1915 年 11 月 7 日朱啟鈐等通告各省某國藉口恐有變亂強拉英俄隨同勸告政府取委蛇態度國民一方面宜表示決心電

各省將軍、巡按使鑒：自譯。堂密。某國近藉口中國人心不一，恐有變亂，強拉英、俄隨同勸告。其實各國皆知中國不致有亂，然不得不勉強附和。在我國，內政若聽人勸告，即行停緩，是認其干涉也。此事萬無緩辦之理，各省票數全體推戴齊至時，政府自當稍取委蛇遜讓態度，以表示重視邦交之意。而在國民一方面，則宜表示決心有進無退，使外人見我萬眾一心，第能信我改建帝制毫無變亂之可慮。則日之勸告，自歸無效而消滅矣。文武官吏為人民之表率，此時全國既決定推戴，官吏即可據而見諸實行，實行而毫無阻滯，則中外心理相信更堅矣。前電所陳速改尊稱即係此意，想卓見必以為然而從速舉辦也。再，此事務希萬分秘密無漏為要，並盼先覆。

啟鈐、自齊、士詒、鎮芳、忠樞、在禮、乃寬、士鈺、震春、炳湘叩。陽。

如今，壓上所有賭注作最後一擲的那粒骰子，就是要讓各省儘快通過投票。善於吹牛拍馬的官員們，重新操練起了他們熟悉的官樣文章，而袁世凱則儼然成了一長串中國君主的合法繼承者，這個龐大的隊伍一直可以追溯到傳說中的堯舜時代（公元前 2800 年）。到了 12 月初，眼見得投票就要大功告成，結果也已陸續電告北京。12 月 11 日，參政院匆忙召集會議，結果發現"國民代表大會"全體一致推選袁世凱為皇帝。於是，他們以一份措辭謙卑的請願書正式勸進。袁世凱謙虛地拒絕了，第二份請願書很快又遞交到了他的手裏，這一次，他以下面這份著名的文告愉快地接受了：

　　天下興亡，匹夫有責。予之愛國，詎在人後？但億兆推戴，責任重大，應如何厚利民生，應如何振興國勢，應如何刷新政治，躋進文明，種種措置，豈予薄德鮮能所克負荷？前次掬誠陳述，本非故為謙讓，實因惴惕交縈，有不能自已者也。乃國民責備愈嚴，期望愈切，竟使予無以自解，並無可諉避。第創造弘基，事體繁重，洵不可急遽舉行，致涉疏率。應飭各部院就本管事務，會同詳細籌備，一俟籌備完竣，再行呈請施行。凡我國民，各宜安心營業，共謀利福，切勿再存疑慮，妨阻職務。各文武官吏，尤當靖共爾位，力保治安，以副本大總統軫念民生之至意。除將國民代表大會總代表推戴書及各省區國民代表推戴書，發交政事堂，並諮覆全國國民代表大會總代表代行立法院外，合行宣示，俾眾周知。

　　此令。中華民國四年十二月十二日。

自始至終都小心謹慎，我們可以看到，袁世凱之所以用這樣的辭令表示接受，乃是為了傳達這樣的觀念：他是迫不得已才違背本願接受這一行動方針的。對於登基大典如何實現，則未置一詞。此事被小心翼翼地暫時擱置，只是吩咐政府部門進行一些必要的準備。北京官場的態度，在一封 3 天之後發往各省的電報中得到了很好地說明，其中特別分析了日本與各協約國的關係。通篇阿諛奉承的腔調尤其惹人注目，也表明了如今的吹牛拍馬之風是如何盛行。

1915 年 12 月 14 日統率辦事處致各省國體已經決定並對外情形電

各省將軍、巡按使鑒：華密。十一日代行立法院以全國決定國體票數及全國推戴書奏請登極，皇上謙退未受，院再合詞籲請，奉令飭各部院籌備再行登極等因，詳見連日命令，茲不復述。我國民全體，以共和國家根本常搖，政策常變，不能長治久安，尤無圖強之望。現在國體業經決定，帝位亦已有歸，國本既固，富強有基。我等均為皇上股肱心腹，誼同一體，自當努力同心，盡忠報國，此為開國最要之精神。至登極大典，係形式儀文，遲早無甚關係。皇上遇事謙謹，力求周密，我等亦宜善體此意。至外交方面亦須妥為接洽，以免承認遲延，交際為難。日本對我改行帝制，曾約其協商國勸告暫緩，而各國意見參差，無甚力量，其國元老派、軍人派又均反對其政府勸告之舉，惟東京報紙造謠恫嚇，無奇不有，則皆浪人派之伎倆。我如自內延緩，是適受其干涉，國將不國；如立即宣佈登極，是拒之太甚，亦慮其准堪，必將阻撓承認。現在我國國體已經決定，皇上已經承受推戴，事實上已無問題，各界均可安心辦事。而舉行大典本有交際儀節在其中，不妨從容籌行，庶對內對外兩得其全。希密會此意，切勿宣播為要。處。願。印。

這之後，就只剩最後一腳棋要走了——有必要將所有罪證付之一炬。12 月 21 日，與這樁離奇事件有關的最後一份電函，從北京發出了，其中「公私函電容有誤出於法律範圍之外者」的說法，顯得一派爛漫天真。所有這些不法行為，都應該被寬厚仁慈地擦得一乾二淨，方法倒也簡單而絕妙，就是求助於灶下的爐火。以這種方式結束這場鬼戲，倒也十分般配。

各省將軍、巡按使，福州、貴陽護軍使，承德府、歸化廳、張家口都統，打箭爐鎮守使鑒：華密。國體改革今已幸告成功，固由人民心理之皆同，而諸公事前之提倡，與臨事之維持，神明於法律事實之中，以求達救國之目的，其用心為尤苦，其擘畫為尤勞。亦明知人民公意，群厭共和，然非有人引而伸之，扶而進之，則相顧莫敢先發，終不能期其表現。

溯自此項問題發生以來，其始由各地人民、各地長官之請願，已足徵眾民意思之所歸，而欲以眾民之意思進而為機關之意思，於是有國民代表大會之設。自《國民代表大會組織法》公佈施行以來，在熱心國是者，又欲求機關之意思，不背於眾民之意思，各求於執行法律之中，更參之以事實之運用。故當事務進行之中，彼時公私函電容有誤出於法律範圍之外者，雖經權並用，係出於愛國之熱誠，而事過境遷，則皆為無用之陳跡，且此項文電無論如何慎密，終涉跡象。倘為外人偵悉，不免妄肆品評，更或史乘流傳，遂留開國缺點。中央再四思維，以為不如一律查明燒毀，庶得以清積牘而免遺憾。為此電請貴監督，凡關於此次國體問題一切文件，除法律規定應行存案者，無論中外各地方所來公私文電公函，一律查明由貴監督眼同燒毀。如有曾經行知各地方官吏者，亦查明件數，飭克期繳還，一同燒毀，並於燒毀後將燒毀件數電知本局，以便查核。蓋此次國體改革，為我國歷史上莫大之光榮，不特徵誅揖讓，無此宏模，即揆之外國之名譽改革，應亦未遑多讓，盡美盡善，不容有瑕隙之留。諸公皆開國元勳，當必同此意志，萬望趕速慎密辦理。謹此奉達，並盼覆音。

　　辦理國民會議事務局。個。印。

第十二章
雲南起義

　　無論客觀形勢怎樣，前面所講述的歷史奇觀，都會以一種與其開局並無不同的奇特方式，奔向它既定的結局，這只不過是自然而然的事情罷了。袁世凱，這位尚未加冕的皇帝，平靜無事地享受他的空頭銜實際上也不過只有兩個星期。由他的接受皇位而引發的最初騷亂漸次平息之後，那種似夢似幻的古怪氣氛，變得越來越顯而易見了。雖然 1915 年在慶祝新政制的華燈異彩中悄然落幕，新的一年，也遵照古老的東方慣例而改號"洪憲"，但冠冕堂皇的喜氣洋洋，就像已經被民眾的懷疑所喚醒的睡眠一樣虛假。

　　新年的鐘聲剛剛敲響，充滿不祥預兆的謠言就在外交圈子裏不脛而走，說的是南方形勢有了戲劇性的發展，這不僅直接挑戰了苦心經營數月之久的密謀，而且也使得天下大亂看來已經不可不免。幾天之後，事情已經變得眾所周知，中國最南端的省份雲南，已經通電中央政府。這是一份並沒做太多掩飾的最後通牒：要麼取消君主政體並將首要分子立即法辦，要麼各省將採取他們認為合適的步驟。下面抄錄的電文，是北京《政府公報》某位吃了豹子膽的編輯在 12 月 31 日發表出來的，一時間震驚了北京城。儘管頗具戲劇性，但精明的讀者不會不注意到，其中蘊含着多麼豐富的諷刺意味。

北京。大總統鈞鑒：華密。自國體問題發生，群情惶駭，重以列強干涉，民氣益復騷然。僉謂：誰實召戎，致此奇辱，外侮之襲，責有所歸。乃聞頃猶籌備大典，日不暇給，內拂輿情，外貽口實，禍機所醞，良可寒心。竊惟我大總統兩次即位宣誓，皆言恪遵《約法》，擁護共和。皇天后土，實聞斯言，億兆銘心，萬邦傾耳。《禮》曰：與國人交止於信。又曰：民無信不立。食言背誓，何以御民？綱紀不張，本實先撥。以此圖治，非所敢聞。計自停止國會，改建《約法》以來，大權集於一人，凡百設施，無不如意。憑藉此勢，以改良政治，鞏固國基，草偃風從，何懼不給？有何不得已而必冒犯叛逆之罪，以圖變更國體！比者，代表議決，吏民勸進，擁戴之誠，雖如一致，然利誘威迫，非出本心，作偽心勞，昭然共見。故全國人民，痛心切齒，皆謂變更國體之原動力，實發自京師。其首禍之人，皆大總統之股肱心膂。蓋楊度等所倡之籌安會煽動於前，而段芝貴等所發各省之通電促成於繼。大總統知而不罪，民惑實滋。查三年十一月二十四日申令有云：民主共和，載在《約法》，邪說惑眾，厥有常刑。嗣後如有造作讕言，紊亂國憲，即照內亂罪從嚴懲辦等語。楊度等之公然集會，朱啟鈐等之秘密電商，皆為內亂重要罪犯，證據鑿然。應請大總統查照前項申令，立將楊度、孫毓筠、嚴復、劉師培、李燮和、胡瑛、段芝貴、朱啟鈐、周自齊、梁士詒、張鎮芳、袁乃寬等，即日明正典刑，以謝天下。渙發明誓，擁護共和，則大總統守法之誠，庶可為中外所信，而民怨可稍塞，國本可稍定矣。繼堯等夙承愛待，忝列司存，既懷同舟共濟之誠，復念愛人以德之義，用敢披瀝肝膽，敬效忠告。伏望我大總統改過不吝，轉危為安，民國前途，實為幸甚。再者，此間軍民，痛憤久積，非得有中央永除帝制之實據，萬難鎮勸。以上所請，乞於二十四日上午十點鐘以前賜答。臨電涕泣，不知所云。謹率三軍，翹企待命。

開武將軍督理雲南軍務唐繼堯、雲南巡按使任可澄叩。漾。印。

從一開始就很清楚，正是自尊心使得已經騎上老虎背的袁世凱沒法全身而退。在他的指示下，參政院給雲南發出了一連串措辭強硬的電報，試圖勸阻共和領袖們不要造反。但開弓沒有回頭箭，這粒骰子已經擲出去了，起義的大旗已經非常嚴肅地升起在雲南首府的上空，民眾也誓死血戰。所有一切都指向一個事實：此次起義，與 1913 年 7 月爆發的那次草草收場的"二次革命"，必將大為不同。所有行動都鎮定從容、深思熟慮，其清晰可見的兇險結局，給一些近距離觀察者留下了深刻的印象。

然而此時的北京城，依然睡眼惺忪、恍恍惚惚。在整個 1

月份，夢中帝國的輝煌幻影，已經融入了稀薄的空氣中，充斥着各大報紙的版面。據報告，印在黃綾紙上的登基詔書，已經做好了廣為散發的準備；12方新的玉璽或金璽已製作完畢；一把金椅子和一輛路易十五式的豪華馬車也差不多準備就緒。全國各地的官員面對袁世凱像宣誓效忠的儀式，很快也安排妥當；擅長吹牛拍馬的文人學士們，則正在不亦樂乎地準備一卷高文典冊，題目果然文縐縐的，叫做《帝國金鑒》，書中，這位新君主的美德被高調頌揚。據說，為了給古老的典禮（這也是必須恢復的）披上深奧莫測的外衣，每位官員都必須手握笏版（一塊象牙板），抱持胸前。只要提到這玩意兒，就足以讓當地的象牙價格迅速飆升。

就連袁世凱家客廳的秘密，也不脛而走。故事說的是，袁世凱如今完全相信自己的偉大計劃已經大功告成，於是穿上全套龍袍，在家裏排練那套將要在他的宮廷裏首先上演的典禮儀式，到那時，他將要給自己的眾多妻妾封銜。端坐在龍椅之上的袁皇帝，正忙着指導這幫身着華麗裝束的女人興致勃勃地扮演她們的角色。正在這時，他注意到了一位朝鮮夫人的缺席，據說，這位小妾是他在派駐漢城期間，與日本駐朝使節進行那場引發甲午戰爭的比賽時，所贏得的禮物。有人告訴他，朝鮮太太之所以拒絕參加排練，乃是因為她對自己的封銜頗多不滿。袁世凱態度堅決地讓人去把她請來，吩咐她就位。但這位太太剛一到，就歇斯底里地尖叫起來："當年你娶我時就曾對我說，不會有哪位妻妾的地位比我更高。如今我卻只是個二等嬪妃。"說着說着就一頭撞向那位佔據了尊位的年紀最長的妻子，並狠狠地撕扯她。混亂之中，袁世凱從他的龍椅上慌裏慌張地走了下來，試圖制止她們，結果白費力氣。兩個女人打得難分難解，直到她們的衣袍被撕得粉碎。

瞧，當一場大災難正在醞釀的時候，北京卻在玩這種孩子氣的把戲。

要想把雲南所發生的事情說出個子丑寅卯來，有必要追溯一下那位著名年輕將領蔡鍔的故事，在新近爆發的這場起義中，此人是個靈魂人物。

辛亥革命中，各省都是根據這樣一個假想來採取行動：它擁有與生俱來的自治權，並且據此認為，地方和國家一樣，也可以迅速組建一個完整的臨時政府。雲南，是最早響應武昌起義的省份之一，而且事實上讓自己成了一個獨立的共和國，並因為保持着鐵的紀律而廣受關注。雲南省擁有一個公正而高度組織化的軍事體系，這主要應歸功於與法屬殖民地接壤，一任接一任總督前赴後繼的努力，為的就是要提供一支足以擔當大任的邊防力量，它必須能夠完全確保最近贏得的自治。當時指揮着一支勁旅的蔡鍔將軍，被推舉為該省的總司令。走馬上任剛剛幾週的時間，蔡鍔就把所有堅持帝制理想的官員趕跑了，並讓所有地方組織自謀生路。據報道，即使是在 1911 年，這個年輕人就夢想着在南中國的崇山峻嶺中建立起自己的王朝——這個野心也未必毫無實現的可能，因為他在東京的軍官學校接受過一流的軍事教育，並對現代政府理論有着全新而透徹的理解。

這些報道當時曾引起過袁世凱的極大關切，所有熟悉這位雲南領袖的人，都知道他是個我行我素的天才，他們都曾向袁世凱嘀咕過這些話。依照袁世凱的政策，所有可能挑戰自己權威的人，都應該設法弄到北京來。於是，1914 年初，袁世凱便以一個更高的地方職位為誘餌（因為蔡鍔並沒有參與 1913 年的叛亂），誘使蔡鍔撂下了雲南督軍的烏紗帽，北上進京。

　　然而，一旦人在北京，也就身不由己了。袁世凱只給了他一個負責地稅改革的職位，名義上這是一項非常重要的工作，那幫外國批評家已經鼓吹了很長時間。但一方面因為那裏無錢可用，另一方面袁世凱的算盤也清楚得很，不過是要把他留在自己眼皮底下而已。蔡鍔因為這樣的約束而窩了一肚子火，於是便開始與那幫流亡海外的革命黨人暗通款曲。當他很快成為一個公開的懷疑對象時，為了避免被逮捕，他做出了一個大膽舉動，在帝制運動剛剛開始的時候，他就帶頭在駐京將軍們呼籲建立帝制的請願書上簽下了自己的大名，這一舉動保住了自己不會被立即收拾。但由於他和梁啟超暗地裏勾勾搭搭（此時的梁啟超，已辭去司法總長之職，為了反對帝制運動而離開了北京），對他的監視也就越來越嚴密了，甚至有人暗示要他的頸上人頭。

　　但蔡鍔不愧是個機靈人，機靈到足以用一招出奇制勝的妙計，來應付眼下險惡的處境。有一天，蔡鍔與妻子之間發生了一場精心安排的爭吵，他一怒之下叫來了警察，讓他們看看他這個家，他所有的財產都被他該死的老婆席捲一空，帶到天津去了。如今，蔡鍔將軍在北京城孑然一身，表面上終日沉湎於寡廉鮮恥的放蕩生活，尋歡作樂，夜夜笙歌，成了北京外城區一個聲名狼藉的花花公子。那種地方，充斥着奇聞軼事和形形色色的女冒險家，是一個富有傳奇色彩的浪漫之地。等到政府的猜忌完全麻痹的時候，他在一位歌女的安排之下，拂曉時分從她住處的後門悄悄溜了出去，一溜煙跑到了火車站，眨眼之間，人不知鬼不覺地到了天津。

這個清晨，天亮得似乎特別早，這在那幾個整夜監視他的密探們看來，不免十分可疑。緊接着他們發現，那位正在車廂裏呼呼大睡的車夫，對主人的下落也一無所知。他們粗暴地闖進了他過夜的房間，沒想到竟然發現，鳥已經飛了。匆忙之間，命令將他立即逮捕的電報被發往四面八方，尤其是天津——這個政治流亡者的大本營。但命運之神對他格外青睞，就在警察們開始搜捕他的一刻鐘之前，蔡鍔帶着他的全家，登上了一艘停泊在天津河口的日本輪船，向袁世凱揮了揮手，說聲拜拜。

剛一到達日本，蔡鍔就馬不停蹄地把他的革命同志召集了起來，全體登船，取道中國南海。他一路奔波，12月初的時候進入了雲南境內。他發現，起義的準備工作已經萬事俱備，只欠東風，雖然武器和軍需還稍嫌匱乏，必須作進一步的籌劃。

蔡鍔的逃之夭夭，令袁世凱勃然大怒，他電告雲南的密探：見則殺之。幸運的是，蔡鍔已經得到了警告，重大活動概不露面。倘若能給他兩個星期優雅從容的時間，他或許就能展開一場最漂亮的現代化戰役，因為他是一名卓越的軍人。他的計劃是，憑藉雲南天險，下長江，經重慶，一舉佔領長江上

游，直逼遼闊廣袤的四川省。但對蔡鍔和他的同志們來説，形
勢刻不容緩，必須儘快發出他們的最後通牒，不可能有兩個星
期的時間了，這樣一來，傳達給中央政府的警告，只能讓雲南
的攻勢大打折扣。

　　迫使他們不得不立即採取行動的形勢，正是我們接下來要
講的。正如我們在前次起義的相關記錄中所看到的那樣，長江
地區在中國的政治版圖上，有着舉足輕重的意義。這裏提供了
進入中國的心臟地帶並觸及半數以上省份的方便通途，作為交
通手段，它的價值的確無法估量。正是因為這個原因，袁世凱
才在 1913 年評定叛亂之後，在沿江城鎮塞滿了他的軍隊，這
些軍隊由那些他自認為不會被收買的將領們所指揮。他們中的
首領，便是駐兵南京的馮國璋將軍，他掌握着這條大江的力量
平衡。在那場注定倒霉的帝制運動開始之前，馮國璋的政治立
場雖然不無可疑之處，卻完全能夠抵抗住南方革命黨所開出的
任何誘人的價碼。但在運動期間，馮國璋將軍對那位自封的
皇帝頗多微詞，以至於暴露了自己；另一位高級將領（海軍上
將、淞滬鎮守使鄭汝成）得到了暗殺他的指令。然而這位鄭將
軍非但沒有奉命行事，反而向他的行刺對象通風報信，結果導
致了這位不幸的將軍在上海街頭被人用來復槍殘忍殺害，因為
他出賣了主子的信任。出現這樣的結局之後，馮國璋將軍暗通
革命黨也就無足為怪了。革命黨也得到了暗示，只要他們一進
入長江流域，馮國璋立即就會率領他的全班人馬，與革命黨
人並肩作戰。對此，袁世凱已經通過他的情報系統也有所了
解。依照他的慣用伎倆，袁世凱命令馮國璋進京擔任參謀總

長——這個任命將把馮國璋置於直接監視之下。馮國璋則左一個藉口右一個藉口，硬是賴在南京不挪窩，這樣，既能夠日復一日地拖延下去，而又不至遭到抗命不遵的嚴厲指控。但是到最後，形勢逼人，老馮再也賴不下去了，只好打電報給蔡鍔，說：如果雲南方面不加速行動的話，他就不得不離開南京了。把這樣一個重要樞紐拱手交給袁世凱的某位心腹黨羽，這意味着整個長江流域共舉義旗的希望將徹底泡湯。

接下來，為了保住馮國璋，年輕的愛國志士蔡鍔不得不匆忙拋出他的最後通牒，因此，兩周的時間實在是太短了。這之前，要讓雲南的軍隊穿越崇山峻嶺進入鄰省四川並佔領重慶——這裏作為長江的咽喉要道，大有“一夫當關，萬夫莫開”之勢，無疑將阻擋南方軍前進的步伐。蔡鍔後來的喪命，主要也是由於這次強行軍的艱苦卓絕，他們跋涉崎嶇不平的山路，那裏懸崖峭壁，直插雲霄。一路上的風餐露宿，弄垮了蔡鍔的身體，肺結核最後要了他的命。但至少有一件事情，讓他堅決果敢的行動變得更有把握。隨着雲南的公開起義，幾個鄰省也紛紛跟着出牌，這樣一來，馮國章將軍就有了藉口，於是電告北京：對他來說，這時候離開南京的職位而想要確保不出亂子，是完全不可能的。這樣遮遮掩掩的恐嚇，袁世凱當然心知肚明。他毫不客氣地將了一軍，使出了一招“必殺棋”。

自始至終，他都在以自己慣有的精神勁頭採取行動。軍隊被大批大批地派往四川，他們乘坐強行徵調來的舢板船，沿長江溯湍流而上。如今，為了爭奪戰略重鎮重慶，那些來自雲南的登山健將和來自北方的平原居民之間，展開了一場離奇的賽

跑。幾週過去，結果尚未見出分曉。因為，儘管四川省乃是由
北方守軍所控制，但他們的發言權相對較弱，而且被周圍那些
政治態度尚不明朗的四川軍隊團團圍住。然而到最後，袁世
凱的人馬先行到達了終點，重慶保住了。艱苦而持續的山地
戰隨之打響，戰鬥中，南方軍只取得了部分勝利。裝備精良
的山地炮兵很少，供應充足的補給也很少，南方軍不得不主
要依靠遊擊戰。對於荒山野嶺間的這場生死決戰，相關的記
錄少之又少，不過我們知道，最初，雲南的軍隊幾乎全軍覆
滅，剩下的殘兵敗將，不是死於疾病，就是死於風霜雪雨的
摧殘。

　　然而，另外一些事件，卻迅速變得不可收拾。貴州幾乎是
立刻就效法雲南的榜樣。第三個加入這支隊伍的省份，是在德
高望重的老將陸榮廷領導之下的廣西。正如 1911 年一樣，有
一點逐漸變得清楚了，那就是，在一場錯綜複雜、設計精巧的
比賽中，軍隊，只不過是一粒棋子罷了。

第十三章

夢斷黃粱

　　正如武昌起義時的情形一樣，最具決定性的工作，既不是在輿論上也不是在戰場上完成的。在這場新的最後決戰中，決定性的因素是在幕後組織的，並且在人們看不見的地方靜悄悄地完成了他們的任務。雖然整個官僚階級（首當其衝的是袁世凱），面對日漸逼近的厄運，千方百計要保全自己，但一切都是徒勞。收場的鑼鼓，正緩慢卻冷酷地敲響，他們將不得不面對最後的清算。

　　理由並不難找。為了讓一個令中國蒙羞長達四年之久的政權苟延殘喘，知識階層的道德感，承受普遍欺騙和謊言的凌辱，已經實在太久了，長此以往，人何以堪！到處都有人在說，袁世凱已經不是從前那個袁世凱，事實上他虛弱而易怒——他過早地衰老了，由於過於頻繁地忙着創造歷史，由於在後宮裏消磨了太多的時光。他的確成了一個純粹的"泥腿巨人"，人們完全可以用他從前摧毀滿清時一模一樣的手段把這個泥腿巨人推倒在地。就連他的外國支持者們，也開始厭倦他、懷疑他，如今，他的大名與無休無止的麻煩糾纏在一起。再也沒有人信誓旦旦地擔保：只要他健在，就有可能帶來一個更加和平的時期。

只要仔細讀一讀梁啟超的告別信，就能夠對當時的大局有一個全面的理解。12月的時候，這位中國知識分子的領袖得到報告，說是有人正在策劃針對他的暗殺行動，他悄無聲息地潛逃出了天津。啟程前夕，他給那位當選的皇帝寄去了下面這封才華橫溢的信函，作為對設計誘他進京的一個答覆。對於每個受過教育的人而言，這封信的深長意味一目了然。其中絕妙的反諷混合着坦率的直言，一吐為快，並預見了袁世凱必然崩潰的命運。它是這樣說的：

　　大總統鈞鑒：前奉溫諭，衝抱之懷，俳摯之愛，兩溢言表。私衷感激，不知所酬，即欲竭其愚誠，有所仰贊。既而復思，簡言之耶，不足以盡所懷；詳言之耶，則萬幾之躬，似不宜嘵瀆以勞清聽。且啟超所欲言者，事等於憂天，而義存於補闕，誠恐不蒙亮察，或重咎尤，是用吮筆再三，欲陳輒止。會以省親南下，遠暌國門，瞻對之期，不能預計。緬懷平生知遇之感，重以方來世變之憂，公義私情，兩難忍默。故敢卒貢其狂愚，惟大總統垂察焉。

　　國體問題，已類騎虎，啟超良不欲更為諫阻，益蹈愆嫌。惟靜觀大局，默察前途，愈思愈危，不寒而慄。友邦責言，黨人構難，雖云糾葛，猶可維防。所最痛憂者，我大總統四年來為國盡瘁之本懷，將永無以自白於天下。天下之信仰，自此墮落，而國本即自此動搖。《傳》不云乎：「與國人交，止於信。」信立於上，民自孚之，一度背信，而他日更欲有以自結於民，其難猶登天也。明誓數四，口血未乾，一旦而所行盡反於其所言，復此將何以號令天下？民將曰：是以義始，而以利終。率其趨利之心，何所不至，而吾儕更何所托命者？夫我大總統本無利天下之心，啟超或能信之，然何由以盡喻諸逖聽之小民？大總統高拱深宮，所接見者惟左右近習將順意旨之人，方且飾為全國一致擁戴之言，相與徼功取寵，而豈知事實乃適相反。即京朝士夫，燕居偶語，涉及茲事，類皆出以嘲諧輕謔；而北京以外之報紙，其出辭乃至不可聽聞。山陬海澨，閭閻市廛之氓，則皆曰皇皇焉，若大亂之即發於旦夕。夫使僅恃威力而可以祚國也，則秦始、隋煬之胤，宜與天無極；若威力之外猶須恃人心以相維繫者，則我大總統今日豈可瞿然自省，而毅然自持也哉？

或謂既張皇於事前，忽疑沮於中路，將資姍笑，徒損尊嚴。不知就近狀論之，則此數月間之營營擾擾，大總統原未與聞，況以實錄證之，則大總統敝屣萬乘之本懷，既皭然屢矢於天日，今踐高潔之成言，謝非義之勸進，益章盛德，何嫌何疑。

或又謂茲議之發，本自軍人，強拂其情，懼將解體。啟超竊以為軍人服從元首之大義，久已共明，夫誰能以一己之虛榮，陷大總統於不義？但使我大總統開誠佈公，導之軌物，義正詞嚴，誰敢方命！若今日以民國元首之望，而竟不能輯陳橋之謀，則將來雖以帝國元首之威，又豈必能弭漁陽之變？倒阿授柄，為患且滋，我大總統素所訓練蓄養之軍人，豈其有此？

昔人有言，凡舉事無為親厚者所痛，而為見仇者所快。今也水旱頻仍，殃災洊至，天心示警，亦已昭然。重以吏治未澄，盜賊未息，刑罰失中，稅斂繁重，祁寒暑雨，民怨沸騰。內則敵黨蓄力待時，外則強鄰狡焉思啟。我大總統何苦以千金之軀，為眾矢之鵠，捨磐石之安，就虎尾之危，灰葵藿之心，長崔苻之志。啟超誠願我大總統以一身開中國將來新英雄之紀元，不願我大總統以一身作中國過去舊奸雄之結局。是用椎心泣血，進此最後之忠言。明知未必有當高深，然心所謂危而不以聞，則其負大總統也滋甚。見知見罪，惟所命之。

啟超猶有數言欲忠告於我大總統者。立國於今世，自有今世所以生存之道，逆世界潮流以自封，其究必歸於淘汰。願大總統稍捐復古之念，力為作新之謀。法者上下所共信守，而後能相維於不敝者也。法令一失效力，則民無所措手足，而政府之威信亦隳。願大總統常以法自繩，毋導吏民以舞文之路。參政權與愛國心關係至密切，國民不能容喙於政治，而欲其與國家同體休戚，其道無由。願大總統建設真實之民意機關，涵養自由發抒之輿論，毋或矯誣過抑，使民志不伸，翻成怨毒。中央地方，猶枝與幹，枝條盡從凋悴，本幹豈能獨榮？願大總統一面顧念中央威權，一面仍留地方發展之餘地。"禮義廉恥，是謂四維，四維不張，國乃滅亡。"使舉國盡由妾婦之道，威逼利誘，靡然趨炎，則國家將何以興立？願大總統提倡名節，獎勵廉隅，抑貪競之鄙夫，容骨鯁之善類，則國家元氣不盡銷磨，而緩急之際，猶或有恃矣。

以上諸節，本屬常談，以大總統之明，豈猶見不及此？顧猶拳拳致詞者，在啟超，芹曝之獻，未忍過其微誠；在大總統，藥石之投，應不厭於常饔。伏維採納，何幸如之。

去闕日遠，趨覲無期，臨書惆悵，墨與淚俱。專請鈞安，伏惟慈鑒。不盡。梁啟超謹肅。十二月十二日。

這封著名的信函，已經成為民國檔案中的歷史文獻。人們再一次竊語相告，說的是，這一重大警告，對這位當選皇帝的震動是如此巨大，以至於他險些就放棄了這項如今讓自己深陷其中的災難性的計劃。但最後，家庭的影響到底佔了上風，這個在劫難逃的傢伙，固執而堅定地繼續推行自己的計劃，竭力鎮壓起義，企圖鞏固他搖搖欲墜的位置。

千方百計也要把國際勢力對局面的影響減少到最小。北京那些吹牛拍馬的本國報紙，長期操練的手藝就是瞎幫忙，這回又開始嚷嚷，說登基大典已定於 2 月 9 日舉行。為此，政府不得不向 5 個協約國發出了一篇函件照會，解釋說根本就沒定這樣的日期，報紙上的報道純屬捏造。為了特別巴結日本，一位高級官員被任命為特使前往東京，打算接受工業特許權（這一計劃曾遭正式拒絕，如今必須這樣去安撫一下）。日本方面冷淡地知會北京：由於“宮廷約定”，日本天皇將不可能接待任何中國特使。碰了這顆硬釘子之後，北京的注意力完全集中在了“討伐遠征”上，要嚴懲犯上作亂的南方軍，8萬雄兵被投入戰場，另有8萬預備隊整裝待命。

為了努力把那些搖擺不定的人也爭取過來，於是便不分青紅皂白地大肆派發貴族執照，從親王一直到公、侯、伯、子、男，一夜之間就新鮮出爐了一大批，許多封爵申請甚至是頭天夜裏被拒絕的。中華民族最珍貴的財富之一，就是他們的幽默感。每個人（或者說幾乎每個人）都知道，這些嶄新的貴族執照，其價值還抵不上那張書寫執照的紙；未來幾年裏，這幫冒牌貴族將會遭遇比丟臉更糟糕的下場。

法國接到了要求關閉越南北部邊境的請求，因為，革命黨人和武器源源不斷地通過法國人的鐵路進入造反的雲南省，這實屬心腹大患。但這一請求同樣遭到了拒絕。

一頂“郡王”的高帽子，最後戴在了廣州督軍龍濟光的頭上，廣州是個戰略要衝，而龍濟光又是中國最冷血的劊子手之一，袁世凱希望用這頂高帽子激勵一下龍濟光，讓他表演一場殺人狂歡，把南方軍碾得粉身碎骨。然而適得其反，龍濟光竟倒戈相向，看來就連劊子手也知道審時度勢。

同樣，還費了不少力氣來強制推行新“皇曆”的使用，不過收效甚微。皇城之外，沒有一個人哪怕是片刻相信：這樣的改革有任何持久性可言。

其間，財政狀況持續惡化，金錢匱乏尤為突出，以至於引起了普遍的恐慌。儘管如此，頭頭腦腦們卻依然拒絕有所警戒。雖然這樣的政治僵局也不斷被人們討論，但帝制主義者們願意作出的最大讓步，也不過是把中國變為一個各省建立自治體的聯邦制帝國。為彌補國家財政的缺口而濫發的紙幣，如今緩慢地摧毀了中央政府的信用，停止兌現只是一個時間問題。到了 2 月底，北京政府不僅正式承認了雲南和貴州的公開造反，而且根據報告，叛軍正要入侵鄰近的湖南省。另據報告，就在四川地方軍有越來越多的人舉行起義的同時，廣西也正在準備脫離中央。謠言滿天飛，說是有人試圖用炸彈暗殺袁世凱。北京城裏，有許多人被捕、自殺。

雖然根據 2 月 23 日的訓令，登基大典被無限延期，但這個舉措來得太遲了。一個月後，袁世凱萬分不情願地公開承認：遊戲結束了。此時，整個國家明顯因為處於一場大動亂的邊緣而瑟瑟發抖。據了解，對袁世凱產生影響的，主要是與英國公使朱爾典的一次重要會見，雖說 3 月 16 日廣西（梁啟超就是跑到那裏去了）的正式宣佈獨立也是一個強有力的動因。3 月 22 日，這位當選皇帝發佈了一篇訓令，明確宣佈放棄整個帝制計劃，並聲稱：他如今要組織一個責任內閣。到這時候，《政府公報》竟然還犯了一個愚蠢的錯誤：發表這篇訓令的時候，並列印着"皇帝詔書"和"總統訓令"——前者是為了應付中國人，後者則是為了糊弄洋鬼子。中國此前還從未見識過如此荒唐的鬧劇。粗略讀過這篇撤銷帝制訓令，就會發現，這次撤退，進行得多麼艱難，多麼狼狽：

民國肇建，變故紛乘，薄德如予，躬膺艱鉅。憂國之士，怵於禍至之無日，多主恢復帝制，以絕爭端而策久安。

癸丑以來，言不絕耳，予屢加呵斥，至為嚴峻。自上年時異
勢殊，幾不可遏。僉謂中國國體，非實行君主立憲，決不足
以圖存，倘有墨、葡之爭，必為越、緬之續。遂有多數人主
張帝制，言之成理，將士吏庶，同此悃忱，文電紛陳，迫切
呼籲。予以原有之地位，應有維持國體之責，一再宣言，人
不之諒。嗣經代行立法院議定由國民代表大會解決國體，各
省區國民代表一致贊成君主立憲，並合詞推戴。

　　中國主權本於國民全體，既經國民代表大會全體表決，
予更無討論之餘地。然終以驟躋大位，背棄誓詞，道德信
義，無以自解，掬誠辭讓，以表素懷。乃該院堅謂元首誓
詞，根於地位，當隨民意為從違，責備彌嚴，已至無可諉
避。始終籌備為詞，借塞眾望，並未實行。及滇、黔變故，
明令決計從緩，凡勸進之文，均不許呈遞。旋即提前召集立
法院，以期早日開會，徵求意見，以俟轉圜。

　　予憂患餘生，無心問世，遁跡洹上，理亂不知。辛亥
事起，謬為眾論所推，勉出維持，力支危局，但知救國，不
知其他。中國數千年來，史冊所載，帝王子孫之禍，歷歷可
徵，予獨何心，貪戀高位？乃國民代表既不諒其辭讓之誠，
而一部分之人心，又疑為權利思想，性情隔閡，釀為屬階。
誠不足以感人，明不足以燭物，予實不德，於人何尤？苦我
生靈，勞我將士，以致群情惶惑，商業凋零，撫衷內省，良
用瞿然。屈己從人，予何惜焉。代行立法院轉陳推戴事件，
予仍認為不合事宜，着將上年十二月十一日承認帝位之案，

即行撤銷，由政事堂將各省區推戴書，一律發還參政院代行立法院，轉發銷毀。所有籌備事宜，立即停止，庶希古人罪己之誠，以洽上天好生之德，洗心滌慮，息事寧人。蓋在主張帝制者，本圖鞏固國基，然愛國非其道，轉足以害國；其反對帝制者，亦為發抒政見，然斷不至矯枉過正，危及國家。務各激發天良，捐除意見，同心協力，共濟時艱，使我神州華裔，免同室操戈之禍，化乖戾為祥和。總之，萬方有罪，在予一人！

今承認之案，業已撤銷。如有擾亂地方，自貽口實，則禍福皆由自召。本大總統本有統治全國之責，亦不能坐視淪胥而不顧也。方今閭閻困苦，綱紀凌夷，吏治不修，真才未進，言念及此，中夜以憂。長此因循，將何以國？嗣後文武百官，務當痛除積習，黽勉圖功。凡應興應革諸大端，各盡職守，實力進行，毋托空言，毋存私見。予惟以綜核名實，信賞必罰，為制治之大綱。我將吏軍民當共體茲意。

此令。洪憲元年三月二十二日。

這樣的“公開道歉”，非但沒有被廣泛接受，反而被普遍視為不打自招：袁世凱差不多被打得落花流水了，再稍稍用力就可以讓他徹底垮台。雖然北方軍在長江上游頗肯賣命，仗打得也還順利，但事到如今，倒袁運動風起雲湧，彷彿是一場令人聞之色變的接觸性傳染病，整個南方都聯合起來反對北京。袁世凱承諾，5月1日將召開一次名副其實的立法委員會議。這樣的空頭支票，遭到了人們的嘲笑。

　　到了 4 月中旬，雲南、貴州、廣西、廣東和浙江 5 省相繼宣佈獨立，另外 8 省則準備望風響應。南方聯盟組織起來了，還在廣東成立了護國軍軍務院，殘忍嗜殺的龍濟光都督也被他們爭取了過來，和他的主子作對。大學者梁啟超，則像隻候鳥一樣飛來飛去，到處煽風點火。據報道，1913 年的老國會正打算在上海復會。時不時地，恐怖分子動用起他們的老法子，以對付北京的官員。諸如此類的謠言加速了北京城的恐慌，導致大批害怕成為刀下之鬼的豪門富戶紛紛逃之夭夭。

　　為了確保袁世凱完全退位並把他放逐到異國他鄉，一場公開的煽動開始了。四面八方的名流顯要，都開始給袁世凱發電報，告訴他必須滾蛋，這些人當中，包括依然控制着長江流域力量平衡的馮國璋將軍。袁世凱從前的每一位死對頭，也都爭先恐後地結束了他們的流亡生涯，返回中國。到了 5 月初，形勢已經變得如此危急，以至於外國使館也不免慌張起來，並開始談到如何採取一致行動以確保他們自身的安全。5 月 6 日，最後的致命一擊到來了：人口超過法國的大省四川也宣佈獨立，這下子，整個北方軍被關進了籠子裏。更有人神色緊張地講述了一個故事，說的是袁世凱聽到這個消息的時候平息怒火的恐怖方式（要知道，四川省是由他至今完全信賴的陳宦將軍所控制）。他怒火中燒，提了一把劍，發瘋似的衝進他特別寵幸的一位小妾的房間，當時，這位小妾正和她出生不久的孩子在房內睡覺。袁世凱將這位小妾一頓暴打之後，把她和孩子都殺死了，丟在血泊之中，揚長而去，以這種方式來紓解那將要壓垮自己的暴怒。對於一個如此長時間被推選為權力執行官的人來說，沒有甚麼比這個故事能更生動地說明他的真實天性了。

5月12日，延緩北京的現金支付已經勢在必行，政府的銀行裏一個銅板也沒有剩下，向美國協商借款的最後努力也徹底告吹。其間，在馮國璋將軍的鼓動之下，一次旨在應付眼前局面的會議在南京召開。而就在5月11日，代表南方聯盟的廣東軍政府已經一致推舉黎元洪為中華民國總統。人們認為，當袁世凱在去年12月13日接受皇位的時候，他就已經不再是總統了。就連南京會議（雖然與會者都是一些見風使舵、搖擺不定的傢夥）也做出了決定：讓袁世凱下台是一種政治上的必要。馮國璋將軍作為會議的主席，在最後的時刻出示了那位倒台獨裁者發來的電報，電報宣稱：如果能保證自己的生命和財產安全，他願意自動下野。

然而，一場更富戲劇性的垮台正在等着他。到5月底的時候，事情已經很清楚了，北京根本就沒留下甚麼政府。真的已經到了窮途末路。所有極度擔心北京會發生兵變的外國使館都知道，袁世凱的神經已經崩潰了。如今，這位病歪歪的主子和那位奴才（梁士詒秘書）惡魔般的形象，構成了一幅蒼白的圖畫，張勳將軍率領一支由野蠻遊牧部落所組成的先遣隊的到來，給這幅蒼白的圖畫，添上了拜占庭風格的筆觸。當時，梁士詒正在想方設法把紙鈔變成真金白銀，為防止北京城被洗劫而尋找必要的現金，結果白費力氣。據說，這時候梁士詒已經說動了他的主子，試圖擲出最後一粒骰子。身邊所剩下的忠誠大將，只有一個安徽都督倪嗣衝，於是便把他的人馬運到了長江上游，希望通過一場兇殘的廝殺來挽回大局，結果也無濟於事。

北京的局勢真的變得非常可怕了。甚至有人説，鄰省山東將要在日本人的保護下成為一個獨立的國家。雖然北京政府在名義上依然是中國的中央政府，但對於在場的觀察者而言，顯而易見的是：經過一系列連續崩潰的過程，政府所剩下的全部家當，只不過是一個和古希臘城邦頗為相當的 "城中之國" —— 一個由神秘人物梁士詒所控制的 "殘缺政府"。首都的公文，頂多只能到達離城牆 10 英里的地方，再遠就鞭長莫及了。各政府部門，對依然在發揮作用的隱蔽勢力充滿厭惡和不信任，他們實際上宣佈了獨立，開始走自己的路，正是這些部門，向公眾要求外國的鈔票，拒絕接受一切中國貨幣。留在 "殘缺政府首腦" 梁士詒手裏的絕對權力，還剩下了一點好東西，那就是對錢幣市場的控制權，他正忙着利用這項權力為自己的錢包打撈最後一塊銅板，並且以此表明：人就像水一樣，不可避免地要流到真正的水平面上。在中國所經受的一切苦難當中，還從沒見到過類似的現象。即使在 1900 年，義和團泡沫被戳破、朝廷溜之大吉以後，也還保全了一定的尊嚴和權威。那時候，一場巨大的災難突然降臨北京，但那場災難就像是一件遮住受害人裸露身體的外衣，而且，當局至少沒有甚麼偽裝。1916 年的夏天，如果不是有一支令人欽佩的警察和憲兵隊伍，毫無疑問，燒殺掠搶每天都會發生，女人們也難免池魚之殃。這是徹底崩潰的最後階段，就算所有中國官員（甚至包括高級官員）都把他們的貴重物品送到城外或使館區以便安全保管，那也不足為奇。老百姓中盛傳着一些離奇古怪的謠言，說是在端午節的時候，將有一場大動亂。而實際上發生的事情，或許更加離奇。

　　6月6日一大早，一個驚人的消息傳遍了北京城：袁世凱死了。最初，沒人相信這個消息，但到了11點鐘的時候，整個使館區都已經明確地知道了：袁世凱就在那天上午10點過幾分的時候死於尿毒症，法國使館的外科醫生始終在場，幾乎直到最後。這位先生稍後簽發的死亡證明，很快就平息了關於他自殺的謠言，雖然有許多人依然拒絕相信他真的死了。據報道，在他斷氣前的幾分鐘，他聲音沙啞地喃喃道："我不想要這個結局，我不想當皇帝。是我身邊的人想要一位皇帝，硬要我登基稱帝。我信了，結果被騙了。"他的生命之光，就這樣搖搖晃晃地熄滅了。如果真的"頑石中有訓誡，湍流中有書卷"，那麼，在這場悲劇中，就有發人深省的教訓。彌留之際，這個不幸的人遵照古老的慣例，發佈了下面這篇"遺命"，在生命的漫漫長夜即將來臨的時刻，努力與人們重歸於好：

　　民國成立，五載於茲。本大總統忝膺國民付托之重，徒以德薄能鮮，心餘力絀，於救國救民之素願，愧未能發攄萬一。溯自就任以來，蚤作夜思，殫勤擘畫。雖國基未固，民困未蘇，應革應興，萬端待理；而賴我官吏將士之力，得使各省秩序，粗就安寧，列強邦交，克臻輯治，撫衷稍慰，懷疚仍多。方期及時引退，得以休養林泉，遂我初服，不意感疾，寖至彌留。顧念國事至重，寄托必須得人，依《約法》第二十九條，大總統因故去職，或不能視事時，副總統代行其職權。本大總統遵照《約法》宣告，以副總統黎元洪代行中華民國大總統職權。副總統忠厚仁明，必能宏濟時艱，奠安大局，以補本大總統闕失，而慰全國人民之望。所有京外文武官吏，以及軍警士民，尤當共念國步艱難，維持秩序，力保治安，專以國家為重。昔人有言：「惟生者能自強，則死者為不死。」本大總統猶此志也。

中華民國五年六月六日。國務卿、陸軍總長段祺瑞。外交總長、交通總長曹汝霖。內務總長王揖唐。財政總長周自齊。海軍總長劉冠雄。司法總長、農商總長章宗祥。教育總長張國淦。

鳥之將亡，其鳴也哀。這篇悲劇風格的文件，在最初的幾天裏，想必會在人們的心中喚起對死者的同情，以及對外國人所扮演角色的深惡痛絕。簡言之，當全部事實真相得以適當歸納之後，我們可以說，袁世凱是被他的外國朋友們給害了，被他們所提出的憲法、財政、政治、外交方面的所謂「建議」給害了。我們不難一步一步追蹤他是如何被引誘而走上了那條不歸之路；也不難看出，在每一個轉折時刻，那些本該教他如何真實、如何忠誠的人，卻引導他既不真實，也不忠誠。當事實真相水落石出的時候，當人們有時間回首凝思的時候，這場悲劇必定會在全世界被深層次地研究。倘若今日還殘存任何理想主義正義感的話，西方世界就應該知道他們必須分擔的責任。

袁世凱，當他 1911 年再度出山的時候，在許多方面都可以說是一個令人驚異的中國人，在一個其統治階級一直都由一些軟弱無能的人（他們因為寒窗苦讀或生活安逸而蒼白無力）所組成的國家裏，他有着罕見的精神活力和強健的身體。交到他手裏的任務，的確是一項艱巨的任務，是一場關係到 4 億人的巨大變革，而且，如果能夠得到明智建議的話，這項任務他未必就不能勝任。在某些事情上他的確很無知，但他有豐富的政治經驗，而且顯然也擁有非凡的學習能力。人民需要一個領袖，帶領他們通過西方的大關口，幫助他們獲得智慧和經驗的寶石（這是人類的共同財產）。他們的身上，充滿了一種接近於伊麗莎白時代的熱切願望，彷彿突然之間發現了一個他們不曾夢見過的新世界，成為他們努力的方向。中國，一直被嘲弄為一個正在衰敗的國家，如今得以重生。

外國又是怎樣回應的呢？在每一次有可能將他們牽扯其中的事務中，極端保守和蒙昧主義不但被普遍採用，而且被熱忱推薦。沒有一次能看到真正政治才能的蹤跡，沒有一次能看到利他主義的靈光閃現，除了美國在 1913 年的秤盤裏金光一閃，當時，威爾遜總統拒絕讓美國參與“善後大借款”，因為他認為那些將被接受的條款會損害中國的主權。其他方面，也就只有對那種正在撕裂歐洲內臟的政策（亦即軍國主義）的默認了。這種極端保守和蒙昧主義，就是他們獻給一個滿懷希望的民族的止渴之梅——它要麼將凋萎於枝頭；要麼，當人們摘下來的時候就會受其毒害。外國人教導他們相信，所謂的政治天資，並不是一種能重建國家的強大動力，而是這樣一種能力：以一種令人信服的方式曲解對手的行動和觀點，並通過他們的錯誤而獲益。共和政體，被西方官僚主義者的行為宣告為一場兒戲，而不是一件嚴肅的事情。通過這一錯誤而殘酷的假想，他們害死了袁世凱。

如果將這樣的碑文鐫刻在他的政治墓碑上，那將像他最後的遺言一樣，是惟一可能充滿事實的東西，儘管這樣的事實令人目眩。

第十四章

新政權

袁世凱死後不到一個小時，處事老練的段祺瑞將軍便以國務卿的身份，拜訪了副總統黎元洪（幾年之前也是他奉命去武漢把黎元洪"請"到北京的），迎請他接任中華民國總統。當天下午1點鐘，匆忙聚集在外交部的各國公使就得到報告：黎元洪將軍已經正式履行職務，首都的和平與安全將會有充分的保障，不必擔憂有任何動盪發生。毫無疑問，一旦老百姓認識到了這幕大戲高潮部分的悲劇性，肯定會有各式各樣的謠言廣為傳播，到時，憲兵和警察部隊（總共約1萬8千人）將會採取一切可能的防範措施。

儘管有這些擔保，但人們還是深感不安。外國使館的人，雖然身在此山中，但對中國的事情卻一知半解，他們不會相信，在經過4年的激烈衝突之後，國內和平能夠在一夜之間突然實現。在當時人們所作出的許多悲觀預言當中，一個最為普遍的預言，出自某些外國全權大使之口。他們認為，日本人將會在3個月之內全面佔領這個國家——阻撓他們前進的有效障礙已經被搬走了。在中國，職業外交官們所犯的錯誤，就像在巴爾幹半島一樣司空見慣，因為要想不犯錯，就必須日復一日，不帶偏見地研究所有這些構成現代民族主義的複雜現象，而他們，既缺乏這樣的願望，也缺少這方面的訓練。其行為幾乎完全聽從個人偏好所指引，這種個人偏好又因為對慣有先例的回憶而不斷得以增強，因此，在每一份外交檔案中都塞滿了堆積如山的錯誤，這也就無足為怪了。外交官們最後的一招棋，就是任何帶有激進主義意味的事情都不幹，一切順其自然，這是他們與塵俗世界妥協的慣用伎倆。他們天生就是蒙昧主義的愛好者，是進步的隱秘之敵。所有這些轟轟烈烈的運動，源於對變革的普遍渴望，外交官們對此不抱任何信任，隨之而來的必然就是，整個外交使團都傾向於那些真正令人憎惡的東西 —— 密約。在目前的情況下，由於對強人政治的徹底垮台深感失望，通過懷疑未來以尋求安慰，也就是一件自然而然的事情了。

袁世凱的傳奇故事，以及歐洲和日本外交官在這個故事中所扮演的角色，對於所有選擇政治作為自己職業生涯的人來說，都將是一個警告。因為，這個故事中，展示了所有權謀理論更邪惡特徵的完整大綱。

黎元洪總統的當務之急，就是重新恢復人們的信心，並向世界宣告：曠日持久的革命就要結束了。所有在京的將軍們被召集到了黎元洪的面前，他誠摯而坦率地告訴他們：國家的未來就掌握在他們的手裏；他請求他們，必須採取行動，以永久保障外國列強不干涉民國的事務。他立刻得到了熱烈的支持。

一次軍事性質的群眾集會，得到了全體現役軍人的響應，他們
願意為維護首都的和平與秩序而擔負起責任。袁世凱統治時期
所開創的可怕亂局因此不再可能出現。幾乎在一夜之間，人們
開始按部就班，一如平常。

　　然而，瘋狂的帝制冒險所留下的財政破壞，依然駭人聽
聞。北京城裏，不僅沒有錢，而且幾乎沒有食物，因為自從國
家暫停供應硬通貨之後，農民拒絕接受人們用紙幣購買他們的
農產品，首都的食物來源也就切斷了。這樣一來，政府就不得
不以象徵性的價格大量出售國家的糧食儲備（那是為軍隊和討
伐南方軍而儲備的）。許多天來，出現了人們熟悉的一幕，那
些穿藍色制服的警察，排成了一眼望不到盡頭的長隊，耐心地
等待領取他們在戰時所約定的微薄薪水。

　　期間，雖然軍隊對新政權保持着忠誠，但那些擁護帝制
的政客卻並非如此。眼見得自己就要退出歷史舞台，他們不
遺餘力地挑撥離間，試圖阻止各省再次與北京統一。如今，
無數的陰謀詭計每個小時都在策劃，以保證國家的控制權
不會按照法律許可的方式行使，倘若連篇累牘地描述這些密
謀，恐怕會令讀者感到厭倦乏味。以梁士詒為首的帝制主義
者們，發現要想消除人們對他們的普遍憎惡幾無可能，於是
便改變策略，竭盡全力試圖讓政府頒佈一紙特赦令。但不管
他們說得多麼天花亂墜，黎元洪總統依然不為所動，拒絕考
慮寬恕他們。作為一個富有正義感和同情心的人，他的意圖
是，在頒佈這樣的赦令之前，要允許國民暢所欲言。不過為
了顯示自己並非前任總統所採用的那些恐怖手段的積極提倡

者，他頒佈了一道命令，及時廢除了臭名昭著的執法處。袁世凱曾把這個機構變成了一架司法謀殺的發動機，1911—1916年間，在它陰森黑暗的管轄範圍之內，數以千計不幸的人，實際上未經審判就被消滅了。

這期間，全國各地的形勢只是緩慢地得到改善。北洋各派系決心要阻止政治權力完全落入南方激進分子之手，於是便強烈反對《臨時約法》的重新生效，公開反對重開 1913 年的舊國會，這個國會的老班底已經聚集到了上海，正準備北上進京。為了給北洋軍頭們一點顏色瞧瞧，已經在靠近上海水域集結的中國海軍採取了行動，海軍司令向北京方面發出了最後通牒，聲稱：只要段祺瑞所控制的政府拒絕順從民意恢復《臨時約法》並重開國會，海軍將拒絕認可中央政府的權威。只要南方聯盟的手裏握有艦隊（至今沒有被正式遣散），北京就沒有能力完全控制長江流域，因此，北京方面為了避免這一合理而正當的解決方法而耍盡花招之後，最後不得不同意，讓事情回到 1913 年 11 月 4 日國會解散之前的狀態 —— 北京政府以聯合內閣的方式重組，內閣成員由南北雙方提名，段祺瑞繼續擔任內閣總理。

6 月 28 日，長長的送葬隊列行進在從總統府到火車站的路上，那位大獨裁者的遺體將被運往河南他最後的安息之地。隊列中最為引人注目的，是那輛豪華馬車，這駕馬車，他本打算作為一個新王朝的開國之君乘它登上皇位，如今卻陪伴他走向墳墓。人群心態各異，隊伍不事鋪張，儀式是按照民國的規矩設計的，這比許多其他觀點更清楚地證明：中國已經多少變得有些現代化了，這個世界上最古老的國家，如今是最年輕的共和國，正在羞怯地學習青春期的成長課程。

袁世凱剛剛入土為安，總統府便頒佈了一道命令，立即逮捕所有的帝制陰謀首犯。但這幫混蛋早就逃之夭夭，已經找到了安全的藏身之地，而且據了解，只要他們繼續留在擁有治外管轄權的土地上，就奈何他們不得，甚至也無法查抄他們的私人財產（這當然是他們在前政府的治下所積攢起來的）。那個充滿背信棄義、兩面三刀、膽怯報復的日子，的確正在成為過去，新政權體面正派，講究"費厄潑賴"。新總統的任務並不簡單，在所有環境中，如果他都能夠遵循安全穩妥的中間道路行事，既避免專制主義死灰復燃，也不把傳統一筆勾銷，那是他訓練有素的明證。

黎元洪總統 1864 年出生於長江中游最重要的省份之一——湖北，如今 52 歲，正當盛年。不過，雖然從年輕的時候起他就戎馬倥傯，早已習慣了軍旅氛圍，但他的政策卻從不帶有軍閥作風。他的父親曾經在南方任指揮官多年，從參將開始幹起，這給了他接受完全現代化訓練的優勢。20 歲那年，他進入天津北洋水師學堂，6 年之後從那裏畢業，甲午中日戰爭期間，入海軍服役，成為一名管輪（輪機長）。甲午戰後，應張之洞總督之邀，加入了他在南京的參謀部，負責監督這座古都的現代化炮台的修建，這些炮台在辛亥革命中扮演了重要角色。當張之洞轉調武昌時，黎元洪也跟隨鞍前馬後，在一位德國教官的協助下，積極參與湖北新軍的訓練。1897 年，他前往日本，研讀教育、軍事和行政，短期逗留之後回到中國。

1897 年，他再次以軍官的身份前往東京，加入皇家衛隊。翌年秋天回到武昌，被任命為騎兵管帶。1902 年再一次受到邀請，去日本參加一場盛大的軍事演習。這些旅行，使他對日本人的工作方式有了很好的認識，加上英國的方法（這在水師學堂是一門重要的課程）他也有一定的了解。1903 年，他被提升為協統（旅長），隨後被正式任命為湖北常備軍第二鎮（師）統制官。他在自己的實授職位之外，還經常擔任五花八門的兼職，涉及教育和行政方面的各種工作，他因此也掌握了省級政府的管理工作。在 1906 年湖南彰德那次著名的軍事演習中，他擔任第 8 協的協統，據說，正是在這次演習中，他萌生了利用軍隊作為主要手段發動一場廣泛的反清起義的念頭。

在 1911 年 10 月 11 日那個令人難忘的日子，當起義軍的旗幟在武昌升起的時候，他被推舉為軍政府首腦（這多少有違他作為一個忠誠指揮官的本意），就這樣成了中華民國實際上的首任領袖。短短的 10 天時間，他的領袖地位便得到了 14 個行省的支持，雖然由於裝備和補給的不足而面臨着嚴峻的困難，但他還是在武昌周圍與北方軍隊展開了長達兩個月之久的戰鬥，打了不少勝仗。當民國正式成立，清政權成為過去的時候，在那艱苦的幾週裏，正是他認真誠懇地工作，使得互相對峙的南北兩軍之間的關係得到了很大的改善。也正是他，首先提倡將民政和軍政徹底分開，這兩項行政權力，在民國早期完全掌握在各省軍事首領的手中，他們無視中央政府的要求，大規模地招募新兵。雖然這項改革即使在今天也僅僅只取得了部分成功，但是人們沒有理由懷疑，早在民國成立之前就形成的

"槍指揮政"的古老觀念，必將一去不復返。1913 年的所謂二次革命，絲毫沒有贏得黎元洪將軍的同情，因為他反對內戰，堅持認為所有中國人都應該為統一而努力工作，協商改革，遠勝於醉心於徒勞無益的紛爭。他面對險惡的前景，對帝制運動表示了不贊成，這一態度同樣引人注目。高層顯貴反覆接近他，讓他屈尊支持袁世凱稱帝，但他堅決地予以拒絕，雖然有人公開表示嚴重擔心：他將因此而遭到暗殺。等到袁世凱正式接受皇位之後，便封黎元洪為親王，而他則堅決拒絕接受。當總統府給他送來親王津貼的時候，他把錢退了回去，並聲稱：因為他沒有接受這個頭銜，所以這筆錢自然也就不是他的。每一次企圖讓他心回意轉的努力，都被證明是徒勞的。他的堅韌和鎮靜，對於最終摧毀袁世凱的那股道德反抗力量，其貢獻亦居功闕偉。

正是這個人，被要求出面主持新的政府以及眼下正在北京召集的國會，這或許的確就是中國人常說的時來運轉，天降大任於斯人。黎元洪將軍也深知，這樣一項已經付諸實施的冷酷而奇特的計劃（以國家法令的形式恢復帝制），要想徹底消除其影響，將要花去幾年的時間，而且事實上，在國家顯示出自己的權威並表明它能夠而且也應該是主人之前，還不得不容忍那些爪牙眾多的軍人政黨 —— 軍隊是革命之後倖存下來的一個有戰鬥力的組織，不可能在一夜之間解散。在這樣的環境下，黎元洪的權威必然也就非常有限，與其積極有為，不如韜光養晦。他最大的希望，是成為一個合乎憲法的總統，但他很快認識到，必須達觀地接受一個政權空白期，這期間，永久憲法將產生，而不同的政黨將不得不普遍接受。多虧有了這樣的抉擇，袁世凱死後的這一年才基本上太平無事，除了那次引發宣戰的危機 —— 此事將另作詳論。

這期間（1916 年最後幾個月），局勢也並非平淡無奇。在革命中崛起了兩大政黨 —— 國民黨和進步黨，前者網羅了所有的激進分子，後者則主要由舊式官僚階級所組成，因此比較保守。導致袁世凱垮台的雲南革命，由大學者梁啟超所鼓動，也主要由他領導，而此人正是進步黨的領袖。當時，人們對進步黨寄予了重建民國的榮譽和信任，雖然在人數上他們不如國民黨，但是國民黨由於 1913 年二次革命的失敗而灰頭土臉。然而，由於國民黨主要是由一些更年輕、更現代的知識精英所組成，因而是一些更真誠的共和主義者，從其階級立場上就對軍閥的崛起形成了一個最大的阻礙，因此，雖然其活動必然被局限在議院之內，但它的道德影響力卻非常巨大，並且一直代表平民反對軍閥勢力。在永久憲法產生之前，通過把所有賭注押在堅持《臨時約法》上，國民黨迅速確立了它的優勢地位。因為，雖然人們一致公認，《臨時約法》並沒能帶來一個代議制政府，但它至少確立了中國不能再用家族控制的方式進行統治的基本原則，這本身就標誌着在所有先在觀念上的一個巨大進步。在這樣的環境下，黎元洪總統的政策，便扮演了調停者的角色，力圖讓人數眾多、觀點各異的人和諧相處，協力執行管理四萬萬同胞的實際工作。

他的工作成效從一開始就受到了牽制，有人呼籲，為了抵消國會在北京的權力，軍人應該儘快拿出新的辦法來。我們已經談到過通電在中國的破壞力，這倒確實是外國發明對本國生活影響的一個最意想不到的結果。藉助這些電報戰，使得各省首腦之間迅速交換觀點成為可能。因此，1916 年的秋天，為了震懾國會，為了軍隊能保持在幕後的控制力，在軍方的鼓動之下，令人生畏的老將軍張勳在徐州組織了一次完全非法的高級將領會議。在今天，我們或許不必多費口舌，只需注意到這樣一個事實：這一做法嚴重損害了國家的和平。不過多虧了黎元洪總統的溫和勸告和非凡智慧，才沒有發生公開的決裂。有理由相信，這樣的嘗試不會再重複了，至少不會以同樣的方式。

必須解決的難題，是獨特而罕見的。這樣的難題，既不在於軍閥政客的必然反動，也不在於統治階級中的士大夫精英（他們對外國方式既沒有超前的認識也不是十分習慣），在更大程度上，它與那個在遼闊農業地區歷久猶存的更古老的中國有着千絲萬縷的聯繫，在於那些無以數計的村寨小鎮，它們星羅棋佈地廣泛分佈於各省，直至中亞邊境。對於一個掌握着權力天平並從事大量實際統治工作的社會階層來說，要服從一個他們並不認可的公共機構的發號施令，無疑是困難的。不過有種種跡象表明：倘若一部永久憲法得以頒佈，並取得各派的信任，那麼，情況將會變得更好，從前的敵對狀態也會逐漸消失。

正是為了這樣一部憲法，國會自從 1916 年 8 月復會以來就一直在埋頭工作，到眼下事實上已經基本完成了。參眾兩院每週三次坐到一起，討論由特別憲法起草委員會所提交的《憲

法草案》，進行詳盡的審查和討論。場面之熱烈，自然標誌着
這一重要工作的進展，國會兩大黨，國民黨和進步黨，一直
爭論不休。但這些爭論以及最終形成決議，基本上是令人滿意
的，也是重要的，因為他們都傾向於以一種具體而明確的形式
表達中國人目前的心理狀態及其廣大的民意基礎。例如，正是
因為這些引人注目的爭論和強烈的敵意，才使得最終形成了決
議：不把儒教作為"國家宗教"。不過絲毫不用懷疑，在正式
記錄中，這場針對中國政治思想秘密堡壘的真正革命，使得一
座精神的巴士底獄被徹底推倒了，為個人主義和個人責任的發
展清理出了一塊乾淨的場地，這在那些最偉大的中國聖賢所制
定的繁文縟節之下是不可能的。

　　要界定中央政府與各行省之間的關係，甚至遇到了更加難
以克服的困難。幾個月以來，地方分權的鼓吹者和中央集權的
提倡者，一直拒絕在所謂"行省制"的問題上達成一致。接下
來，又為關於這一問題的法律文本到底是應該作為憲法的一章
還是應該作為附件而打了一場死仗。最後達成一致：讓它成為
憲法不可或缺的組成部分。通過一種巧妙的設計，它確保了人
民主權不會在省議會中得到表達（各省議會曾經被袁世凱粗暴
摧毀了，如今又重新建立了起來）。不用懷疑，在以後許多年
裏，這種制度安排更大程度上是一種理論，而非實踐。但是有
種種跡象表明：在一個有限的歷史時期內，議會政府在中國，
將會比在某些歐洲國家更加成功；而中國人民將帶着他們對公
正程序和謹慎行動的熱愛，選擇公開的辯論作為最好的篩子，
從秕糠中篩選穀粒，通過多數人的投票來決定每一項重大的

事情。在 1916—1917 年，國會正在成為一個"國家監督委員會"，這已經更加清楚地證明了重開國會是正當的。針對人們能想得出的每個問題提出質詢的事情經常發生；猛烈的口頭抨擊對準了內閣部長們；內閣的責任感緩慢卻堅定地建立起來了；由於畏懼國會的嚴厲批評，官員玩忽職守的現象正在逐漸減少（即使不是完全消除）。在筆者看來，要不了 10 年時間，國會將把這個國家凝結為一個有機整體，把內閣置於某種密切的日常關係之中，這種關係與英國的政治理論頗為類似，它必將在北京牢固地建立起來。這一奇跡在古老東方的出現，應該是有可能的，它有力地證明了：沒有甚麼勝利是人類智能所不能實現的。

眼下在中國，也像在許多萬里之外的國家一樣，內閣的"無責任"是政府的大敵。換句話說，所謂"內閣制"，隨着總統權力的削弱，往往使得內閣部長遠離有效的日常管理。所有不該做的事情他們偏偏做了，那些因為玩忽職守而應該被立即趕出首都的人，卻依然還在把持着內閣要職。但是，雖然中國人緩於行動，更喜歡把所有問題都拖延到大難臨頭的時候才解決，而我們卻絲毫也不用懷疑，在飽受長期的欺騙之害以後，一個日益有效率的團隊已經就位。此時此刻，不管從哪種觀點看，我們都有理由為目前的形勢而額手稱慶，深藏心底的每一個希望，未來都會平靜地揭開。

對大多數而言，拜訪一次新國會就是一次新發現，他們離開的時候，腦海裏已經留下了揮之不去的印象。甚至對參眾兩院的所在地，也會有特別的聯想。它們藏在偏僻的西城區，彷佛它們產生的時候就明不正言不順似的，縮在內城牆巨大的陰影下。這些環繞着北京城的巨大磚石堡壘，它那咄咄逼人的分量讓人們寄予厚望，但很快就證明了：對那些鐵了心要控制國家的闖入者來說，它是多麼無用。在袁世凱的治下（在滿洲人的治下也一樣），參眾兩院是被當作政府的左膀右臂來使用的，某些從未得到允許的事情不斷演變為固定的慣例。它們是鐵路、電力、碎石馬路以及所有現代化的玩意兒最初的親戚，開始改變完全以農業為基礎的古老文明，由於它們與真實的鄉土中國的關係是如此疏遠，以至於人們都認為，它們將一直置身於民族生活之外。

那就是傻瓜們相信的東西。然而在一份過去的"資政院"的程序規則中，筆者找到了這樣一條寫於 1910 年的註釋："這些爭論在最初的會議期間就已經引起了廣泛的關注。爭論似乎清楚地表明：1913 年的國會攫取中國的控制權，並廢除皇帝的權力。結果，革命……"雖然日期使人有些糊塗，但這個預言值得我們記錄在案。

特警們的警覺注視，一直圍繞着 1916—1917 年的國會，這些人的數量之龐大，也像這幢建築的位置一樣，講述了一個意味深長的故事。預期中的暴力並沒有那麼多，把這些監護人作為一種必需品安置在這裏，為的是廣而告之：過去所發生的那些違反憲法的暴力行為，未來如果再有的話，將嚴懲不貸。或許，世界上沒有哪個地方的國會像北京的國會那樣，受到那樣大的蔑視。那些思想最開明的人，也滿足於相信：中國的試驗就是某些批評家所聲稱的那個樣子，如果他們在眾議院呆上一個下午，肯定會大吃一驚。中國人，習慣於在行業會所裏開會、爭論，雖然現在人們已經注意到了它的反應遲緩和行動笨拙。當慣例變得更加穩固的時候，民族的共識就得以充分顯露，並在當代史上烙下永久的標記。對此，根本用不着有任何懷疑。

在議會大廳的走廊裏找個位子坐下來，自己親眼瞧瞧吧。你脫口而出的第一個問題必定是：年輕人在哪裏呢？那些假充立法者、乳臭未乾的毛頭小子們（本國的報紙正是這樣譏諷他們的）在哪裏呢？議員中的大多數，遠遠談不上年輕，都是一些三四十歲甚至年屆不惑的男人，看上去聰明睿智，卻一臉倦容，早已失去了青春的朝氣。你甚至到處都能見到一些白髮蒼蒼的莊重老者，忍受着劇烈咳嗽的痛苦，他們本該呆在家裏，安享晚年。雖然偶爾也能見到一兩個西裝革履的翩翩少年，帶着他們從外國沾染來的，尚未來得及完全消除的浮華外表，但是總的印象，還是覺得有幾分老氣橫秋。他們足夠成熟，他們代表這個國家，當然也是這個國家眼下所能夠拿得出手的人物。任何真正了解中國的人，沒人會否認這一點。

按照歐洲國家的方式，議員席位的排列，主席台的建立，連同職員和記錄員位置的安排，都給人以秩序井然的印象，稍稍帶有一種朦朧的革命氣息。或許正是因為中國人整齊的黑髮和華麗的綢服，坐在樸實無華的背景前，才使人回想起法國大革命的生動畫面。不知是何種天性使然，在這樣的環境中，竟然偶爾也為了犯法者的鮮血而爆發戲劇性的情緒，彷彿我們不是生活在 20 世紀，在這個世紀，人們一致公認鮮血已經不再是令人滿意的東西。每一扇門的門口，都站着武裝警察，旁聽者席位的前排也是如此，這給人留下的印象有幾分戲院的性質，並且有一種奇怪的刺激。中國的立法工作，已經創造出了其最早的傳統：一直在謹慎的武裝保護下進行，人們充分認識到，這是鑒於剛剛過去的種種教訓。

這就是文人學士們的棲息之地，大多數議員的桌子上擺放着文件和筆記本。刺耳的電鈴聲剛一響起，人們排成連綿不斷的長隊，魚貫而入，各就各位。因為有一次休會，議會大廳裏只坐滿了一半。幾乎每個人都穿着中式服裝，胸前佩戴着引人注目的議員徽章。有一種觀點很快成為一種堅定的信念：對於國家而言，此事畢竟不是無關痛癢，相反，它屬於活生生的現實，是一件至關重要且勢在必行的事。它的無遠弗屆，它的大膽進取，所有這一切，不可能不衝擊着有想像力的頭腦，因為聚集在這裏的四五百人，竟代表着組成這個國家的四五億人。你看到的彷彿是這個國家的剖面，一群粗重笨拙、行動遲緩的芸芸大眾，對奇怪的下意識影響迅速作出反應——一會兒暴跳如雷，一會兒又風平浪靜，因為"理智"畢竟一直是人們永恆崇拜的女神，可望而不可及。在各自的行動中，全都學富五車，全都老謀深算。當議長大聲要求議員們保持秩序、辯論開始的時候，會場頓時鴉雀無聲——除了緊張激動的雙手翻動文件，以及坐立不安的來來往往。每個人的雙手（尤其是在他發言的時候），不像他們的歐洲同行那樣緊握着，而是張開着，纖細的手指彷彿在用自己獨特的語言說話，扭曲、旋轉、含沙射影、冷嘲熱諷，簡直是一部妥協折衷的簡短歷史。由手的研究入手，來書寫中國的歷史，應該是一件很有趣的事情。

每個人都上台發言，每個人都有太多的話要說。你方說罷，人們很快發現，另一個人的發言給人留下的印象更為深刻——北方人伶牙俐齒、字正腔圓，比南方佬更有優勢，所有喜歡在公眾場合表演的人都深知這一點。北京官話到底是官場"母語"，比起其他任何方言，都更不容易結結巴巴，也更加清晰準確，使得周圍瀰漫着某種無法拒絕的權威氣氛。南方人嗓音的尖聲高調，儘管爭論的時候尖銳而迅速，但聽上去卻總像是越來越居於下風。這當中似乎有一種與生俱來的傾向，那就是人們容易變得愛發牢騷，容易讓辯論變得華而不實（因為發言過濫）。許多這些稀奇古怪的小事情，在世界上的其他地方也並非沒有影響。

隨着爭論的結束，投票就開始了。電鈴聲再一次響起，院警們用他們粗糙的大手將所有出口都關上了。職員們走到了過道裏，他們看上去似乎無精打采、漠不關心，卻非常迅速地清點了議員人數，以確保出席者超過法定人數。然後，議長要求大家投票。議員席裏爆發出洪亮而僵硬的聲音，只有兩個字"同意"。接着，掌聲雷動，法案幾乎全票一致通過。然而，事情也並非總是如此。當到處都存在暴躁情緒的時候，議院將拒絕繼續下面的議程，許多人同時站起來，在各自的桌子後面發言，彼此都試圖說服對方。議長則有耐心地站在那裏，跟程序問題較勁——常常敗下陣來，因為習慣尚有待形成。必須遵守的法則，必定需要多年的努力才能建立。自從 1916 年 8 月以來，還是取得了一些引人注目的進步，有些事情必須日復一日地學習。國會的職責，畢竟就是要展開爭論，就是要充分表達國家政治信念的真實狀態。國會，就是（或者說應該是）民族的縮影，國會決不會比民眾更好，當然也不會更壞。以國民大會投票的形式所表達的多數原則，必須作為一個基本原則而得到採用，中國也不例外——多數原則必須是決定性的。但在這裏，新中國政治生活另外的複雜性，成了一個難題。責任內閣，則更沒有以任何明確的方式與立法機關建立關聯，而且還常常與總統辦公室唱對台戲，這樣一個內閣的存在，在國家的行政管理中不斷製造日常的爭鬥（這種爭鬥應該受到強烈的譴責），並已經導致了一些令人不快的衝突。但依然有越來越多的跡象表明，議會政府正在取得穩步的進展，當永久憲法和地方政府體系都得到堅持的時候，局面將會為之一新。毫無疑問，要想確保徹底放棄所有的舊方法，就必須讓年輕的一代進入政府。但是筆者也驚訝地注意到，在過去的一年裏，就連前清的總督們也開始贊成新秩序，樂意幫上一把。圍繞部長職位的激烈競爭越來越明顯，儘管必須經受國會的嚴酷考驗並獲得多數票通過，任命才會生效。

然而，還有最後一個反常現象必須從北京消除。遜帝溥儀依然居住在紫禁城，圍繞在身邊的是一個微型小朝廷，這樣的局面不能再忍受下去了，因為毫無疑問，這種狀況有利於幫助那些心懷鬼胎的黨派秘密地散佈謠言，說一場復辟即將發生，每個人都時不時地聽到這樣的謠言。是時候了，不僅要把前清皇室搬出首都，而且已經計劃好了，要改變旗人家庭養老金的支付方式，他們依然在逐月領取津貼，就像在前清統治時期一樣，這多虧了在 1912 年退位的時候簽訂的所謂《優待皇室條件》。等到這兩個重要問題得到解決的時候，中國的帝制將風流雲散，迅速被人徹底遺忘。

第十五章
共和與現實的衝突

　　這就是袁世凱死後政府部門所不得不面對的國內環境。國庫裏的錢已經少得可憐，各省既不能也不願給中央匯一個銅板。幸運的是，至少有一家公共機構（還是迫於外國的壓力而建立起來的），很漂亮地證明了自己的存在是有價值的，這就是鹽務署。了不起的印度權威丁恩爵士（Sir Richar Morris Dane, 1854—1940）在短短 3 年之內，就有效地改造了中國的鹽政，如今每月的盈餘將近有 500 萬元。正是有了這筆收入，在那個麻煩不斷、變故頻仍的時期，讓民國活了下來，當時，每個人都斷言她必死無疑。通過精打細算地使用這筆硬通貨，再混雜進大量紙幣，自 1916 年 6 月以來，中央政府得以應付它的流通債務，保持了國家機器的繼續運轉，不至於土崩瓦解。

　　但是，在中國這樣一個國家，必定有許多新的危險要經常面對，要平穩地排除外部世界在這個國家強行獲得的利益，以及與本國利益在各個方面的衝突。為了生動而清楚地說明這個國家所不得不忍受的那種與日俱增的憤激之情（因為它的領土遼闊無邊，而外國人的手爪又伸得太遠），我們在此給出兩起引起國際麻煩的案例，都是在袁世凱死後發生的。其一是 1916 年 8 月發生在滿洲的 "鄭家屯事件"；其二是同年 11 月發生在天津的 "老西開事件"，此次事件激起了遍及整個華北的反法怒潮，在筆者寫下這段文字的此時此刻，依然沒有平息。

關於鄭家屯事件的事實真相，簡單得令人難以置信，值得在此徹底講一講。鄭家屯是一個蒙滿雜居的小集鎮，從南滿鐵路沿一條普通的車馬大道，向西大約 60 英里就到了，直線距離則更近。鄭家屯向西大約三四十英里的地方，事實上荒無人煙，沒有耕種，除了連綿起伏的蒙古草原，除了零星散落其間的遊牧部落養馬人和牧羊人的營地，一眼望不見任何別的東西，就這樣一直單調地向前延伸，進入浩瀚無垠的亞洲高原。

這個地區在戰略上之所以重要，乃是因為從洮南府新興市場延伸而來的貿易通道匯合於此。這裏有大量獸革皮毛、畜禽糧食的貿易交換，在那些深知自由放任政策之危險的中國人看來，這個邊陲小鎮的地位，一年比一年重要，他們於是決定要保護自己已經搶先獲得的權利。那些聲名狼藉的蒙古土匪頭目，比如那位與滿人 "宗社黨" 結成同盟的巴布札布（據說他還受到日本軍界的資助），也一直把鄭家屯作為自己的目標，在 1916 年初就與奉天督軍、精力旺盛的張作霖搭上了關係，而張作霖，為了應對隨時可能出現的危險，迅速圍繞這一地區建立了軍事警戒線，並以鄭家屯為基地建立了比較大的補給儲備，把奉軍第 28 師抽調到了這裏。在這個小鎮名揚天下之前，就已經斷斷續續打了幾個月的零星小仗，這使得鄭家屯頗有幾分火藥味。根據日俄達成的《樸茨茅斯和約》，日本單獨擁有南滿鐵路的開發經營權。這年夏天，日本人藉口南滿鐵路地帶對於野戰演習來說太狹窄了，於是把分散各處的部隊集中到鄭家屯地區進行軍事演習，當演習開始的時候，尤其是當一支日本步兵要求得到在小鎮中心宿營的權利的時候，人們顯然預計到了危險的發展。

　　8 月 13 日，一位在鄭家屯居留的日本平民（這裏有一家不大的日本貿易公司）向一位正在賣魚的中國小孩走去。當小孩拒絕以他提出的價格賣魚給他的時候，這個日本人抓住了小孩，並開始揍他。一位路過此地的 28 師士兵上前干涉，於是，一場扭打開始了，另外幾名中國士兵也加入了進來，結果這個日本人被狠狠修理了一頓。中國人揚長而去之後，此人灰溜溜地跑到附近的日本營地報告：自己遭到了中國士兵毫無來由的猛烈襲擊。一名日本憲兵與此人一起，進行了初步調查，然後返回了日本兵營，聲稱：他沒能找到一個當官的，他搜尋嫌犯的努力遭到了抵抗，他必須得到幫助。指揮部的一位日本軍官，派出了一名陸軍中尉和 20 名士兵，前往中國兵營，要從中國指揮官那裏得到令人滿意的答覆——必要的時候可以動武。正是以這樣的方式，演出開始了。

　　小分隊向惹下大禍的中國特遣隊的指揮部出發了，指揮部設在一家當舖裏，他們試圖強行通過正在警戒的崗哨，進入內院。接下來，在刺刀之下進行了一次長時間的談判，中國士兵最後仍然不肯讓路，中尉命令把他砍倒。關於這些事實看來沒有甚麼可懷疑的，也就是說，這次戰爭行為，是日本武裝小分隊對一名正在守衛長官住處的中國哨兵發動有預謀的攻擊而引發的。

接下來是一個可怕的場面。看來中國的士兵是分散在不同地方的，在這個危急時刻才匆忙集合，他們有的帶着武器，有的赤手空拳，近距離正面交火立即開始了。第一槍據說是中國團部的一位馬夫打響的（雖然這一點從未得到證實），當時，他在離大門有一段距離的馬廄那裏，和幾匹馬站在一起。據說這名馬夫打死打傷的日本人為數最多。不管實際情況如何，一共有7名日本士兵被直接打死 5名以上受了致命傷 4名重傷，中國人則有4名士兵被殺，多人受傷。剩下的幾名日本士兵隨同他們受傷的指揮官一起回到自己的兵營，設好路障，全部人馬以路障為掩護朝大路上任何移動的東西亂射一氣，開火達數小時，雖然中國士兵並沒有打算追殺過來。

猛烈開火的聲音，以及許多日本人被殺的謠言，使得恐慌在整個小鎮上迅速蔓延。人們擔心遭到可怕的報復，開始四散潰逃。中國的地方官最終恢復了一些表面上的秩序，天黑以後，他又親自帶上了本鎮幾個頭面人物，向日本人的兵營走去，打算向他們表示了自己的歉意，並安排將幾個被打死日本士兵從他們倒下的地方移走，雖然這些死屍已經成了這次武裝入侵重要而不容破壞的證據，但按照中國的風俗習慣，死者應該得到適當的照顧。日本指揮官非但不領情，反而非法逮捕了地方官，把他鎖了起來。日本士兵中的普遍恐懼激化了這一行動，他們擔心，在此駐防的中國部隊將會在夜裏發動一場大規模的攻擊，整個指揮部已經精疲力竭。然而，甚麼事也沒發生，本月 14 日，在地方官派人叫來自己的兒子以頂替自己做人質的情況下，日本人及時釋放了他。到了 16 日，地方官已經成功地安排中國軍隊撤到距離小鎮 5 英里以外的地方，以防止進一步的衝突發生。15 日的時候，日本騎兵和步兵開始大規模地從南滿鐵路地帶開拔到此，對鄭家屯小鎮形成了包圍之勢。

　　這就是整個事件的原始材料，沒有比上述事實更好的材料能夠非常醒目地說明一個強國是如何對付一個弱國的。

　　期間，這些意外事件在東京所產生的影響是驚人的。依據眾所周知的日本警察公理，首先進入故事的人就是原告，被告是有罪的一方，不管證據怎樣。所有報紙都發表了同樣的報道，說是日本特遣隊遭到了"兇殘的中國士兵"的蓄意攻擊，並請普通民眾相信：有許多他們的子弟兵被人故意地殘忍殺害。然而，直到事件過去一個多禮拜之後，東京外務省才發佈了一則官方報道，當時，下面這則歪曲報道被當作日本人的訴狀而到處散佈：

　　當鄭家屯一家日本藥店的 27 歲的僱員吉本於本月 13 日經過中國軍隊指揮部的時候，一位中國士兵截住了他，對他發表了一番讓這位日本人莫名其妙的評論之後，突然對他迎頭痛揍。吉本大怒，但很快被一大群中國士兵及其他人所包圍，他們對他百般羞辱。作為中國方面這一非法行為的結果，這位日本人的身上承受了七、八處嚴重的傷害，但他還是設法逃脫了，來到日本的警察崗亭，請求幫助。得到這個消息，一位名叫河賴的日本警察匆匆趕往現場，然而等他到達那裏的時候，所有罪犯全跑了。他因此去了中國人的指揮部，以提出申訴，但哨兵將他攔住了，並拔出手槍對準了他，在這樣的情形下，他被迫向日本駐防部隊指揮部求援，井上上尉命令松尾中尉帶領 20 個人，去護送河賴警官進入中國指揮部。當一行人走進中國指揮部的時候，中國軍隊開始開火，這位警察及其他人或死或傷。中國軍隊不顧日本軍隊已經撤退的事實，繼續發動了幾次猛烈的攻擊。戰鬥停止後不久，中國地方當局訪問了日本兵營，表達了友善解決事端的願望。日本軍隊最初打算決戰到底，但眾寡懸殊，為避免日本居民的安全受到威脅，於是停止了戰鬥。檢查了 7 名日本士兵的屍體（他們被打死在兵營的外面）之後，人們發現：他們全都是被中國軍隊所殺，屍體上有明顯的暴力痕跡。

用不着再次討論這一事件的是非曲直了，我們該請教那些熟知近代歷史的人，中國軍隊是否有可能採取這樣的行動，去蓄意攻擊 20 個全副武裝的日本人呢？他們明知這樣將遭受怎樣的痛苦和處罰。我們相信，任何公正的法庭，在經過現場調查之後，都會指出誰是真正的攻擊者，並由此揭露出這次最令人驚詫的事態所佈下的圈套。為了了解 1916 年 8 月 13 所發生的事情，有必要從鄭家屯轉到更遠的地方，看看這一切的背後到底藏着甚麼。

在日本軍方的頭腦裏（他們決不代表日本民族或日本政府，儘管對這二者都有着強有力的影響），有一個根深蒂固的觀念：如果東亞的力量均衡必須維持的話，南滿洲和內蒙古一定要成為牢牢掌握、防守堅固的日本"飛地"。依據這一觀念，日本的外交，數月之前就在日本軍方的誘導之下，集中到了這樣的努力上：松花江以南的鐵路沿線地帶具有重要的戰略意義，必須設法從俄國人的手裏"贏"過來（即使不是"擰"過來的話）；因為（這一點應該仔細注意），隨着松花江成為了俄日兩國在滿洲的勢力範圍無可爭議的分界線，隨着日本那些吃水很淺的炮艇沿水路航行進入了嫩江，對日本來說，要完成它的"大陸四邊形"也就是輕而易舉的事情了。這個"四邊形"，將包括日本本土、朝鮮、南滿洲和內蒙古，它的西端邊界，即是新的內蒙古鐵路系統，集中於洮南府，終止於熱河，日本已經握有這條鐵路的修築權。這塊飛地外部地帶的治安權（將所有中國駐軍悉數排除在外），正是日本軍方長期以來毫不隱瞞地為之努力的初步目標。早在鄭家屯名揚天下的很久之前，建立一支偵查小分隊的計劃就已經開始實施，他們強行偵察這一地帶，並與蒙古匪幫結成工作聯盟，為的是騷擾中國當局的代表，並最終把他們全都趕走。到那時，在日本特遣隊悄悄進入的這片遼闊廣袤而又罕為人知的區域之內，鄭家屯所發生的事情，可能就會發生在其他任何地方。如果說中國外交在 1916年 8 月面臨着一場粗暴的突然襲擊的話，那也不過是政治學者們早就預料的事情。因為，雖然日本一直自詡為中國自由的真正捍衛者，但事實情況是，在對華事務中，日本外交長期以來受東京軍方的耳提面命、頤指氣使，等到暴行讓它從中國獨立完整的身上撕下某塊新鮮血肉的時候，它也沒有做任何挽救的努力。

至此，我們已經觸及了問題的關鍵。那一天的事實，還潛藏着一個不為人知的特點，那就是：日本是一個政治上很懶惰的國家，因為，除了自甲午戰爭以來由陸海軍首領們所培養起來的某些習慣之外，那裏根本就沒有行動的傳統。只要把這短短 20 年間國際條約中的世界形象化一下，用不着費多少工夫，日本的平民政府就一定能夠創造出一個合適的傳統。沒有這樣的傳統，這個東方島國就不可能有真正的外交政策，也就只有完全受人工製造的危機所支配，過於頻繁地投身於瑣碎渺小的冒險，這樣的冒險，把它劃入了那些在本次大戰中自取滅亡的國家的行列當中。正是因為這個原因，中國人才總是被當作奴隸看待，雖然他們是些伐木者和汲水人；日報的專欄，偶爾也為這樣的奴隸發發牢騷，可是私下裏卻把他們視為天生就該帶上鐐銬，天生就該被征服的人。

奉天督軍張作霖將軍，在與筆者討論鄭家屯事件的時候，一席話將此事說得乾淨透徹。他拍案大呼："我們畢竟不是木頭做的呀，我們也是血肉之軀，守土保民，責之所在。我曾屢次三番講過，他們要是有膽量，就讓他們來吧，公開把滿洲佔了去，但不要再搞這些三歲小孩的鬼把戲了。他們為何不這麼幹呢？因為他們沒有把握是否能嚥得下我們，一點把握也沒有。你懂麼？是的，我們軟弱，我們愚昧，我們不團結，但我們人多呀。如果他們硬要這麼做的話，到頭來，中國將撐爆日本人的肚皮。"

這番慷慨陳詞的確説得很好，但每當坐到談判桌旁邊的時候，令人遺憾的事實卻是：中國人不能恰當地使用他們軍火庫裏的許多武器，雖然外國朋友一直懇求他們這樣做。因此在這一次的特例中，他們並沒有讓那幫無所事事的外國顧問立刻趕往鄭家屯，這些人成年累月地在北京空耗時光，其中有不少稱職的法學家，相反，中國幾乎甚麼也沒做。沒有撰寫全面客觀的現場報道，沒有搜集可靠的證詞，也沒有把目擊證人帶到北京。因此，當日本提出賠償要求的時候，中國除了一份於事無補的答辯，手裏沒有任何東西。主要由於這個原因，中國不得不同意放棄對事實真相的直接討論，而立即着手就日本所提出的各種要求進行談判，這些要求如下：

1、懲戒第二十八師師長；

2、有責任之將校悉行免黜，其中直接指揮暴行者處以嚴刑；

3、為使中國軍隊或軍人此後不再有挑戰日本軍隊軍人或人民之何等言動，嚴飭中國駐紮南滿洲及東部內蒙古之中國軍全部，並令該地方之中國各官廳，以此項命令佈告周知；

4、承認日本政府為保護南滿洲及東部內蒙古之日本臣民，於認為必要之地點，派駐日本警察官，南滿洲中國官憲並增聘日本人為警察顧問。

另外：

1、南滿洲及東部內蒙古駐紮之中國各部隊，聘用日本將校若干名為顧問；

2、中國士官學校聘用日本將校若干名為教習；

3、令奉天督軍親往關東都督及奉天日本總領事署訪問謝罪；

4、對於被害者或其遺族與以相當之慰藉金。

就連涉世未深的新手，也能立即看出：日本非但沒有對本國士兵的被殺寄予多少同情，反而一門心思要利用這個機會在南滿和內蒙地區大撈其好處，尤其是要擴張其警察權和軍事管理權。然而，儘管中國人所接受的談判程序本身就站不住腳，但是在持續了將近半年的談判過程中，他們還是表現出了相當程度的頑強和堅韌，到了 1917 年 1 月底，日本人的賠償問題被大打折扣。準確地說，兩國政府最後同意，以換文的方式形成下列 5 項約定：

1、申飭第二十八師師長；

2、有責任之中國軍官，按照法律酌量處罰，其應從嚴者自應從嚴；

3、於日本臣民之雜居區域內，以對於日本軍民待以相當禮遇等語，出示告諭一般軍民；

4、奉天督軍以相當方法表示抱歉之意，於關東都督及奉天日本總領事同在旅順之時行之。其方法由該督軍任意辦理；

5、給與日本商人吉本五百元之恤金。

儘管這一事件就此草草收場，"中日親善" 得以恢復，但至關重要的一點 —— 日本人在南滿和內蒙的警察權，卻依然懸而未決，中國人的強烈抗議，也沒能讓日本對自己的無理要求打一絲一毫的折扣。在過去幾年裏，日本人無視地方當局的意見，在這一地區建立了許多警署和警察崗亭。對於它們的存在，中國雖然在歷次談判中也表明了強烈的異議，指出它們是中日兩國之間不斷產生摩擦的主要原因，但日本堅持認為它們並沒有逾越治外法權的原則，而且，日本警察也確實是分佈在那些日本領事權必須得到尊重，必須永久承認的地點。這在當時是一個必須小心對待的問題。彼時，列強意識到，在第一次世界大戰之後，他們與中國簽訂的條約必須做一些修訂；而日本在滿洲里的地位，與英國在長江流域的地位，並無本質上的不同，應用於此方的條款，必定也要應用於彼方。新中國的警察，一直大規模地分佈在中國各地，他們形成了一支令人讚賞的力量，在履行幾乎所有職責的時候，都要勝過日本警察。當中國的行政機構正在竭盡所能，提供富有效率的和平保護者的時候，日本以及其他列強以這樣一種應該譴責的方式採取行動，是極其荒謬的。

第二個案例，是法國官僚一次愚蠢的荒唐行徑，它嚴重傷害了中國人民的感情，並在 1916 年底為德國的在華宣傳機器提供了一件強有力武器。老西開之爭，涉及到天津一塊不過 333 英畝的土地，它如今取代了鄭家屯事件，成了那堆卷帙浩繁的不幸卷宗中被經常援引的例案，許多中國人聲稱，這堆屈辱的卷宗構成了一部中歐關係大全。

這一回的事實真相，又一次絕對簡單，絕對無可爭議。1902 年，法國在天津的領事當局提出請求，希望能擴大他們日嫌狹窄的租界範圍。儘管中國當局不願意接受這個請求，並且也確實不予理睬了很長一段時間，但在法國人的威逼利誘之下，最終還是開始了斷斷續續的談判。到了 1916 年 10 月，經過 14 年時間的修改變更、討價還價和重新陳述，這場爭端已經變得如此精細，以至於達成了一份關於新區行政機構的協議。這份北京政府準備付諸實施的協議，受制於一個合理的約束，那就是，對於這次新的領土割讓，地方上的反對確實存在，因為中國人對自己地盤上的警察控制權的強烈反應，是首先必須克服的。這場爭執的全部本質或靈魂，就在於此：土地的主人們（中國人民，在本案中則尤其是天津人民），應該接受這個已經作出的決定，那就是，將建立一個在一名中國官員控制之下的中法聯合行政管理機構。

當這些建議條款通過法國公使館轉達給天津領事館的時候，法國領事官對這樣的安排很不高興，他正在辦理遷任上海的手續，他建議在自己離任之前，將事情解決到令他的僑民們滿意的程度。毋庸置疑，作為一位領事官（主要是根據條約負責保護僑民的秩序和維護法律），他念念不忘的頭等大事，就是在將自己的職責移交給繼任者之前，結束那些令人頭痛的懸案，必要的話可以通過武力解決。正是帶着這樣的觀念，這位法國領事官草擬了一份最後通牒，並且，在得到法國公使館並不積極的批准之後，遞交給了中國地方當局。限定中國政府在 24 個小時之內，將全部警察撤出那塊法國垂涎已久的地帶，對簽署正式協議的拖延，是蓄意為之、別有用心，同時也關上了進一步談判的大門。最後的時限已到，依然沒有收到答覆，於是，一場對中國領土的公開入侵，由一支法國武裝小分隊着手實施了。9 名身穿制服的中國警員正在執勤，被強行帶走，鎖進了法國的兵營，法國崗哨被佈置在有爭議的分界線上。

這一錯誤的行動，結果引起了中國人聲勢浩大的強烈抗議，一場遍及整個華北地區的聯合抵制法國人的運動開始了。大約2000名警察、僕人和僱員，眨眼之間全部離開了法租界，民眾聯合了起來，仇恨的怒火在繼續燃燒。雖然法國人最後釋放了被逮捕的警察，但盟國的友好介入被證明並不能解決問題，問題依然留在那裏，到筆者撰寫本書的此時此刻，剛好過去整整一年。

至此，對於外國在華利益的問題，在它們所呈現給中國人的意義上，你應該有了一個清晰的解釋。這一蓄意違法的生動例證（在過去，那些只不過是些治安法官的領事們，玩這套把戲實在是太稀鬆平常了），這在任何別的地方都令人難以置信，可是在中國，這種無法無天已經成了人們公認的所謂"政策"的不可或缺的組成部分；因為在民國成立之前的50年中，弱不禁風的官僚階級一向都是在投降中尋求安全。如果我們還想要有一個幸福未來的話，就必須不惜任何代價打壓這種無法無天。中國人民至今還滿足於和平的復仇，從不衝冠一怒；不過，那些在"聯合抵制"的福音中看出了正在沉睡不醒的險惡幽靈的人，應該夜夜祈禱：他們生活在一個如此理智的國家。想想在中國可能沒有發生的事情吧，如果人民並非全部都通情達理的話。在中國各地，你都能看到小規模的外國人社群，他們不過是滴落在四萬萬人海裏的一滴水，生活絕對安全，雖然絕對控制在數量龐大的鄰居們手裏。這些，全部（或者說幾乎全部）外國人都是為了利益的目的來到中國，他們的生計依靠與中國人的合作，一旦這樣的合作終止，他們就可能死去並被埋葬，儘管有很好的住處為他們準備着。在這樣的環境下，做出這樣的假設是合情合理的：某種莊重得體應該主導他們的態度，折衷妥協的政策應該始終得到小心謹慎的奉行。只有當諸如鄭家屯和老西開這樣的事件發生的時候，平靜溫和的老百姓才會憤而行動。即使在這時，他們也不會遷怒於那些毫無防衛能力的外國人社群，將他們撕得粉碎（歐洲的烏合之眾肯定會這樣做），他們只限於"聯合抵制"那些侵犯者，希望這些表示他們不滿的證據能夠最終使得世界相信：他們決心要得到合理的對待。中國人在做某些事情的時候所表現出的遲緩，或許確實叫人生氣（雖然他們在做買賣的時候卻像動作最快的盎格魯—撒克遜人一樣麻利），但那也不應該是那些自詡高人一等的人輕蔑他們的藉口。中國人最早認識到，至少需要整整一代人的努力，才能使他們的國家和政府有效地現代化；但他們相信，只要建立了共和政體，只要他們甘做西方的弟子，他們就有理由指望得到同樣的待遇，同樣的尊重。在第一次世界大戰之後，人們甚至把這樣的待遇和尊重給了那些最弱小的歐洲國家。

第十六章
中國與第一次世界大戰

　　中國人對第一次世界大戰的感受如何，中國政府與交戰雙方之間的確切關係怎樣，這樣的問題完全不為人知。如果你領會了上面關於這個陣痛中的共和國的詳細報道的意義，想必就不會對這一論述感到驚訝。因為，在世界政治中，除了一個無足輕重而又吃力不討好的龍套之外，中國實在沒有條件去扮演甚麼重要角色。

　　當世界大戰爆發的時候，中國依然處於國內動亂的劇痛當中，國庫裏一貧如洗。面對史無前例的國際局勢，袁世凱雖然已經為確保收復膠州灣而開始與德國進行談判，但1914年8月15日日本對德國的最後通牒，卻使得他那些試探性的建議瞬間化為泡影。的確，當德日戰爭超出了以巡洋艦為後盾租借中國領土的問題之外時，袁世凱對形勢的急劇發展沒有絲毫的準備；儘管他也曾考慮了在攻打德國要塞的時候派遣中國軍隊聯合作戰的可行性，但這個計劃從來就沒有考慮成熟，而他後來那些異想天開的創新之舉（特別是在山東開闢所謂的"交戰區”），沒有任何國際價值，除了日本，也不會吸引任何人的關注。

　　然而，中國人不會一直昧於大勢。隨着青島的陷落，以及後來與日本關係的複雜化（這使得局勢更加波譎雲詭），某些思路也在不知不覺地發展。中國的權勢階層應該很希望德國能夠通過某些手段重建它在歐洲的聲威，並因此有條件去懲罰日本——這個20年來除了不幸之外沒有帶給他們任何東西的國家。這樣的願望，多半只是自然的流露，而戰爭初期所謂對德國的同情，也主要是由於這個原因。不過我們同時也應該注意到，在戰爭的最初兩年，德國在中國的龐大的宣傳機器，再加上在俄國及其他地方所贏得的勝利，給中國人留下了強烈的印象，這倒未必是因為他們被一個推崇軍國主義的強國所表演的高超技藝所吸引，而是因為，他們錯誤地認為：或遲或早，這一軍事表演的結果，不僅會使日本對中國的控制有所鬆懈，而且會迫使列強重寫他們戰前的對華政策，並放棄他們把中國置於財政監督之下的種種努力。因此，由於命運之神的嘲弄，在1914—1916這三年的絕大部分時間裏，德國在東亞卻站到了壓迫者的一邊——這樣一個教訓，我們或許非常希望它不會逃過各國外交部的法眼。我們也一定不要忘了，現代化的中國軍隊，也像日本軍隊一樣，主要接受的是德式訓練，裝備的是德式武器，對日耳曼精神有一種自然的偏好。既然這樣一支軍隊在中華民國的政治事務中扮演着一個強有力的角色，那麼民意的向背，也就取決於軍隊通過它所信任的喉舌所宣揚的那些東西。

　　儘管如此，對於這樣一個領土遼闊、人口眾多、資源豐富的國家來說，在一場燒遍世界的大火中，當到有那麼多東西需要搶救的時候，要想讓她永久保持紋絲不動，實非人力所可為也。慢慢地，必須有所作為的觀念在中國變得越來越普遍，確切地說，技術上的中立狀態，除了有可能把他們帶到地獄的大門口之外，不會有其他的結果。

　　早在 1915 年 11 月，袁世凱及其直接追隨者們實際上就已經認識到，中國的利益，應該來自與《倫敦協定》各簽署國結成正式的戰爭夥伴關係。幾次從中國發貨的重要軍火運輸，有力推動了這一思潮。一次在北京進行的、半遮半掩的討價還價，引發了不小的激動，然而，事情僅僅停留在很普通的條款上，北京政府所提出的重大條款頗具特色，就是要求給中國一筆 200 萬英鎊的直接貸款，而中國，則以技術上的交戰狀態作為回報。然而，當這個建議被提交給東京的時候，日本人一眼就看出來了，其主要目的，不過是為了得到外國人對袁世凱作為候選皇帝的間接承認。因為這個原因，日本人給整個計劃兜頭澆了一瓢冷水。這樣一個方案，除了讓袁世凱龍袍加身之外，對日本的大陸野心也將是一個嚴重打擊，要讓日本人贊同，是不可想像的，因此，這一策略注定要泡湯。

　　1916 年夏天，袁世凱的去世，使局面有了根本性的改變。強勢階層再一次開始行動，他們要踩碎德國偶像，要讓少數受過良好教育、掌握國家命運的人認識到，他們真正的利益，只能在協約國一方。他們開始出口中國的人力，作為一種輔助性的戰爭支援，他們很想把整個事情置於更堅實的基礎之上。然而，他們所取得的真正進展並不大，因為，復興的德國一直努力用他們鋪天蓋地的宣傳淹沒這個國家。藉助那些在英國和中國印行的作戰地圖，同時也藉助巨細無遺的每日電訊，反覆向中國人灌輸每一種能夠說明"德國不可戰勝"的例證。在羅馬尼亞被佔領的那段時期，德國在中國人心目中的地位，非但沒有削弱，反而得到增強。命運之神真是古怪的很，任何一個鼓吹與協約國結成同盟的人，都遭到了猛烈的攻擊，不但德國人攻擊他們，日本人也跟着起鬨。

直到 1916 年 12 月 19 日，威爾遜總統送來了他的"和平建議"，局面才有了明顯的改觀。這份正式送交中國政府的文件，引起了人們巨大的興趣，過去的希望被重新點燃，中國將有可能以某種方式獲得最終"和平會議"的入場券，會議將解決膠州灣及德國在山東的全部利益的處置問題。中國人對這個議題之所以有強烈的興趣，不僅僅因為曾經在日本人手裏經歷了粗暴的對待，而且還因為，如果中國堅持不放棄自己的主張（要求國際社會把自己當作一個獨立的主權國家來尊重），人們就會認識到，1905 年 日俄《朴茨茅斯協議》所確立的先例必須打破。那一次，日本只是與俄國就涉及中國東北的所有問題展開談判，"和約"簽訂以後，才派特使到北京，以獲得中國對全部條款的承認，絲毫沒有討論的餘地。通過 1915 年向中國提出"二十一條"（此時第一次世界大戰剛剛開始半年），通過在最後通牒的威脅之下迫使中國承認所有山東問題，日本把《朴茨茅斯協議》的程序顛倒了過來，一勞永逸地解決懸而未決的問題。然而，當事實真相大白於天下的時候，中國人滿心希望，這一外交怪胎不會得到國際社會的承認，而山東問題真的能夠重打鑼鼓另開張。

　　在德國人的"無限制潛艇戰"使得決定性的一着成為必要之前，中國已經開始表明自己的態度：在一場間接危及自身利益的世界衝突中，她不能繼續被動了。美國也放下了身段，就和平的可能性直接與中國進行溝通。這一行動發出了一個直接的暗示：美國是中國未來的希望，它已決定盡可能地幫助中國。這與美國一貫的對華政策完全一致，這一政策雖然太過空想主義，因而並沒有太多的實際價值（戰艦和刺刀的支持太少了），但對弱小者畢竟是一種呵護。戲台已經搭好，就等着1917年2月9日那份不同尋常的文件出現，讓全世界大吃一驚。

　　本月4日，就德國針對中立國船隻的所謂"無限制潛艇戰"的威脅，美國正式知會中國，並邀請中國在與德國斷交的事情上與美國聯合行動。這期間，中國也收到了駐柏林公使的電報，轉來了德國政府的照會，告知中國政府，在規定海域航行的所有商船都將面臨危險。中國政府對這兩份電報的最初反應，明顯是目瞪口呆，在北京，人們聽見了各式各樣的觀點。有史以來，中國政府還是頭一遭應邀參與這樣的行動，這意味着一種明確無疑、沒有退路的外交政策拉開了大幕。4天的激烈討論，製造了極大的不安。不過到了2月8日，黎元洪總統已經打定主意，最後的難題，僅僅是"轉變"軍方的觀念，讓他們認識到：到最後，必須採取這一將使他們與德國永遠一刀兩斷的決定性步驟。於是，才華橫溢的大學者梁啟超被緊急召到了北京，眾所周知，他對此事有着決定性的影響力，短短幾個小時的討論，就完成了這個看似不可能的任務。2月9日，德國公使被請到了中國外務部，當面向他宣讀了下面這篇照會，隨後又電告了柏林：

為照會事。接准駐德公使電，轉貴國政府本年二月二日照會，知貴國新定之封鎖計劃，使中立國商船從是日起，在限定禁線內行駛諸多危險。查貴國前此所行方法，損害我國人民生命已屬不少；今茲潛艇作戰之新計劃，危及我人民生命財產必更劇烈。且此項計劃，違背現行之國際公法，而妨害中立國與中立國及中立國與交戰國之正當商務。若隱忍任其施行，不啻使無理之主張，列入國際公法。因此，本國政府特向貴國政府對於二月一日頒行之計劃嚴重抗議。切盼貴國尊崇中立國權利，且重視兩國友誼，勿將此項計劃置諸實行。萬一出於中國願望之外，抗議無效，本國甚為惋惜，迫於必不得已，勢將與貴國斷絕現有之外交關係。至本國宗旨，專在注重世界和平，並尊崇神聖之國際公法，則無用贅述也。須至照會者。

與此同時，向美國駐北京公使遞交了下面這篇答覆，因此明確地將事情敲定了：

為照會事。接准本年二月四日，貴公使來照，知貴國政府對二月一日德國政府頒行之潛艇作戰計劃，對於德國決定相當之辦法，本國政府亦如貴國大總統，不願深信德國果行其計劃。因此項計劃，置中立國人民生命財產於危險地位，且妨害中立國與中立國及中立國與交戰國之正當商務，若施行無阻，勢將列入國際公法。今本國政府，贊成貴公使來文所陳之宗旨，故與貴國政府毅然附合，取一致行動，向德國政府對於封鎖計劃嚴重抗議。本國政府並擬將來為必要之隨誼進行，以達維護公法之目的。特此照復。須至照會者。

當這些事實真相變得眾所周知的時候，一場大騷亂也就顯然不可避免。軍方的反對並非無足輕重（任何違背消極中立的政策，都會遭到他們的反對），至於當局做出了甚麼樣的努力來消除這種反對，如今已經沒有必要在這裏多費口舌，我們只要陳述這樣一個事實也就足夠了：無論從哪一方面看，已經達成的這個決議，都可以說是年輕知識分子的力量對保守官僚階級的一次勝利。官僚階級"不管他人瓦上霜"的老傳統，以及沒有骨氣的外交政策，到目前為止，已經讓國家付出了高昂的代價。一種明確堅定而又影響深遠的外交政策，終於開始付諸實踐了。通過迅速的反應，再加上美國執意邀請中國與自己聯合行動，堅決反對德國的海盜行徑——"無限制潛艇戰"，中國毋庸置疑地為自己贏得了國際社會的尊敬。這個消息，無論是在歐洲，還是在美國，都喚起了顯而易見的熱情，並使得人們確信，中華民國終於開始支持某些重大而真實事情。1917年2月9日之前，中國所做的事情，並沒有真正維護自己的中立，因為在1914年，她非但沒能保護好自己的領土，反而讓它成了公共的戰場，她只是在忙於保護並維持她慣有的無能。

有時候，下面的說法應該是準確的（只有少數西方人認識到了這個事實）：對許多中國人來說，歐洲大家族中不同的成員確實很難分出彼此。在中國，很少有人分得清楚俄羅斯人和德國人，英格蘭人和奧地利人，法國人和希臘人。雖然一個世紀的貿易交往確實教會了許多人，與哪一方交往有利，與哪一方交往倒霉。比如，他們知道得很清楚，英國代表着海上帝國，海洋是全世界的通途。英國人的船（無論是商船還是軍艦）數量最為龐大，在別的條件相同的情況下，英國對中國命運的影響，比任何其他歐洲國家都大。但是，英國與日本的聯盟，極大地削弱了中國人先前對英國的信任，再加上這樣一個事實：德國儘管被海洋所孤立和封閉，卻依然因為它非凡的戰爭機器而維護着自己的完整，這使得無所作為似乎才是上策。可是，雖然中國人對目前這場衝突的事實真相並沒有形成一個清晰的概念，但他們無疑也認識到了，當一個能夠讓他們踏進國際友誼圈子的直接機會出現的時候，不再繼續置身於這個圈子之外，是絕對必要的。

正是這些事情的意外暗示，如今使得公眾的頭腦漸漸明亮起來，並慢慢喚起了人們的熱情。自從與列強建立條約關係以來，中國外交行動的笤帚，不再僅僅是用來打掃自家門前的積雪了，它第一次掃過了北京的城牆，把國際政治包括進了其範圍之內。儒家的國家觀念，作為一種地方性的創造，一種由於糾結於過去，無關乎未來因而充分自足的事物，至今依然是至高無上的。所謂的外交事務，只不過是在沿海港口或亞洲高原與那些競爭對手極不情願的接觸所帶來的結果。看到中國人已經準備以西方的方式，嚴格而忠誠地擔負起國家主權所賦予他們的職責和義務，真是一個美好的大發現。有些人猜測，在這件事情上，利益誘惑應該扮演了一個有力的角色，換句話說，在中國做出這個決定的過程中，產生重大影響的，應該是她認識到，如果聲明廢除與德國簽訂的條約，那麼就可以立即暫停德國的庚子賠款，那樣一來，每個月就差不多有 200 萬 "鷹洋"，源源不斷地流入已經空空如也的國庫。在一個因為貨幣問題而被狼狽不堪地逼入困境的國家，不管聽上去如何不可信，在說服北京政府的過程中，金錢因素並沒有扮演任何角色。深遠、潛在而決定性的影響，只不過就是 "利己" ——所有政治理由中最微妙、也最難定義的。正如英國的宣戰，是因為比利時遭到入侵，使得所有對德國的政策立場曖昧的國家到了不得不作出決定的時候；也正如美國的斷交，是因為關於海戰的承諾一再被撕毀，使得它必須採取行動；中國這樣做，乃是選擇一個正確的時機，通過表示自己決心支持其獨立最終賴以依存的全面國際制裁，從而宣告自己的獨立自主。歸根到底，2 月 9 日中國對德國政府的照會，直接而明確地回答了大戰爆發以來所有陰險的圖謀：國際社會就一直企圖將中國排斥在歐洲公法的運作之外。掌握中國命運的領導者們，從他們決定說話的那一刻起，就已經為交戰狀態做好了充分的準備；但對交戰的態度，他們又不能不憂心如焚，因為他們的國際地位許多年來一直是這樣不穩定，稍有閃失，就會頭破血流。

讓我們說得更清楚些吧。從一開始，中國就做好了充分的準備，打算與友好列強合作，採取最終將改善其國際地位的戰

爭手段，但同時，她並沒有準備將自己在這些事情上的主動權
拱手交給外國人。例如，那種認為其資源動員只能交給特別指
定的外國人處理才能更有效率的觀點，就一直遭到中國人的排
斥，因為他們從過去痛苦的經歷中認識到，雖然日本在此次大
戰中扮演的角色微不足道，而且也確實把自己歸類為“半交戰
國”，但東京政府卻出於自私的目的，毫不猶豫地利用中國所
出現的任何機會。而且，日本一直堅持認為，因為它就在現
場，所以它最有能力確保中國合作的效率，藉此努力收緊對
中國的控制。對於任何一個在場的觀察者而言，一個不言而
喻的事實是，自從“二十一條要求”的提出直到現在，許多日
本人都相信，他們已經差不多完全控制了中國，已經成為中國
一切爭端的最高調停人，也是整個東方世界的仲裁者。在中國
照會發表的幾天之前，日本的報紙上就冒冒失失地發表了一些
觀點，這些觀點，暴露了日本人對於中國參與協約國的真實想
法。例如下面所引的這篇（它顯然有官方的授意），事後讀起
來頗為奇怪：

　　北京電，英法兩國已經開始側面誘使中國加入反德聯
盟。尚未獲知中國政府的意圖。但如果條件有利，並因此在
未來的和平會議上獲得發表自己觀點的權利，中國政府很有
可能會同意。如果各協約國能給中國一個可靠的保證，恐怕
中國將會毫不猶豫地採取行動。

　　日本政府對這一問題的政策，至今未能獲知。不過，
看來日本政府並不反對落實巴黎經濟會議的決議，只要它們

所涉及的是純粹的經濟問題，因為日本希望，德國在東方的經濟財政方面的影響將被徹底清除。但如果歐洲各協約國試圖誘使中國加入他們的行列，日本可能會提出反對，理由是：這將會在中國製造更大的動亂，並導致東方和平的整體失衡。

　　現在，筆者絲毫也不懷疑，對日本的企圖和目標，這一解釋是非常正確的；同時可以相信，後來，當日本外相與各協約國公使會晤之後，東京方面對中國加入協約國的鼓勵，也只不過是被形勢所迫而做出的一種新的政策定位而已。一直以來，日本的確希望德國在遠東的影響被徹底清除——如果能夠由日本自己取而代之的話；但是，如果它不能絕對而完全地取代德國的位置，它將更願意這種影響繼續保留，因為它具有抗衡歐美列強影響的性質。正如日置益在 1915 年 1 月 18 日拜訪已故的袁大總統時所說，外國勢力在中國的存在，對日本人民而言，是持續憤怒的一個源泉，對遠東的永久互諒而言，是一塊最大的絆腳石。

　　因此，如果說一個有着 4 億人口的國家強烈關心自己的獨立自主是一件合理合法的事情的話，那麼，中國人對來自東京的任何建議都深表懷疑，也就完全是順理成章的了。許多事件已經充分證明，德國被趕出山東之後，其 1898 年在中國強行獲取的利益，並沒有歸還給中國，結果只不過是日本取而代之，繼承了這些利益，並從此將它在 1914 年最初向世界所做的承諾（將德國人從中國拿走的還給中國）丟到了九霄雲外。

在此有必要提醒讀者注意，日本不僅在“二十一條”的談判中強迫中國移交德國在山東的 1200 萬英鎊，而且，現任駐華公使林權助男爵近日宣稱，日本將向中國要求在青島得到一大片殖民地或租界，從而使得所謂的歸還租借地的聲明（這是日本信誓旦旦地保證過的）完全成了空中樓閣。之所以採用“殖民地”的説法，乃是因為日本對旅順口 12 年的租借經歷表明，領土的“租借”，加之軍事駐防和行政管理，實在是花費昂貴而又陳舊過時的東西，而且，藉助大批的殖民地進行滲透，要比切下幾片領土冠以“租界”的命名（這是分裂圖謀的一種大喊大叫的廣告）也更容易一些，在殖民地中，崗亭和警察構成重要的因素。

　　至此，雖然這些事情看上去似乎正在領着我們遠離我們所討論的特定話題，但事情並非真的如此。日本行動的威脅，就像地平線上陰沉沉的雷雨雲，已經明顯使中國的合作成了一件極其困難的事情，即便是諸如對德宣戰這樣簡單的事情，也是如此。有謠言説，中國可能會向位於西亞的美索不達米亞派遣一支遠征軍。僅僅就是這樣的謠言，便足以讓日本人派出大量密探從四面八方進入北京，他們堅持認為，如果中國人一定要做點甚麼事情的話，也應該僅限於向俄羅斯派兵，否則他們就會“丟掉”那裏。之所以提出這樣的建議，乃是因為那正是日本人自己當年打算做的事情，那是在 1915 年，盟國要求派兵歐洲的建議被他們拒絕時候。同樣不該忽略的事實是，在其他國家也像在中國一樣，外交事務，為國內局勢的發展提供了一個天賜良機。因此，正如我們已經指出的，軍方雖然最初不贊成任何行動，但是他們已經認識到，強硬的外交政策將極大地提高他們的聲望，而且使得他們能夠影響 1918 年重要的國會選舉，這屆國會將代行"國民大會"選舉下屆總統。因此，2月份整整一個月的時間裏，互相競爭的各政黨，都在以一種非常特別的方式（這樣的事世界各地都在發生），為爭奪席位而調兵遣將。副總統馮國璋將軍，親自從南京風塵僕僕地趕到北京，為的就是參加這場精心設計的比賽，如今許多人參加這場比賽，不過是為了從中能夠撈到某些好處。

到了 3 月 4 日，比賽開始進入高潮。在一次討論與德國斷交所應遵循的程序的內閣會議上，黎元洪總統與內閣總理段祺瑞將軍終於公開決裂。雖然差不多過去了整整 1 個月，柏林方面依然沒有任何答覆。提出的行動計劃林林總總，但沒有一項能正式決定下來。日本人竭力從東京對中國施加影響，以儘快達成明確的安排，再這樣的壓力之下，普遍的憂慮正在增長。對於幾封打算發給日本政府的電報中所提到的問題，黎元洪總統持堅決抵制的態度（此前他對其中的內容一無所知）。結果，深感不快的段祺瑞總理突然離開了會議室，很快就遞交了辭呈，離開了北京 —— 這一行動策略，其實就是威脅要激發國家的危機。

幸運的是，中國有一個黎元洪總統這樣冷靜沉着、不帶偏見的政治家。面對執政以來的第一次嚴重危機，他希望不惜一切代價也要確保這樣的原則：在採取任何步驟之前，必須得到國會的同意。一項政策，沒有經過公開辯論就付諸實施，沒有比這更冒險的事情了。他固執地堅持這一觀點。經過幾次協商，段祺瑞總理在勸導下回京復職，並達成諒解：在最終獲得普遍認可之前，將不採取任何行動。

3月10日，問題被提交國會表決。眾議院經過幾個小時的激烈辯論，政府的這項政策以330篇贊成87票反對獲得通過。第二天，參議院以158票贊成37票反對的表決結果，也通過了這一決議。說來也巧（如果不是人為預謀的話，那實在是太巧了），人們盼望已久的德國的答覆也在3月10日早晨送達了，德國人安插在議員中的密探將這份文件的副本廣為散發，為的是作最後的努力，影響他們的表決。德國答覆的原件如下：

本月十日晚七點鐘，本大臣奉本國政府命令，轉達中華民國政府者如左：反對德國新近所宣佈封鎖計劃，中華民國政府抗議中，用恫嚇之言，本帝國政府詫異。查他國等僅抗議，惟與德國交誼親密之中國，係各國中獨一加上恫嚇者。中國在封鎖海內無航業而不受累，故此項恫嚇更屬奇異。中華民國政府提及現在戰法，曾損害中國人民生命。查中華民國政府，向未對本帝國政府聲明一個此等事實或聲訴也。據本帝國政府所自得報告，如有中國人民損害者，係在戰線掘壕或為他項軍事之用者。伊等用此行為，如同與戰者連帶，與戰者之危險，本帝國政府屢次抗議。將中國人運去作戰事上用，即於戰時德國曾予與中國有良好交誼之憑據，因此交誼，德國允願將恫嚇之言視為未到。故此，本帝國政府，據理可望中華民國政府修正此問題之意旨。德國之敵人，先宣佈封鎖戰策，且悍然不顧而實行之，德國礙難取消其封鎖戰略，但仍願依照中華民國政府特願，而議商保護中國人民生命財產辦法，俾盡力顧及中國航業利益。德國向中國用此通融態度，實因確知倘至與德國絕交，中國不但失一真實良友，且中國冒不堪設想之輕轕，等因奉此。本大臣除將本帝國政府答覆照會貴總長外，並聲明，如中華民國政府允願，則本大臣有權議商保護中國航業利益。須至照會者。[1]

　　有了國會的認可，北京政府除了採取至關重要的步驟──斷交──之外，也就沒有別的事情可做了。某些材料還要最後敲定，但這些事情很快就處理好了。沒有做進一步的磋商，3月14日中午，德國公使收到了中國外交部送來的護照和下面這封密封急件。另有一件事情，也值得記錄一下，在2月9日中國發出照會到3月10日德國作出答覆之間的這段時間裏，法國郵輪阿多士號在地中海被魚雷擊沉，船上有500名前往法國的中國勞工，全都葬身魚腹。

　　關於德國施行潛水艇新計劃一事，本國政府本注重世界和平及尊重國際公法之宗旨，曾於二月九日照達貴公使提出抗議，並經聲明萬一出於中國願望之外抗議無效，迫於必不得已，將與貴國斷絕現有之外交關係等語在案。乃自一月以

1　《中華民國外交史資料選編》第一冊第286頁，北京大學出版社1988年11月第一版。

來，貴國潛艇行動，置中國政府之抗議於不顧，且因而致多傷中國人民之生命。至三月十日，始准貴公使照覆。雖據稱貴政府仍願議商保護中國人民生命財產辦法，惟既聲明礙難取消封鎖戰略，即與本國政府抗議之宗旨不符。本國政府視為抗議無效，深為可惜，茲不得已，與貴國政府斷絕現有之外交關係。因此備具貴公使並貴館館員暨各眷屬離去中國領土所需沿途保護之護照一件，照送貴公使，請煩查收為荷。至貴國駐中國各領事，已由本部令知各交涉員一律發給出境護照矣。須至照會者。[2]

直到 11 天之後（3 月 25 日），德國公使及其隨從人員才一肚子不情願地離開了北京，經美國打道回府。其間，中國政府尚未決定採取最後的步驟，因為尚有許多重要問題需要解決。不僅要與協約國之間作一些安排，還需根據美國的行動對中國的政策進行調整。一個外交事務特別委員會每天都在爭論應該遵循的程序，由於各省對下一步行動所持的觀點針鋒相對，因而耽擱了很長時間。

3、4 兩個月全都耗在這場人人參加卻又徒勞無功的討論上。考慮到各省的反對，段祺瑞總理如今便把各省軍政首腦召集到北京開會，讓他們為自己的政策背書。不過，這一行動雖然就軍頭們所關心的範圍而言可謂大獲全勝（他們投票一致

2　《中華民國外交史資料選編》第一冊第 288 頁，北京大學出版社 1988 年 11 月第一版。

同意參戰），然而卻讓國會驚慌失措，他們認識到，這一程序暗含着一種新的企圖，要破壞國會的權力，依法外手段控制國家。此外，《京報》也發表文章，揭露日本人在幕後的小動作，這自然引起了人們的普遍擔心，有人可能懷着通過秘密外交以獲得某些私人性質的擔保的目的而大搞陰謀詭計。除了參與各協約國在北京的半官方談判之外，日本同時還展開了另一場談判，主要是通過寺內正毅首相從東京特別派來的一位名叫西原龜三的秘密代理人進行的，這一行動，導致了關於中國未來債務的聳人聽聞的謠言迅速流傳。

當段祺瑞總理 3 月 10 日就立即與德國斷交的必要性向國會發表陳述的時候，他暗示，中國已經得到了協約國的明確保證：庚子賠款延期 1 年，立即提高關稅率，修改《辛丑條約》中關於中國軍隊在天津附近存在的問題。這幾點的突然宣佈，引起了人們的懷疑。圍繞庚款延期的時間長度，以及關稅增加的實際金額，似乎出現了一種無法解釋的混亂，這主要是由於密探太多的緣故，再加上如今觀點的交流幾乎完全是口頭的、非正式的和秘密的。分析一場與北京特殊的外交氣氛密切相關的爭論，將會令人不勝其煩。不過，這一事件生動說明了，在中國，那怕是作出一個簡單的決定，也會遇到多麼巨大的困難。《京報》每天都用大幅版面強調：如果軍方一意孤行的話，中國民主政治的未來將再一次面臨威脅。如果說正式對德宣戰的問題如今呈現出了完全不同的面貌，那也絲毫不用奇怪。

5 月 1 日，儘管經歷了所有這些考驗和磨難，在段祺瑞總理的強力推動下，內閣一致作出決定：對德宣戰勢在必行。5
月7日，在與黎元洪總統達成一致之後，國會收到了下面這份
諮文——這是行政部門和立法機構之間溝通的常用方法：

大總統為諮行事。吾國與德絕交以來，德國政府仍侵犯
中立權利，損害吾民生命財產，破壞公法，違背人道。本大總
統為促進和平，維持公法，保護吾國人民生命財產起見，認為
與德政府有宣戰之必要。茲依據《約法》第三十五條，諮請同
意，並據《約法》第二十一條，要求秘密會議。此諮眾議院。

5月8日，在聽取了段祺瑞總理親自所做的陳述之後，眾
議院秘密會議將"參戰案"提交眾議院委員會審查，以便為作
出決定贏得時間。同一天，參議院也就同一問題開會。參議院
群情激昂、討論熱烈，這倒並不是因為對討論的問題有甚麼真
正的爭執，而是因為大部分參議員對國內的後果深感擔憂。

5月10日，國會召開秘密會議，很明顯，一場危機已經
初露端倪。數千名烏合之眾將進入國會的通道圍得水泄不通，
眾議院的議員們費了九牛二虎之力，才好不容易走過這段路，
許多議員不是被人飽以老拳，就是被人推來搡去。這群烏合之
眾，明顯是由一個眾議院拒絕參與的秘密組織所控制的。緊急
通知被送到了警備司令部，要求增派武裝人員前往保護，議員
們同時還要求段祺瑞總理到場。大批警察很快趕到了現場，但
在阻止暴民進入議會、燒毀議會大廈、殺害國會議員（他們曾

發出過這樣的威脅）的同時，警察們卻沒有（也許是不願）驅散人群。人們後來得知，有半個營的步兵，身着便衣，在他們長官的指揮下，構成了這群示威者的骨幹力量。

直到天快黑的時候，這一混亂場面持續了 6、7 個小時之後，段祺瑞總理終於姍姍而來。直到人們謠傳有一個日本記者被殺的時候，警察們才得到命令：向人群發動衝擊，用武力強行驅散他們。這事很快就辦妥了，因為，除了那些穿便衣的士兵之外，這群烏合之眾基本上都屬於最低層的階級，只不過是被人花錢買來狂呼亂叫的，根本就沒有真刀真槍打一架的興趣。飢腸轆轆地關了一天的禁閉之後，快到午夜時分，議員們才得以四散離去，各自回家，早就沒有力氣爭論甚麼"參戰案"。結果是，我們的段總理發現：他的全體閣僚，除教育總長外，全都辭職不幹了。內閣總長們不願意和一個用武力脅迫國會的政府同流合污。

然而，段祺瑞總理依然決意要達到自己的目的。沒過幾天，第二篇諮文被送到國會，諮文要求：不管發生甚麼事情，立即將"參戰案"提交討論。這期間，北京的一份主要報紙發表了更詳細的資料，揭露日本暗地裏的活動，這極大地激怒了公眾，並使得自由主義分子的立場比以前更加堅定了。報道稱，寺內正毅伯爵正在重演 1915 年"二十一條要求"中的第五號，日本人這一次的提議，採用的是 20 條密約的形式，其中主要條款是：給中國一筆 2000 萬日元的借款以在日本人指導下改造 3 座主要兵工廠，第二筆 8000 萬日元的借款將用於使中國軍隊日本化。作為這篇報道的結果，《京報》的一位編輯被抓了起來，投入了監獄。而國會非但沒有被嚇倒，反而在第二天（5月19日）通過了一項決議：除非改組內閣（這意味着段祺瑞的辭職），否則就拒絕考慮以任何形式對德宣戰。反動分子的最後一搏，就是讓在北京聚會的各省督軍向總統遞交了一份要求解散國會的請願書，以這種花招誘使總統屈服。當這一建議遭到總統的斷然拒絕，而督軍們揚言要武力干涉的時候，一場暴風雨前的平靜時期隨之而來。

然而，國會依然無動於衷，該幹甚麼幹甚麼。雖然“永久憲法”草案實際上已經完成了，但如今又提議做重要增訂，贈訂條款的設計，為的是擴大國會的控制權，針對未來的獨斷專行提供每一種可能的防範。按照新的規定，一次對內閣的不信任投票以簡單多數通過之後，總統就必須要麼解散內閣，要麼解散眾議院（不過眾議院的解散必須得到參議院的批准）。人們公認，這一規定對清除袁世凱統治的最後殘餘是必要的。此外，另一項新的條款規定，總統有權以總統令的形式立即解除總理的職位，而無需其他內閣部長的副署，保守派們眼見得這一規定讓他們最後的希望也化為泡影，一時間陣腳大亂。

到了5月21日，碩果僅存的教育總長也辭職不幹了，總理完全成了光桿司令。5月23日，在國民的普遍支持下，黎元洪總統解除了段祺瑞總理的職務，指定經驗豐富的外交官伍廷芳代行總理職務，同時，將首都地區置於4位值得信賴的將軍的控制之下，他們被授予警備司令的權力，保護首都的安全。督軍們則在這些事情發生的幾小時之前，全體倉惶逃出了北京城，宣佈與徐州那位令人生畏的張勳將軍結成聯盟，這對共和國的安全構成不小的威脅。然而，儘管他們竭盡全力煽動騷亂，但各省對他們的反應都很冷淡。不過，這對他們後來的行為並沒有甚麼影響。在這場戲劇性的事變中，那位前總理竟然人不知鬼不覺地消失不見了，這使得人們紛紛謠傳，他身邊那些腐敗奸黨將要被逮捕，但總統很快就公開否認了有任何這樣的打算 —— 如今看來這是一個致命的錯誤。我不得不在此沮喪地告訴大家，北京的幾乎所有協約國使館，都與這幫人關係密切（只有態度一貫正確的美國除外），法國公使甚至走得更遠，他對督軍們熱誠相待，並公開宣稱：據本國媒體報道，國會根本就無足輕重，對中國而言，惟一重要的事情就是迅速宣戰。在中國與列強之間有希望建立恰當的關係之前，有必要對北京的外交做一些公眾調查，這一點似乎無可爭辯。

　　5月底之前，軍閥們孤注一擲，玩起了他們的老把戲，竭力煽動各省"宣佈獨立"，雖然這個國家的民眾明顯反對他們。這場運動也得力於某些成功的策略，因為南方各省的軍人對他們的領導忠心耿耿、言聽計從，他們突然提出了進軍北京的強烈要求。鐵路上的所有車輛為了這個目的而被大量徵用，最南端的幾個省份提出了強烈的譴責，他們還威脅，只要他們一完成動員，就立即向北方軍隊發動全面的進攻，這一切，使得混亂的局面益發不可收拾。

　　6月到來了，局面比過去幾年裏的形勢更加兇險。揭竿而起的將軍們派出了他們的特使，與形形色色的失意政客和心懷不滿的將領們一起，齊聚天津（這裏離北京只有80英里），公開組建了一個軍事總部。他們宣稱，到時將把這個機構轉變為臨時政府，以尋求列強的承認。軍隊也在調動和集結，以對付北京；解散國會的要求被重新提起；同時，首都的報紙也突然連篇累牘地發表煽動性的文章。眼見得形勢急轉直下，黎元洪總統在別人（雖然是何人尚不得而知）的引誘下，發佈命令，召張勳將軍進京擔當調停人，這又是一個致命的舉措。6月7日，張勳領着大隊人馬抵達天津，並在那裏停了下來，很快就制服了顛覆勢力，然後，立即向北京發出了最後通牒，重彈解散國會的老調。

　　這期間，6月5日，被這一連串突如其來的事件弄得驚慌失措的美國政府，向中國政府遞交了下面這篇照會，希望以此穩定局勢：

　　美政府聞中國內訌，極為憂慮，篤望即復歸於和好，政治統一。中國對德開戰，抑或仍守與德絕交之現狀，乃次要之事件。在中國最為必要者，乃維持繼續其政治之實體，沿已得進步之途徑，進求國家之發展。美國所以關心於中國政體及行政人物者，僅以中美友誼之關係，美國不得不助中國。但美國尤深切關心者，在中國之維持中央統一與單獨負責之政府。是以美國今表示其極誠懇之希望，願中國為自己利益及世界利益計，立息黨爭，並願所有黨派與一切人民，共謀統一致府之再建，共保中國在世界各國中所應有之地位。但若內訌不息，而欲佔其所應得之地位，則必不可能也。[3]

　　然而，局勢的發展是如此迅速而影響深遠，以至於這一表態顯得毫無分量。副總統馮國璋將軍也不願（或者不能）有所作為，他已經從南京遞交了辭呈，並聲稱，在這場特殊鬥爭中，他將保持長江下游重要地區的所謂"中立"。他的行動，看上去似乎很奇怪，但卻代表了鬱結在每個人心頭的深重憂慮。

　　在 6 月 9 日星期六之前，總統的態度似乎一直很強硬。這一天，他親自會見了外國的媒體記者，並向他們保證，不管面臨甚麼樣的威脅，任何情況下他都不可能試圖採取"解散國會"這樣的違憲之舉。之所以說違憲，乃是因為《臨時約法》（在國會正式通過永久憲法之前它依然是國家的根本大法）只是規定了國會是作為憲法起草委員會而創立的，但沒有給予總統在它為期 3 年的"生存"期內解散它的權力。正如我們已經指出的，從 1913 年 11 月 4 日國會解散至 1916 年 8 月 1 日重開國會，這 3 年時間，被視為一個純粹的空白期，因此，如果法律得到恰當解釋的話，在 1918 年之前，除了國會自己，這個國家誰也沒有權力中斷它的開會。但是考慮到危險的形勢，國會已經表示願意主動做下面這些事：1、重新審議憲法草案

3　《中華民國外交史資料選編》第一冊第 291 頁，北京大學出版社 1988 年 11 月第一版。

的某些規定，以確保兩周之內全部文件在兩院通過；2、修改
"選舉法"，以贏得更多保守分子的支持；3、做完這些事情，
立即進入第二次休會期（1916—1917），經過短暫休息之後再第
三次開會（1917—1918），並在 3 個月之內閉會，允許在 1918
年最初的幾個月裏舉行新的選舉。新一屆國會將在 1918 年 4
月召開，並把自己變成"國民大會"，選舉出任期 5 年的新總
統（1918—1923）。

　　6 月 10 日星期日，一個突如其來的消息給了所有這些合
理計劃當頭一棒，消息稱，總統斷然指出，要想挽救中華民
國，要想防止北京的浩劫，要想阻止一場公開用武力恢復宣統
皇位的圖謀，解散國會是惟一的辦法。他已經簽署解散國會的
命令，單等到總理伍廷芳副署就立即生效，根據《臨時約法》
第 45 條，這樣的副署是強制性的。

　　事情很快就清楚了，如果不能防患於未然，必將貽害於將
來。假如 5 月 23 日前後能夠採取果斷的措施，將幾個不聽話
的督軍強行扣押在北京，歷史就會大不相同，中國將免去多少
國內、國際的羞辱。6 年風雨飄搖的多事之秋，的確在這個民
族的心裏培育出了一種渴望，他們渴望立憲政體；也培育出了
一種憎恨，他們憎恨軍閥專制。但這種渴望和憎恨需要堅強的
領導階層。沒有這樣的領導階層，它就不能水到渠成，也必定
只能在對殘忍報復的持續恐懼中偷偷摸摸地生根發芽。一個大
好時機出現了，又失去了。

　　黎元洪總統曾經與筆者交換過他的個人看法，他說，在簽
署解散國會命令的時候，自己是兩害相權取其輕，因為，雖然

南方軍和海軍宣稱要保護國會到最後，但遠水救不了近火，大批軍隊沿進京的鐵路成梯隊排列，每天都在威脅要採取行動。不管 1917 年 6 月發生了甚麼，未來幾年的事情必定會最終證明，槍桿子不可能再統治中國了，哪怕是名義上。

而此時，經驗豐富的伍廷芳博士卻宣稱，世界上沒有甚麼力量能迫使他簽署一份得不到法律支持的命令，他也的確堅決抵制了所有的誘惑。雖然他的辭職遭到了拒絕，但他的態度卻非常堅決，顯然，不得不採取其他的權宜之計。6 月 13 日下半夜，這個權宜之計才算有了着落：通過一次快速的重新洗牌，好好先生江朝宗將軍被指定代替伍廷芳，及時副署了這份至關重要的命令，凌晨 4 點，命令很快被印刷發行、張貼公佈。有人曾告訴筆者，此時，張勳 4 個營的辮子軍已經在天壇安營紮寨好幾天了，命令如果不這樣發佈，我們的辮帥就會放任他們在北京城裏自由行動。命令原文如下：

上年六月，本大總統申令，以憲法之成，專待國會。開國五年，憲法未定，大本不立，亟應召集國會，速定憲法等因。是本屆國會之召集，專以制憲為要義。前據吉林督軍孟恩遠等呈稱：日前憲法會議及審議會通過之憲法數條，內有眾議院有不信任國務員之決議時，大總統可免國務員之職，或解散眾議院，惟解散時，須得參議院之同意；又，大總統任免國務總理，不必經國務員之副署；又，兩院議決案，與法律有同等效力等語，實屬震悚異常。考之各國制憲成例，不應由國會議定，故我國欲得良妥憲法，非從根本改正，實無以善其後。以常事與國會較，固國會重，以國會與國家較，則國家重。今日之國會，既不為國家計，惟有仰懇權宜輕重，毅然獨斷，將參、眾兩院即日解散，另行組織，俾議憲之局，得以早日改圖，庶幾共和政體，永得保障等語。近日全國軍、政、商、學各界，函電絡繹，情詞亦復相同。查參、眾兩院，組織憲法會議，時將一載，迄未告成。現在時局艱難，千鈞一髮，兩院議員紛紛辭職，以致迭次開會，均不足法定人數，憲法審議之案，欲修正而無從，自非另籌辦法，無以慰國人憲法期成之渴望。本大總統俯順輿情，深維國本，應即准如該督軍等所請，將參、眾兩院即日解散，克期另行選舉，以維法治。此次改組國會本旨，原以符速定憲法之成議，並非取消民國立法之機關，邦人君子，咸喻此意。此令。

　　隨着這份文件的發表，一場大的騷動和民眾的極大不安接踵而至。國會議員們此前有一小部分人已經離開北京，這下子全部都撤出了首都，去了南方。

　　這些喜劇性事件的展開，是日本方面最大的秘密行動的信號，如今，到處都能看到這些日本人在摩拳擦掌、額手相慶。正在中國各地做考察旅行的日本陸軍參謀次長田中義一將軍，在一個最佳的時刻到達了北京，如今正忙於通過受僱於中國政府的日本官員扯動每一根繩線，試圖以這種方式讓這次可恥陰謀的領袖們成為日本人的傀儡。日本的新聞媒體，則抓住 6 月 5 日的美國照會作為藉口，連日來喋喋不休地抨擊美國對中國事務的"干涉"，以及無視日本在中國的"特殊地位"。據這幫時事評論員聲稱，未經先行與日本商議，列強中的任何國家都不能在遠東採取任何行動，提出任何建議。對於這樣自以為是的傲慢，一旦戰局的發展塵埃落定，必定會遭到嚴厲的責難。不過，忙得不亦樂乎的，不僅僅是日本的軍官和新聞記者，中國政府的那幫所謂的日本顧問，也在盡他們最大的努力幫着添亂。憲法專家有賀長雄博士，當黎元洪總統在最後的時刻召他來徵詢建議的時候，他直截了當地與莫理循博士頂撞了起來。莫理循博士，以一個英國人對司法和憲政的熱愛，堅持認為，總統只有一件事情可做，那就是不管付出任何代價也要遵守法律。有賀博士則錯誤地聲稱，發佈這樣的命令只不過是權宜之計，從而蓄意地為分裂勢力幫了大忙。對於一個曾經建議袁世凱稱帝的人來說（他清楚地知道這絕不會成功，而且從日本的觀點看整個計劃的確是一個精心設計的圈套），這或許是他惟一期待的事情。

各省對 6 月 13 日解散國會之舉的反應，如今成了每個人都熱切期待的事情。西南各省，以及他們在廣州的軍事總部，開始公開一致地採取對抗行動，不過他們並非要反對總統的權威，而是要消滅那些篡奪權力的將領，以及躲在他們身後的大奸巨滑。至今恪守"中立"的長江流域各省，以及他們在南京的總部，也開始秘密地與南方的共和主義者們交換看法。聚集在天津的那幫軍人和"政客"，則被這些新的情況搞糊塗了，只好繼續按兵不動。

毋庸置疑，正是那位半文盲將軍張勳，策劃了這場瘋狂的政變。7 月 1 日凌晨，張勳利用北京城的混亂，帶着他的人馬進入了紫禁城，經過與前清皇室的預先安排，7 月 1 日凌晨 4 點鐘的時候，1912 年 2 月丟掉寶座的宣統皇帝，在一小撮滿清貴族（都是一些擅長阿諛奉承的馬屁精）的面前，重新登上了皇位。北京城一覺醒來，發現到處都有巡邏的辮子軍，並將信將疑地聽説：老規矩又回來了。警察們根據命令迅速造訪了所有商店和民居，命令每一家都要掛上龍旗。這天下午，發表了下面這篇滿紙荒唐的復位詔書，文中所云黎元洪總統的奏摺，則全然是赤裸裸的偽造，除了張勳，沒有一個人有資格列名其中。有各種各樣的理由相信，滿清的宗社黨也是被強迫的。這一瘋狂行動，從一開始就讓人感到恐怖，因為這很有可能使北京變成一座滿洲人的城市。

復位詔書

朕不幸，以沖齡繼承大業，煢煢在疚，未堪多難。辛亥變起，我孝定景皇后至德深仁，不忍生民塗炭，毅然以祖宗創垂之重，億兆生靈之命，付托前閣臣袁世凱，設臨時政府，推讓政權，公諸天下，冀以息爭弭亂，民得安居。乃國體自改革共和以來，紛爭無已，迭起干戈，強劫暴斂，賄賂公行。歲入增至四萬萬，而仍患不足；外債增至十餘萬萬，而有加無已。海內囂然，哀其樂生之氣，使我孝定景皇后不得已遜政恤民之舉，轉以重苦吾民。此誠我孝定景皇后初衷所不及料，在天之靈惻痛而難安者。而朕深居宮禁，日夜禱天，彷徨欲泣，不知所出者也。今者復以黨爭，激成兵禍，天下洶洶，久莫能定。共和解體，補救已窮。據張勳、馮國璋、陸榮廷等，以國體動搖，人心思舊，合詞奏請復辟，以拯生靈。又據瞿鴻機等為國勢阽危，人心渙散，合詞奏請御極聽政，以順天人。又據黎元洪奏請奉還大政，以惠中國，而拯生靈各等語。覽奏情詞懇切，實深痛懼。既不敢以天下存亡之大責，輕任於沖人微渺之躬；又不忍以一姓禍福之讕言，遂置億兆生靈於不顧。權衡輕重，天人交迫，不得已允如所奏，於宣統九年五月十三日臨朝聽政，收回大權，與民更始。而今以往，以綱常名教為精神之憲法，以禮義廉恥收潰決之人心。上下以至誠相感，不徒恃法守為維繫之資；政令以懲毖為心，不得以國本為嘗試之具。況當此萬象虛耗，元氣垂竭，存亡絕續之交，朕臨深履薄，固不敢有樂為君，稍自縱逸。爾大小臣工，尤當精白乃心，滌除舊染，息息以民瘼為念。為民生留一分元氣，即為國家留一息命脈，庶幾危亡可救，感召天庥。所有興復初政亟應興革諸大端，條舉如下：

一、欽遵德宗景皇帝諭旨：大權統於朝廷，庶政公諸輿論，定為大清帝國，善法列國君主立憲政體。

二、皇室經費，仍照所定每年四百萬元數目，按年撥用，不得絲毫增加。

三、凜遵本朝祖制，親貴不得干預政事。

四、實行融化滿漢畛域，所有以前一切滿、蒙官缺，已經裁撤者，概不復設。至通俗易婚等事，並着所司條議具奏。

五、自宣統九年五月本日以前，凡與東西各國正式簽定條約，及已付債款各合同，一律繼續有效。

六、民國所行印花稅一事，應即廢止，以紓民困。其餘苛細雜捐，並着各省督撫查明，奏請分別裁減。

七、民國刑律，不適國情，應即廢除，暫以宣統初年頒定現行刑律為準。

八、禁除黨派惡習，其從前政治罪犯，概予赦免。倘有自棄於民，而擾亂治安者，朕不敢赦。

九、凡我臣民，無論已否剪髮，應遵照宣統三年九月諭旨，悉聽其便。

凡此九條，誓共遵守。皇天后土，實鑒臨之。將此通諭知之。欽此。

宣統九年五月十三日。內閣議政大臣張勳。[4]

敕封黎元洪為一等公上諭

本日黎元洪奏請奉還國政，籲懇復御大統一摺。據稱該員因兵變被脅，盜竊大位，謬領國事，無濟時艱。並歷陳改建共和諸多弊害，奏懇復御大統，以拯生靈，自請待罪有司等語。覽奏情詞悱惻，出於至誠。從亂既非本懷，歸政尤明大義，際此國事危岌，大局飄搖，竟能作吾民親上之先，定

中國救亡之策，厥功甚偉，深孚朕心。黎元洪着賜封為一等公，以彰殊典，尚其欽承朕命，永荷天庥。欽此。[5]

特設內閣議政大臣上諭

興復伊始，特設內閣議政大臣，以資贊襄而專責成，並設閣丞二員。其餘京外缺，均暫照宣統初年官職辦理。起現任大小文武官員，均着照常供職。欽此。[6]

對這一野蠻行動的普遍麻木，再加上辮子軍對所有郵局和電報局的軍事佔領，使得人們在最初的 48 小時裏對此竟毫無反應。7 月 2 日，幾篇詔書依然繼續着它們企圖激活帝制殭屍的努力，被弄得稀裏糊塗的老百姓則依然高掛他們的龍旗。然而，到了 3 日早晨，一個消息不脛而走，説的是已經事實上被囚於總統府的黎元洪，在兩位侍從武官的陪伴下，乘汽車逃跑了。在試圖讓使館區法國醫院收留未果之後，隨即轉到了日本使館，那裏為他提供了一個合適的住處。3 日傍晚，日本使館（用法語）發表了下面這份官方公報，闡述了自己的立場：

黎大總統帶侍衛武官陸軍中將唐仲寅、秘書劉鍾秀及從者一名，於七月二日午後九時半，不預先通知，突至日本使

5　《中國近代史資料叢刊‧北洋軍閥》（三）623

6　《中國近代史資料叢刊‧北洋軍閥》（三）628

館域內之使館武隨員齋藤少將官舍，懇其保護身命。日公使
館認為係不得已之事情，並為顧及國際道義，決定作相當之
保護，即以使館域內之營房，暫充黎大總統居所。黎大總統
在日使館時，日本公使館絕對不允其作政治的活動。[7]

　　隨着這一聳人聽聞的新情況的出現，接下來的事情眾所周
知，黎元洪總統向天津發出了一系列電令，並通過這一行動使
得帝制主義者的努力付之東流。通過巧妙的安排，段祺瑞將軍
被任命為總理，同時，副總統馮國璋被請求代行總統職務，這
些安排是如此妥善，以至於張勳很快就被自己編製的羅網給罩
住了。

　　以下就是 4 封具有歷史意義的電報原文[8]：

　　（7 月 1 日）本日張巡閱使率兵入城，實行復辟。斷絕交
通，派梁鼎芬等來府遊說。元洪嚴詞拒絕，誓不承認。副總
統等擁護共和，當必有善後之策。特聞。元洪。東。

　　（7 月 1 日）天不悔禍，復辟實行。聞本日清帝上諭有“元
洪奏請歸政”等語，不勝駭異。吾國由專制為共和，實出五
族人民之公意。元洪受國民付托之重，自當始終民國，不知
其他。特此奉聞，藉免誤會。元洪。東。

　　南京馮副總統，南寧陸巡閱使，各省督軍省長，並轉

7　《中國近代史資料叢刊・北洋軍閥》（三）624－625
8　《中國近代史資料叢刊・北洋軍閥》（三）499－503

省議會暨各鎮守使、各師旅長，熱河、察哈爾、綏遠都統，龍華盧護軍使、上海薩總長、程總司令並轉各艦隊長，孫中山先生、伍秩庸先生、章太炎先生、唐少川先生、岑雲階先生，天津徐菊人、段芝泉先生、熊秉三、梁任公、湯濟武先生，廣州李協和先生，敍府羅前督軍，岳州吳總司令鈞鑒：國家不幸，患難相尋。前因憲法爭持，致啟兵端。安徽督軍張勳，願任調停之責，由國務院總理李經義主張招致入京，共商國是。甫至天津，首請解散國會，在京各員屢次聲稱，為保全國家統一起見，委曲相從，刻正組織內閣，期速完成，以圖補救。不料昨晚十二點鐘，突接報告，張勳主張復辟，先將電報局派兵佔領。今晨梁鼎芬等入府，面稱先朝舊物，應即歸還等語。當經痛加斥責，逐出府外。風聞彼等已發通電數道，何人名義，內容如何，概不得知。元洪負國民付托之重，本擬一俟內閣成立，秩序稍復，即行辭職，以謝國民。今既枝節橫生，張勳膽敢以一人之野心，破壞群力建造之邦基，及世界各國公認之國體，是果何事，敢卸仔肩。時局至此，諸公夙懷愛國，遠過元洪。佇望迅即出師，共圖討賊，以期復我共和，而救危亡。無任迫切，臨電涕泣，不知所云。如有電覆，即希由路透公司轉交為盼。黎元洪。東。印。

（7月3日）南京馮副總統、各省督軍、省長、南寧陸巡閱使、瓊州龍督辦、各都統、各護軍使、各鎮守使、各報館鑒：東日兩電、冬日一電計達。此次政變猝生，致搖國體。元洪負疚民國，哀痛何窮。已於本月冬日，特任段芝泉總理國事，並請馮副總統依法代行職權，在副總統未經正式代理以前，一切機宜統由段總理便宜處理。所有印信、文件業經送津，請段總理暫行攝護，並設法轉送副座，呈請接受。再，頃者公府衛隊猝被裁撤，催交三海，元洪亦即移居醫院。此後一切救國大計，務請商承馮副總統、段總理合力進行。臨電翹企，不盡區區。元洪。江。

期間，就在北京發生這些戲劇性事件的同時，發生在各省的聳人聽聞的事情亦復不少。天津那一夥人很快就認識到：國家存亡，危在旦夕；他們非常迅速地採取了果斷行動。這表明，儘管存在種種爭論，但對於這個國家裏的每一個有點頭腦的人來說，共和主義已經深入人心；至少，設想一個統一的中國是可能的。中國自由主義的代言人、學者梁啟超，有一種特殊的才能，就是言簡意賅地概述每一件事情的重要性，然後把它們傳播到各省。梁啟超的通電以"昊天不弔，國生妖孽"開頭，結尾擲地有聲："啟超前此曲突徙薪之論，是以供若曹含沙喋血之資，亦既痛憤積中，誓將緘結終古。今睹瀕覆之巢，復吐在喉之鯁，知我罪我，固所不辭。"

如今，軍人與文人聯合了起來。段祺瑞將軍立即挑起了放在他肩上的重擔，來到天津城外嚴陣以待的兵營，擔任了集結於此的軍隊的總司令，同時發佈了下面這篇宣言：

天禍中國，變亂相尋，張勳懷抱野心，假調停時局為名，阻兵京國，至七月一日，遂有推翻國體之奇變。竊惟國

體者，國之所以與立也，定之匪易。既定後而復圖變置，其
害之於國家者，實不可勝言。且以今日民智日開，民權日昌
之世，而欲以一姓威嚴，馴伏億兆，尤為事理所萬不能致。
民國肇建，前清明察世界大勢，推誠遜讓，民懷舊德，優待
條件，勒為成憲，使永避政治上之怨府，而長保名義上之尊
榮，宗廟享之，子孫保之。歷考有史以來二十餘姓帝王之結
局，其安善未有能逮前清者也。今張勳等以個人權利慾望之
私，悍然犯大不韙，以倡此逆謀，思欲效法莽、卓，挾幼主
以制天下，竟捏黎元洪奏稱改建共和，諸多弊害，懇復御大
統，以拯生靈等語，擅發偽諭。橫逆至此，中外震駭。若曰
為國家耶，安有君主專制之政，而尚能生存於今之世者？其
必釀成四海鼎沸，蓋可斷言。而各友邦之承認民國，於茲五
年，今覆雨翻雲，我國人雖不惜以國為戲，在友邦則豈能與
吾同戲者。內部紛爭之結局，勢非召外人干涉不止，國運真
從茲斬矣。若曰為清室耶，清帝沖齡高拱，絕無利天下之
心，其保傅大臣，方日以居高履危為大戒，今茲之舉，出於
迫脅，天下共聞，歷考史乘，自古安有不亡之朝代？前清得
以優待終古，既為曠古所無，豈可更置諸嚴牆，使其為再度
之傾覆以至於盡？祺瑞罷斥以來，本不敢復與聞國事，惟念
辛亥締造伊始，祺瑞不敏，實從領軍諸君子後，共促其成。
既已服勞於民國，不能坐視民國之顛覆分裂，而不一援。且
亦曾受恩於前朝，更不忍聽前朝為匪人所利用，以陷於自
滅。情義所在，守死不渝。諸公皆國之干城，各膺重寄，際
茲奇變，義憤當同。為國家計，自必有矢死無貳之誠；為清

室計，當久明愛人以德之義。復望戮力同心，戡茲大難，祺瑞雖衰，亦當執鞭以從其後也。敢佈腹心，伏維鑒察。

隨着這篇宣言的發表，一場大規模的軍隊調動開始了。7月5日，據報告，至關重要的京津鐵路，在離北京40英里的廊坊中斷了，庚子那年，西摩爾將軍的遠征聯軍差一點就被圍剿在那裏。張勳打算拿出像他的政變一樣的迅雷不及掩耳之勢作最後一搏，他將自己的辮子軍大規模地調到了北京城外，再充以大量的滿洲兵，使得這支軍隊更加強大。他宣稱，要與段祺瑞的討逆軍一決雌雄、死而後已，事後證明這話和他其餘的話一樣，也不過是說說而已。第一次交鋒發生在7月5日傍晚，這一仗，對我們的辮帥而言是致命的。整個北洋陸軍，除了留在北京的滿洲軍，都迅速集中到了兩條通向北京的主要鐵路的沿線，無論在數量上還是策略上，辮子軍都望塵莫及，短暫的抵抗之後，辮子軍望風而逃。張勳本人則很快醒悟到，古老的帝制，在北方與在南方一樣，早已是明日黃花。他顯然被這一發現給驚呆了。政變還不到一個禮拜，他就已經準備舉手投降了（假如能全他的小命和名聲的話）。到了7月9日，形勢已經不可逆轉，共和軍包圍了北京，張勳辭去了所有職務，除了辮子軍的總司令。滿清宗社黨已經起草好了一篇新的退位詔書，只因懾於紫禁城周圍的辮子軍，才不敢發佈。

以外國使館作中間人，一場老一套的討價還價搭台開唱了。誰也不希望看到在北京城的大街上擺開戰場，那樣，不僅無辜百姓要慘遭塗炭，而且洋人也會跟着受池魚之殃。在對紫禁城的一次小規模炮擊中，人們已經領教了新奇的事物，炸彈在滿清皇室的心裏所引起的恐慌，讓他們不僅做好了舉手投降的準備，甚至打算逃之夭夭。人們爭論的主要問題，並非君主政體的命運（這已經是隻死老虎），而只是將要發生在張勳腦袋上的事情——這是個讓張勳痛苦不堪的問題。共和軍已經為這顆腦袋懸賞 1 萬塊現大洋，而那些煽風點火的傢夥則鼓吹：必須拿獲此人，無論是死是活，都要梟首國門，以清算他的背信棄義。圍繞這一問題，一場詭秘的戰鬥打響了，但直到 7 月 11 日傍晚，也沒有弄來一顆人頭，當所有迫使張勳無條件投降的努力全都宣告失敗的時候，討逆軍宣佈，第二天早上天一亮，就對張勳的部隊發動全面進攻。

　　7 月 12 日的拂曉時分，一聲炮響宣告了進攻的開始。大批共和軍從各個不同的城門進入北京城，猛烈的交火聲在老百姓當中引起了恐慌。張勳的主力部隊，駐紮在被大牆圍起來的天壇內，那裏很快就被包圍了。對他們而言，雖然在那裏撐上幾天是完全可能的，但剛剛交火幾個小時，一場談判就開始了，他們平靜地舉手投降。在紫禁城（張勳就住在這裏）也是一樣，我們的辮帥，儘管此前曾咄咄逼人地宣稱要決一死戰，但事到臨頭卻溜之乎也，逃到使館區去尋求庇護。他的人馬則堅持到了下午兩點，當抵抗全線崩潰的時候，戰鬥也就結束了。雙方的傷亡人數都微不足道，就這樣，11 天的鬧劇之後，前清皇室發現自己的處境比以前更糟了。然而，我們不應該忽略中國的主要難題，這就是聯合政府的建立，以及內部混戰的停止——這個問題因張勳的逃走而稍稍變得簡單了一些，但並沒有得到徹底的解決。最終必將建立一個聯合政府,這正是筆者的信念之所在,這種信念是建立在認識全部事實的基礎之上的。但要達成這個目標,未來省際間的鬥爭將不可避免,因為中國太大了,要想不經歷大量的磨難困苦,就能找到共同的立場,殊非易事。黎元洪總統已經宣佈,無論如何他也不打算再度出山了,馮國璋副總統成了合法的繼任者,他平靜地走馬上任。辮帥張勳的流產政變,已經將華北的空氣淨化到了這樣的程度:滿清皇室已經被搬出了北京城,皇室津貼也大為縮水,而且,像康有為這樣徹頭徹尾的帝制主義者,也已經被剝奪了公民權,這徹底摧毀了他們所剩無幾的民意支持。最後,1917 年 8 月 14 日,中國終於對德奧兩國宣戰,並制定了與這一外交政策相一致的行動策略。

第十七章
最後的難題

　　對於自 6 年前民國肇建以來的這段歷史，我們所作的這篇謹慎小心的記敍（其實也有文獻的支持），想必會讓那些有興趣滿世界傳播"好政府主義"的人深感驚訝。就連那些漫不經心的讀者，也會毫不困難地認識到：當既乏聰明才智亦欠寬厚仁慈的人把這個國家帶上完全不同的道路時，由於外國人在那漫長而疲倦的 4 年中給予袁世凱的盲目支持，由於他們對那些早被推翻的觀念的隨聲附和，有多少人為之命喪黃泉，國家因此遭受的損失又是多麼巨大。像中國在 1916 年不得不做的那樣，回過頭去，重新開始本該在 1912 年完成的工作，應該是一個能夠克服的障礙，也是惟一必須堅持不懈地予以解決的問題。因為，國家已經如此貧困窮乏，要想從混亂無序中完全恢復過來，必定所費經年。當我們補充記述 1917 年 5-7 月間所發生的事件時（這些事件很可能進一步加重了這個國家的負擔），紛繁複雜的前景也就變得容易理解了。

　　幸好，外國人的姿態，最近已經向更好的方向轉變。一種新的規則對袁世凱政權的取代，最初被視為一次帶有悲劇色彩的政治垮台（多數外國人拒絕相信一個亞洲的共和國）。與此同時，1917 年 2 月 9 日所作出的勇敢決定（它在外交上明確地把中國劃到了西方列強的一邊），已經導致了某些事情的根本逆轉。在作出這一決定之前，有一種風靡一時的觀點認為：中國不僅不適合共和政體，而且，她的最終解體也只不過是個時間問題。雖然帝國之夢因為在現代世界無可立足而早已風流雲散，但在許多外國人的頭腦裏，帝制依然保留着中華文明的極致，消滅它，也就意味着砍掉中國巨人的頭，只留下僵死的軀殼，癱倒在地。這個淺顯直白的比喻，牛頭不對馬嘴。正是因為中華文明已經油盡燈枯，人們才呼喚一種新的政府理念，認為政府必須恢復民族的生命活力；不過，我們要是堅持這樣的觀點，則完全是白費力氣。人們（尤其是外交官們）不願意去了解，這一觀點包含着這場爭論的核心靈魂，而且，人民授予共和國的專門權力，以及為甚麼必須要支持它（倘若國家不至瓦解的話）的終極理由，一直就在於它預設了這樣一個假想：如果拿出勇氣、果斷鞭策，那麼，某些與舊制度背道而馳的事情，必將在這一代人中間大功告成。

依筆者看來，主要的麻煩，是問題的簡單，而並不是它的複雜。祛除籠罩皇位的非凡魔力，踢開古老政府儀式的繁文縟節，中國人生活中的簡單和貧乏就會變得一目了然，比較西方生活的紛繁複雜，這種情形就尤為顯著。沐浴在近代現實的強烈光線之中，那個依然活在其精美藝術中的詩歌中國，已經永遠消失了，它的位置被散文中國所取代。對於那些一直以詩化語言描繪亞洲的人來說，這無疑是一樁非常糟糕的事——與"政治死亡"的意思大致相當。可事實上，那些最基本的東西，依然和從前一樣，即使它們看上去獲得了嶄新的意義，那也只不過是因為它們如今被搬到了前台，而且不再用一種華而不實的上層建築來偽裝自己。

如果撇開錢的問題不談，並暫時假定國家的資產負債表狀況良好，那麼，中國依然是過去的中國，雖然已經受到了新觀念的衝擊。這裏，依然擁有世界上迄今為止最大的農業公社，他們像過去一樣，以一種盡可能簡單的方式生活着，把他們收穫的盈餘源源不斷地轉移到城市（總的城市人口不足1500萬）。這些城市，在地方自治上取得了長足的進步，並發展出了一種獨立自主，人們公認，這種情形是前所未有的。新聞媒體總是傳播一種喋喋不休的武斷自信，以及一種吹毛求疵、喜好爭訟的精神，這些，往往容易導致對權威的憎惡和反對。隨着新的需求被創造出來，以及流行時尚的不斷改變，商業貿易也在穩定增長，雖說經常宣佈將要陷入困境。大量新的建築拔地而起，尤其是那些在辛亥革命中遭受破壞最嚴重的地區。古老的財政體系，正在淪入公開的破產，已經部分地被歐洲的觀念所取代，儘管人們對這些觀念只不過是一知半解，但他們並不真的反對。這個自詡其人口只比19世紀的歐洲人口少了大約5000萬的國家，其擁有的軍隊和武裝警察的規模是如此之小，以至於你可以說，中國實際上已經解除了武裝，因為只有90萬人手裏有武器。要想揭示前景的真實色調，只需把握這樣一個事實：長期以來，世界遲遲不肯以它所給予拉丁美洲那些低劣族群的相同待遇來對待中國，再加上經常遭到日本沙文主義的恐嚇，這使得中國看上去就像是一塊水漫金山的陸地，雖然其國債在世界上相對來説最少，其人民又最勤勞、最本分。在這樣的環境下，僅僅由於對基本事實的錯誤評估，就足以讓崩潰的觀念傳遍四海。

我們必須記住，一個國家如此長時間地實踐英國的放任主義教條以至於成了根深蒂固的習慣，其哲學精神又是如此天經地義以至於社會棟樑們就像乞丐一樣，因那些資助他們的富人而乞討；在這樣一個國家，特殊人物的影響力，扮演着一個非常重要角色，只能慢慢加以克服。長期以來，中國人如此推崇被動，以至於你確實可以認為，他們不會自傲到為瑣碎之事而戰鬥的程度——這可不是一個富有成效的局面。民眾以冷漠超然的態度看待這個世界，他們我行我素，只有在古老的節慶日才暫時停下手裏的工作，依然要像從前一樣慶祝一番。埋頭日常瑣事的大批民眾，在某些與其他民族大相徑庭的特殊動力的驅使下，以這種特別的方式，聚集到一起。這在那些洞悉外部危險的西方人看來，實在令人難以置信，他們相信：中國不但走投無路，而且被罩在一張由政治協議和承諾義務所編織的大網裏四顧茫茫。這些，持續摧毀着她的積極力量，使她變得衰弱無力。看她處變不驚，行動遲緩，看她耕田種地，婚喪嫁娶，買入賣出，嬉笑怒罵，謀反叛亂，搞一些小小的陰謀詭計，彷彿數百年的時光流逝，她依然心甘情願地當牛做馬，到最後，成了一場真正惡夢的旁觀者。人們對這種如此令人驚惶以至無法清晰定義的現象感到大惑不解，最後，他們聲稱，一個一文不名的財政，就是一種一錢不值的統治。單單從金錢的觀點看，新中國政權就應該受到審判，他們的觀點最終將被當作權威意見接受。無可否認，這種局面是危險的，儘快尋求療救之道勢在必行；因為，一筆因管理不善而處於破產邊緣的財產，它的繼承者和受讓人應該不惜一切代價確保不會受到破產清算。

療救之道何在？必定在於對大拙大愚的直接發難，在於認識到在歐洲和日本的壓力下，中國人的生活基礎正土崩瓦解，必須儘早重建民國與世界的政治經濟關係，必須小心而徹底地修訂 1860 年以來所簽訂的每一份條約。僅此足矣。

這種老生常談毫無新意可言，卑之無甚高論，許多年來每個人的頭腦裏浮現的正是這種想法。早在 1902 年，當中英兩國協商那份並未生效的《馬凱條約》的時候，商議條款中，不但準備徹底改革關稅 —— 作為對廢除"厘金"（或稱"省際貿易稅"）的回報，進口稅將增加 2.5 倍；而且還規定，等到中國建立了有效的現代司法制度的時候，將廢除治外法權。還有諸如以發行長期債券的方式將中國所有賠款和借款轉化為單一合併債務，收回外國銀行在中國發行鈔票的權利之類的事情，雖然也同樣重要，但並沒有觸及。同樣的原則，因為有利於重新確立中國的自主權，因而毋庸置疑地也適用於這些實例，如果中國談判代表足夠聰明，就該極力主張這些問題同樣重要。因為中國的大敵，主要是債務和債務的處理。

三筆外債，三組約束條款，對應着中國歷史上三個生死攸關的時期，到如今，就像壓在中國巨人肩上的三副重擔。第一筆，產生於甲午戰爭的糾葛；第二筆，起因庚子拳亂的清算；第三筆，則是辛亥革命所付出的代價。我們已經詳盡無遺地討論過拳亂的清算和革命時期的財政，因此在這裏有必要詳細討論一下第一筆債務。

在第一個時期，一直被日本粗暴對待的中國，只能滿足於通過那種已成滿清統治慣例的外交手段來安慰自己。對於任何一個在危難中幫自己一把的人，都感心存激。對俄羅斯的介入，她打心眼裏歡迎，在物質損失已經如此驚人的時候，這種介入，讓她收回了遼東半島，為她保全了最後一點力量。今天的人們容易忘記，那次讓中國能夠清償對日戰爭債務的財政調節，是一次不同尋常的交易，而俄羅斯，正是這次交易中的決定性因素。1895 年，沙俄政府出於利己主義動機而出面干涉，歷史上，正是相同的動機，激勵了每一個處在危急時期的國家。日本所贏得的迅速勝利，使得黑龍江流域以南那塊被黃海環繞的遼闊版圖的所有問題重新浮出水面。俄國的政治家猛然意識到，在 19 世紀中葉以穆拉維約夫・阿穆爾斯基（按：沙俄軍人、伯爵，中俄簽署《璦琿條約》的俄方代表）為傑出代表的對外政策（向"暖水海洋"擴張），正面臨釘上十字架的危險，多年的苦心經營也將毀於一旦。在俄國方面，行動是絕對必要的，因此不能說它純粹是在剝奪一個勇敢民族的勝利果實，並因此向它發出直接的挑戰，它邀請了幾個與中國簽有條約的主要強國，與自己聯合行動，重新調整被它描述為危及力量平衡的那些事情。對這樣的邀請，法國和德國作出了積極響應，英國則提出了異議。法國之所以這樣做，是因為它加入了一個確保歐洲邊境安全的國家聯盟；德國則是因為擔心俄國將會陷身亞洲事務而將近東問題丟到一邊。就英國方面而言，在不損害自身利益的前提下，它總是非常謹慎地拒絕與一項疑竇叢生的勾當牽扯到一起。

正是在彼得堡，這筆賬被結算清楚了。以災難性的《朴茨茅斯協議》作結的這一離奇篇章，為俄羅斯開闢一條絕妙的通道。在沙皇（尼古拉二世）舉行加冕典禮的時候，經驗豐富的政治家李鴻章的出席，為徹底討論全部遠東問題提供了一個天賜良機。中國需要的是錢，而俄國需要的，則是接受那些最終證明讓中國損失慘重的計劃。根據《馬關條約》第四款，中國已經同意分 8 期向日本支付總計 2 億兩白銀的戰爭賠款：第一期 5000 萬兩半年之內付清，第二期 5000 萬兩在接下來的 12 個月之內付清，剩下的 1 億兩，則在 7 年之內平均分 6 期支付，另外增加 5000 萬兩，以換取遼東半島的歸還。因此，中國眼下就急需 8000 萬兩白銀。俄羅斯承諾，以難以置信的低利息（4 厘）借給中國 1600 萬英鎊。作為對這筆貸款的回報，1895 年 7 月 6 日兩國發表了那篇著名的 "中俄聲明"（按：中俄《四厘借款合同》），其中最要命的第四條聲稱： "因此借款事，中國聲明，無論何國、何故，決不許其辦理照看稅收等項權利。如中國經允他國此種權力，亦准俄國均沾。"

這一條款有着里程碑式的意義，它在中國引發了一場爭奪，過去 22 年的歷史，就像在其基礎上堆起的一座金字塔。如今，既然羅曼諾夫王朝被推翻了，俄羅斯就必定急於證明自己要把過去的政策顛倒過來，這種政策曾經把日本帶到了它的西伯利亞邊境，並把一種兄弟式的民主政治釘入了那塊土地。

　　而中國，非但沒有像許多人斷言的那樣瀕臨破產，反而成了世界上債務最輕的國家之一，這多虧了本次大戰所確立的新的債務標準。中國的全部國債（鐵路債除外），總計也不超過 1.5 億英鎊，按人口平均，每人 7 英鎊，這的確不算太糟。適當關注過這個問題的研究者，都不會否認，遠東和平的真正關鍵，主要在於恰當處理這種金融權益的關係，而不是通過建立外國列強之間的任何力量均衡。確保國家償還的方法是現成的：西方國家應該把中國國會當作一種改革手段而加以利用，並只限於這一種方法。貨幣、稅收、鐵路以及所有其他令人頭疼的問題，只有利用這一工具才能獲得令人滿意的結果。一旦中國人認識到，議會政治不僅僅是一場實驗，而且是使國家能夠獨立自主的最後的機會，他們就會重整旗鼓，並證明，過去這麼些年的許多麻煩和混亂，應該歸咎於西方知識精英對中國國內問題的誤解，他們總是煽動中國人互相暗算，保持不團結。我們之所以堅持認為，用我們前面已經指出的方式解決這些問題是一種迫切的需要，乃是因為我們非常準確地知道日本人對這一問題是怎麼想的。

　　他們是怎麼想的呢？

　　可以毫不隱瞞地說，日本人在遠東各地的行動，乃是建立在對事實的徹底而恰當的評價之上的。這個事實是：中國的霸權還遠沒有成功，要讓外國利益（尤其是英國利益）這張大網黯然失色並最終移開這張大網，則要困難得多、棘手得多，自從開埠通商以來，這張大網已經纏住這個國家 75 年。早年在廣州的工廠裏播下的種子，生長出了這些外國在華利益，其源頭就在於英國政府貿易壟斷法案的結果，直到 19 世紀最後 30 年，英國還在通過東印度公司享受這一權利。在 1842 年《南京條約》正式贏得在 5 個開放口岸的通商權並因此建立了中英兩國最初的協商基礎之前，這些利益一直沒有留下一個恰當的定義，以一種半心半意的方式緩慢擴張，直到 1860 年。當時，為了結束貿易摩擦，治外法權的原則被大膽地從 "土耳其投降條約" 中借用了過來，並使之成為國際社會處理對華關係的一塊基石。這些條約（其中總是反覆出現 "最惠國" 字樣，並暗示所有類似列強都享有同等待遇），成了遠東 "國際公法" 的組成部分，正如西方國家之間的條約組成了歐洲 "國際公法" 一樣。任何試圖取消、削弱或限制其範圍與功能的努力，都將被普遍視為對所有 "締約方" 的攻擊。通過一種徹頭徹尾的馬基雅維利式的推理，那些負責制訂日本最新政策的人，認為他們的計劃，本質上就是要維持治外法權的原則（這是一根連接中國和世界的鏈條），維持中國在關稅和經濟上的受支配地位，因為這些事情，就像他們在許多領域必須加強約束和限制一樣，可以讓日本人自由自在地置身於這些約束和限制之外，而外國人的利益就會被孤立，並受制於其霸權所裝配的 "更高級的機器"。他們希望，中國人自己將會逐漸被連哄帶騙地默許這一離奇非凡的局面，因為中國人毫無組織並分裂成了彼此互不信任的團體，可以用這樣一種方式操縱他們，使他們對日本的前進拿不出有效的抵抗，最後可以誘使他們把這當作不可避免的事而予以接受。

　　如果讀者能夠細心地記住這些重大事實，那麼你就會逐漸得出一個新的見解，中國問題的緊迫性也就會得以顯露。日本人 1915 年提出的"二十一條要求"，並不像許多人想像的那樣異想天開，那樣牽強附會，相反，它顯示出日本人擬訂得非常聰明，整個條約對中國的研究非常透徹，那片遼闊領土上每一塊老牌列強尚未染指的漏網之地，都被他們做上了預備入侵的標記。說到西方國家，儘管他們在中國歷史上的某些時期也提出過過高的要求，但他們主要還是局限於想得到沿海和交通特權，這些特權更多的是出於名副其實的貿易目的，而不是要摧毀中國的自主權，他們如今處在一個非常不利的位置。日本人顯得對此了如指掌，他們不僅收緊了對滿洲和山東的控制，而且還直奔問題的根本，利用每一次可能的場合，公開聲稱：他們只對遠東的和平與安全負責 —— 完全不顧他們 1915 年的計劃已經暴露並且部分落空的事實。但是，我們應該注意到，日本外務省背後的主要力量是那些軍國主義者；而對於軍方來說，反覆對中國發起進攻直至穩勝或穩敗為止，是一樁為了維護面子而不得不做的事。

　　至此，考慮到前面章節中已經長篇大論地陳述過的這些事實，人們必然會認識到，發生在遠東的這場競爭，也像巴爾幹問題一樣，是一件扎根於地理和民族的事情，不可能用折衷妥協的辦法推到一旁或者徹底解決。中華文明的全部未來，與所涉及的問題密不可分，問題如果不是變得更容易處理，就必定日復一日地變得更加困難。日本人真正的目的，就是終止歐美國家依然在遠東行使的那種不便明言的托管權，歐戰的進程，

必定直接影響着最後的結果。如果這一結果合乎民主國家的預
期，中國就可以合理地要求分享這個結果所帶來的利益；另一
方面，如果自由世界沒有贏得足以永久確保條約神聖的壓倒性
勝利，中國的前途恐怕就比較艱難。表面上，日本所追求的直
接目標，只不過是成為東亞公認的代言人和官方代表；但實際
上，它一直是在利用這一代理人的身份做掩護，而得寸進尺，
去達到其他列強依照不同原則所追求的目標。日本人如此牢固
地扎根於那些事不關己的地方，以至於誰也不願意冒險將它清
理出場。正是由於這個原因，我們才看到那種經過改良的 18
世紀策略在滿洲的復活。這種策略，曾經構成荷蘭對付路易
十四的政策的本質特徵，也就是，為關閉和保護邊境而創造出
了所謂的“衛城”；方法就是收回這些城市的普通管轄權，將
外國守軍派駐到那裏。這也正好是從鴨綠江到東部滿洲正在發
生的事情，絲毫不用懷疑，一旦時機出現，這套把戲就會擴
展到其他地區。在山東，已經開始執行同樣的政策，有跡象顯
示，他們正在打福建的主意。辛亥革命期間，靜悄悄地進駐漢
口的衛戍步兵，顯然也是打算要賴着不走的。日本的政策一直
被那些對海洋知之甚少的人所左右，他們忘記了馬漢[1]所講授
的偉大課程，使日本面臨着正在逼近的危險。馬漢告誡我們，
對島國之民而言，海上力量就是一切，那些使得海上力量的效

1　馬漢（Alfred Thayer Mahan，1840－1914 年），美國傑出軍事理論家，海權論的
　　倡導者。他認為制海權對一國力量最為重要。海洋的主要航線能帶來大量商業
　　利益，因此必須有強大的艦隊確保制海權，以及足夠的商船與港口來利用此一
　　利益。

力有所減損的陸地征服，只不過是錯覺和陷阱。日本，卻越來越遠地投身中國東北和蒙古那些遼闊廣袤的地區，這些地方曾經是無數王朝的葬身之地，日本顯得越來越不關心此次大戰所得出的教訓——海洋的重要性是壓倒性的。日本，是亞洲交往賴以立基的那些原則的必然守護者，因為是它制定了這些原則並為之戰鬥，而且在這些原則的支持下建立起了大廈。英國的海上力量（如今和美國的聯合起來了，我們希望永遠這樣），依然保持着，並將繼續保持下去，不管它今天可能在半遮半掩地做甚麼，遠東的優勢因素實際上在"遠西"。

讓我們暫時撇下這片風景吧，因為危機迫在眉睫，因為英日同盟依然包含着一大疊協議，西方的海上力量依然矗立在那裏，就像海上一片厚重的烏雲，對東方正在發生的事情充滿疑慮，總有一天（讓我們祈禱吧），他們會徹底下定決心，要得到坦率的答覆。任何一個民族，無論多麼弱小，都有權享受堅持獨立自主所帶來的無法估量的利益。這種權利，已經得以絕對確立，假以時日，這一理論不僅會被普遍接受，而且會被普遍應用。

如今，西方的政治家們，雖然在考慮亞洲問題時，其聲名狼藉的做法是把那些在歐洲奉為圭臬的政治理念丟到腦後，這要歸因於在他們自己的政策中也能找到反對這些理念的積極因素；但是，最近無疑發生了一場巨大的改變，可以肯定，在東方，民族主義的主張很快就會被賦予其在西方所擁有的同樣的力量和價值。

雖然許多年來，日本人都在忙於輕聲細氣地向所有亞洲人宣稱：日本向他們伸出了兄弟之手，夢想着一個歐洲征服的年代（如今那只是個遙遠記憶）；但日本人一向言行不一，並顯示出他們在政治思想上，比起 18 世紀的那些拙劣觀念，並沒有甚麼長進。因此，今天的朝鮮，被日本當作一次軍事勝利所征服的行省來統治，沒有殘留任何自治的痕跡，也沒有得到任何承諾，以表明"這樣一個統治時期只不過是臨時之舉"。遭遇悲劇命運的不僅僅是這個只有 1600 萬人口的國家，而且，應用於他們身上的那些原則，也被暗地裏擴展到了中國人的身上。

如今，如果正如我們所說的那樣，歐洲的理念必將具有普遍意義，如果日本還希望得到歐洲的待遇，那麼，此時我們應該認識到，日本在朝鮮所遵循的政策，再加上它努力把這一政策擴展到中國擁有無可爭議的主權的領土上，要讓國際社會接納日本，這是一個無法克服的障礙。考慮到它奇跡般的工業進展，沒有人會拒絕在世界上給日本一個合適的位置。但這樣一個位置，必須是一個符合現代觀念的位置，而不是對待東方是一套對待西方又是另一套。日本人在 1904 年對俄戰爭期間喋喋不休的那句名言："掌握在外國人手裏的朝鮮，是日本的心腹大患。" —— 眼下的衝突表明，這本質上就是錯誤的。即使這樣，朝鮮這個"心腹大患"，離日本的海岸也有 120 海里之遙。這樣的論據清楚地表明：如果說 1905 年的倉促休戰是為了給永久和平讓路的話，那麼，只有將那些被歐洲進程證明為正確的原則用之於遠東，才有可能取得進展。換句話說，正像應該給波蘭以自治權一樣，朝鮮也必須享受同樣的權利，日本人主張東亞大陸宗主權的整個理論必須徹底拋棄。要在遠東重建適當的力量均衡，在已知歷史上已經存在了 1500 年的朝鮮民族，必須恢復與其過去大致相當的地位。因為，朝鮮一直是遠東拱門的拱頂石，在任何可以導致中國崩潰的事情中，沒有比毀壞這座拱門更迫在眉睫的了。

一旦朝鮮人民的合法願望得到滿足，那麼，整個滿蒙問題就會呈現出完全不同的面貌，中日間的真正和平也就有了實現的可能。沒有人注意到：遠東也有波蘭問題，這個問題也必定會導致苦難和罪惡；避免這個問題產生的最佳時機，是它剛剛開始成為一個困擾國際社會的重大問題的時候。

這是一個生死攸關的問題。中國人通過他們最近的行動，對所有企圖置中國於國際法的運作之外的陰險圖謀，對所有那些能夠使生活更有價值的支持，做出了他們的回答。因為，隨着新的外交政策的正式出台，人們可以明確地期待，儘管國內有動亂、有爭鬥，但在創造出與世界之間的新的關係之前，中國決不會固步自滿。中國已經在其政府理論上領先於日本數十年，無論其實踐如何。奇跡般的辛亥革命正在恢復這個古老民族從前的位置，他們是黃海沿岸地區觀念上的領導者。在我們最後的分析中，日本人在戰爭期間試圖付諸實現的全部美夢，已經成為明日黃花，最終將風流雲散。在歐洲人為了從最後的封建殘餘中解放出來而不惜犧牲一切的年代，而在遠東，如果斯巴達的信徒們依然保持一種神聖不可侵犯、必須頂禮膜拜的教條，是令人難以置信的。

本次世界大戰期間，日本的遠東政策始終是有害的，而且，對 1917 年由戰爭問題而突然激發的強烈敵意，也負有主要責任。對於 1915 年日本人在最後通牒的威脅下向中國敲詐勒索一事，中國人將不得不盡可能在最早的時刻就這一行為的合法性提出全面質疑。在 1914 年 8 月 4 日至 15 日這生死攸關的 11 天裏（也就是從英國正式對德宣戰到日本關於膠州灣問題的最後通牒），英日外交的準確內容依然秘而不宣。但中國人猜測，自從本次世界大剛一開始，日本就利用英國義務繁巨、無暇他顧而越權行動。中國人希望並相信，英國決不會以現有的形式再次與日本締結同盟（這一同盟將於 1921 年屆滿），尤其考慮到英美之間如今有可能訂立協定，則更應該如此。中國人知道，儘管日本人每天都在與北京及各省的極端激進分子和軍閥勢力眉來眼去，但日本外交的隱秘目標是，要麼讓清王朝復辟，要麼把某位溫順聽話的篡位者推上皇位，要想在中國重演朝鮮的歷史，一個傀儡皇帝是必要的。日本將很樂意竭盡全力以確保這個反動目標的實現。出於對自己“神聖使命”的忠誠，日本人不停地煽風點火，製造麻煩，希望可以留出時間讓它鞏固自己在亞洲大陸的地位。日本最近要弄的把戲之一，就是在太平洋上那些遙遠的角落瞎忙活，以便讓西方人為了和平而最終願意放棄黃海沿岸，無可爭議地交給它掌控。

中國面臨的難題，經過這樣粗略的概述，就成了一場大戲。追蹤這個難題的線索，真是漫無邊際，從中國內陸到被太平洋環抱的每一處海岸，再從那裏到遙遠的西方。無論何時，只要有一段沉悶乏味的平靜期，這段平靜期，就應該僅僅被看作是一次幕間休息，是為了一場比上節劇情更加精彩的段落所作的準備，而不能被視為長治久安，這種長治久安，只能通過我們前面已經指出的方法才能得到。因為，中國問題已經不再是一個局部問題，而是一個政治家們必須通過協商予以調整的世界性大問題，在這樣的協商中，如果他們還想永久消除那個國際火藥桶裏幾乎是最後殘存的那點火藥的話，那些普遍性的原則就必須得到維護。從此以後，中國不僅被國際大家庭一視同仁地接納，而且將被視為自由主義的代表，被視為和平的文明社會賴以立基的全部法律的捐助者而受到歡迎。這樣一個中國，將直接有利於調整所有亞洲問題，防止那些邪惡現象的再次出現，這些邪惡現象，是進步和幸福的大敵。

夢想這樣一個圓滿的結局是不是太過分了呢？我認為，一點也不過分。對於美國和英國來説，中國靠自己的力量實現復興、走向共和是可以指望的。倘若他們傾心相助，倘若他們始終如一，我們就更有理由相信，黃海岸邊這個民主國家，必將恢復她在兩千年前所佔有的驕傲位置，當年，凱撒的女兒們身上所穿的，正是這個國家所出產的精美絲綢。

譯後記

　　套用唐德剛教授關於中國現代化轉型的"歷史三峽"理論，清末民初這十數年，應該算是一段灘險浪急的艱難航程了。武昌起義的一聲槍響，千年帝國眨眼間轟然崩塌。民國肇建，創業殊艱；共和締造，前路尚遙。本書所敘述的，正是從清室遜位、民國建立開始，到第一次世界大戰臨近尾聲、中國決定正式參戰為止的這段歷史。這是一段風雨飄搖的多事之秋，其間波譎雲詭、山重水複，每每令後世讀史者為之廢書而歎。

　　本書作者署名帕特南・威爾，其實是辛普森的筆名。在中國近代史上，辛普森算得上是一位大名鼎鼎"洋鬼子"了。他1877年出生於中國寧波，父親是寧波中國海關稅務司辛盛之。辛普森早年在瑞士留學，除母語英語外，能流利運用法語、德語和漢語。回中國後進入中國海關總稅務司署，在赫德爵士手下任總司錄司事，庚子拳亂期間亦曾被困使館。1902年，辛普森辭去海關職位，投身新聞業，先後任一些英國報紙駐北京的通訊員。辛亥革命後，任倫敦《每日電訊報》(*The Daily*

Telegraph）駐北京記者。1916 年被黎元洪聘為總統府顧問，1922–1925 年兼任張作霖的顧問。期間，他還創辦了當時北京最大的英文報紙《東方時報》(*The Far Eastern Times*)。1930 年，協助閻錫山接收海關，引起西方列強的強烈不滿，9 月閻錫山反蔣失敗，遂將海關交出，11 月遇刺身亡。辛普森是著名的中國通，一生中絕大部分時間在中國度過，畢生關注遠東問題。他以"帕特南‧威爾"為筆名，出版過不少討論遠東問題的著作，除本書外，還有《遠東的新調整》《滿人與俄國人》《來自北京的有欠審慎的信函》《東方的休戰及其後果》《中日兩國真相》等書。

本書最早於 1918 年在倫敦出版，當時在西方引起廣泛的關注。因為此時作者依然是中華民國總統府顧問，書中所記述的這段歷史，也正是作者在中國政壇和報界最活躍的幾年，是這段歷史的親歷者。在當年信息尚不透明的情況下，此書幾乎就是一份內幕報告。

民國初建，百廢待興，在一個帝制的香火延續了兩千餘年的古老帝國，要建立現代議會民主制度，一切還得從頭學起，當國者似乎也願意擺出一副虛心學習姿態，於是，聘請洋顧問成了一時風氣。莫理循之於袁世凱，辛普森之於黎元洪，皆一時之選。辛普森充任總統府顧問期間，看來也並非只是白拿薪水的花瓶，現存《黎元洪藏函電稿》中收有《辛普森外務報告》計 30 件，時間從 1916 年 9 月至 1917 年 6 月，且不管這些報告對當時中國的外交政策有多大影響，這樣的數量至少説明，辛普森對顧問這份閒差，還是頗能勤勉盡力的。

　　書中對黎元洪，頗多溢美之詞。以我輩這等小肚雞腸度之，大約也是"拿人家手軟，吃人家嘴軟"吧。不過話說回來，黎元洪雖然素有"黎菩薩"的雅稱，做事缺乏果敢，但考其生平，應該說大節還是無虧的：武昌首義，舉國景從；洪憲封王，數次嚴拒；張勳復辟，通電反對。這些，在那個風雲變幻、泥沙俱下的時代，並不是那麼容易做到的。知人論世，殊為不易，後世讀史者，不可不察。

　　辛普森雖然號稱中國通，但畢竟是洋鬼子，與中國的歷史和現實，到底隔膜得很。書中許多言之鑿鑿的預言，在我們這些事後諸葛亮看來，實在是太過樂觀了。按照唐德剛教授的估計，中國的現代化轉型，從 1840 年算起，大約需要 200 年，方能走出"歷史三峽"，才能"享受點風平浪靜的清福。"（參見《晚清七十年》）在本書所記述的那個時代，這段"歷史三峽"，行程尚未及半，其後又有多少崎嶇坎坷，多少艱難挫折。風高浪惡，一波數回，沉舟側畔，關山萬里。讀史者披卷至此，能不扼腕唏噓，撫案長歎。

　　　　　　　　　　　　　　　　　　　　　　秦傳安